한국어 '이다'와 중국어 '是'의 대조연구

한국어 '이다'와 중국어 '是'의 대조연구

이화자 李花子

역락

머리말

　이 책은 필자가 2016년에 상해외국어대학교 박사학위 논문으로 제출한 바 있는 「한국어 '이다'와 중국어 '是'의 대조연구」를 수정하여 출판한 것이다.

　계사란 논리학에서는 주사(主词)와 빈사(宾词)를 연결하여 긍정이나 부정의 뜻을 나타내는 말을 일컫는다. 한국어의 경우에는 '이다'가 계사에 속하고 중국어의 경우에는 '是'가 계사에 속한다. 현재까지 한국어 '이다'와 중국어 '是'의 품사 설정을 살펴보면 한국어 '이다'의 경우에는 크게 독립 품사설과 비독립 품사설로 나눌 수 있고 중국어 '是'의 경우에는 계사, 동사/판단동사, 부사설로 나눌 수 있다. 하지만 이 책에서는 품사 설정에 논의의 중점을 두지 않고 한국어 '이다'와 중국어 '是'의 구문유형, 통사적 특징 및 의미적 특징에 대해 집중적으로 다루었다.

　의미지도이론은 언어유형론 즉 의미유형론에서 연구되고 있다. 이 책에서는 한국어 '이다' 구문과 중국어 '是' 구문의 의미적 특징에 따라 의미지도를 그려내어 공통점과 차이점을 더욱 직관적으로 그려내었다. 한국어 '의존명사+이다' 구문과 중국어 '是……的' 구문에 있어서는 이들의 양태적 의미를 통해 그 공통점과 차이점을 살펴보았다. 한국어 '의존명사+이다' 구문에서 의존명사의 자리에는 명사가 직접 오는 경우가 있는가 하면 명사와 의존명사의 기능을 병행하는 단어, 의존명사의 기능만 하는 단어들도 있다. 이 부분에서는 문법화이론에 근거하여 이들의 문법화 정도를 살펴보았다. 처음 욕

심대로라면, 이 책에서는 의미적 특징과 문법화 내용에 대해 더욱 깊은 논의를 진행하고 싶었지만 필자의 역량 부족으로 이에 대한 세부적인 논의가 전면적으로 이루어지지 못하였다. 또 이 책의 일부 내용은 필자 개인의 주관적 견해에 불과한 이론적인 허점도 여러 군데 보인다. 이 책에서 다루지 못한 부분은 연구 과제로 남겨두고 향후에 논의 할 것을 약속하며 선후배 연구자들의 보다 확대, 심화된 연구 참여를 기대한다.

생각해 보면 필자가 다시 학문의 길로 들어설 수 있었던 것은 남경대학교 이금화 선생님의 격려와 도움이 제일 컸다. 대학 졸업 후 몇년간의 회사생활을 마치고 방황하고 있을 쯤 이선생님께서 저를 학문의 길로 안내하였으며 지금의 지도교수 김기석 선생님을 만날 수 있게끔 도움을 주셨다. 처음 상해외국어대학교에 들어갔을 때는 '학문'이라는 '학'자도 모르고 공부를 시작하였는데 지도교수님의 학술에 대한 열정과 추구는 제가 학술에 임하는 마음가짐을 바꾸었다. 지도교수님은 학술뿐만이 아니라 저희들의 학습과 생활에 대해서도 아낌없는 도움을 주셨다. 솔직히 처음 선생님을 만났을 때는 존경도 있었지만 두려움이 더 많았다. 저렇게 훌륭하신 분의 제자가 된다는 것에 대한 두려움과 떨림이 더 컸다. 하지만 8년이란 시간을 같이 하면서 지금은 어려운 지도교수라기보다는 저에게 너무나 친근한 아버지같은 존재가 되셨다. 교수님의 가르침 아래에서 저는 많은 것을 배웠고 더 한층 성숙된 모습으로 사회에 발을 디디게 되었다. 그리고 석사과정부터 필자를 도와주시고 한결같이 지켜봐 주신 김충실 선생님, 이춘호 선생님, 고육양 선생님께도 감사드린다.

또한 상해외국어대학교에서 같이 동거동락하면서 함께 학업 문제, 논문 문제, 취직 문제 등을 고민하고 상의하면서 뜻깊은 학창생활을 보낸 선배와 후배 그리고 나의 동기 김영란에게 감사드린다. 이 외에도 필자가 미처 언급하지 못한 고마운 분들이 너무 많다. 이분들께 일일이 감사의 마음을 전할 수 없어 안타까울 뿐이다. 항상 바르고 밝은 모습으로 이 분들께 보답하겠다.

그리고 하늘에 계신 저의 아버지께 진심으로 감사드린다. 석사 때 갑작스러운 사고로 저의 곁을 떠났지만 아버지께서 삶에 대한 열정과 태도는 제가 모든 곤난을 극복하고 오늘날까지 올 수 있게 한 든든한 버팀목이 되었다. 또한 필자의 모든 힘의 원천이며 삶의 원동력인 사랑하는 나의 가족, 남편에게 감사드린다. 필자가 아무리 철없이 굴어도 항상 따뜻한 포옹과 격려의 말로 다독여 주며 순리롭게 학업을 마치고 건강한 저희 애기가 태어날 수 있도록 묵묵히 모든 어려움을 견뎌낸 남편께 감사드린다. 천사같은 우리 딸 문이, 항상 엄마와 아빠에게 무한한 기쁨을 안겨주는 우리 딸에게도 고마운 마음뿐이다.

끝으로 별 소득이 없을 이 책의 출판을 선뜻 맡아 주신 역락출판사 이태곤 편집이사와 이 책이 세상에 나와 빛날 수 있게 예쁘게 꾸며 주신 편집부 직원께도 진심으로 감사드린다.

이화자(李花子)

차례

서론

1. 연구대상 및 연구내용

현대 중국어에서 소위 계사, 동사/판단동사, 부사라 불리는 '是'가 이루는 구문의 통사·의미적 특성에 대한 논란은 끊임이 없다. 이는 '是'의 품사 설정의 문제부터 시작해, 다양한 의미적 특징과 통사 현상을 보이는데 기인한다고 할 수 있다. 현대 한국어에서 '이다' 역시 그 문법적 지위를 결정하기가 어렵다. 현재 한국어 학계에서 '이다'에 대한 논의를 두 가지로 나눌 수 있는데 첫 번째는 '이다'를 독립 품사로 보는 것이고 두 번째는 '이다'를 비독립 품사로 보는 것이다. 하지만 현재까지 '이다'의 품사적 특성에 대해 단정적인 결론을 내리지 못하고 있다.

의미지도이론은 언어유형론에 속하는 하나의 새로운 개념으로서 처음으로 사람들의 시야에 들어오게 된 것은 Anderson, Lloyd(1982)의 완성시제에 관한 유형론 연구에서 처음으로 제기되었다. Anderson, Lloyd(1982)은 Berlin Kay(1969) 색깔개념에 대한 연구와 Labov(1973) 단어 의미에 대한 연구에서 영감을 받아 '지도'의 방식으로 문법형태와 의미에서 존재하는 불일치 현상을 해결할 수 있다고 생각하였다. Anderson, Lloyd(1982)의 논문에서는 이미 의미지도의 연속성 가설의 초기 형태를 제기하였다. 그 후 몇 년간 의미지도 이론의 연구가 관심을 받지 못하고 있었지만 Haspelmath(1997)의 부정대명 사에 대한 연구가 큰 각광을 받으면서 의미지도이론이 언어유형론 연구의 중심에 자리 잡게 되었다.

의미지도이론은 표현형식 면에서 두 가지로 나눌 수 있는데 하나는 Haspelmath(1997)를 대표로 하는 고전 의미지도(제1대 의미지도)이고 다른 하나는 Croft Poole(2008)를 대표로 하는 수학모형 의미지도(MDS,[1] 제2대 의미 지도)이다. 고전 의미지도는 언어 발전의 역사적 과정을 나타낼 수 있으며 최종적인 표현형식에서 사람들의 개념공간 이해에 더욱 부합된다. 그리고 언어유형론에서 흥미 있어하는 예언성을 갖고 있지만 의미지도를 그려내는 과정에서 언어 자료의 많고 적음에 영향을 받으며 그릴 때 이 지도의 포용성 과 정확성에 대해 많은 신경을 기울여야 한다는 단점을 갖고 있다. 수학모형 의미지도는 언어 자료의 빈도특징을 나타낼 수 있으며 수학도구를 사용하고 있기에 대량의 언어사실에 대해 처리할 수 있다. 하지만 수학모형 의미지도 는 언어의 역사적 발전에서 진행할 수 있는 해석과 예언을 나타낼 수 없으며 직관성이 부족하고 최적의 계산방법을 사용하기에 언어 자료 중 빈도특징의 영향을 받아 이상적이지 못한 결과를 초래하게 된다. 비록 고전 의미지도가 이런저런 단점을 갖고 있지만 현재 학계에서는 그래도 고전 의미지도의 개 념공간에 초점을 두고 연구에서 많이는 고전 의미지도를 사용하고 있다. 이 책에서도 고전 의미지도의 이론에 따라 한국어 '이다'와 '있다', 중국어 '是', '有', '在'의 의미지도를 그려낼 것이다.

종합하면 의미지도는 언어유형론 비교에서 부딪치게 된 난점을 해결하려 고 나타난 이론이기에 언어유형론의 발전과 긴밀한 연관을 갖고 있다. 그리

---

1   여기서 말하는 MDS는 the Optimal Classification Nonparametric Unfolding algorithm이다.

고 의미지도이론은 아직 기술도구에 불과하기에 언어유형론의 연구에서는 과감한 가설을 제기하고 있지만 이것이 우리가 언어 사실을 장악하고 인식하는 것을 대체할 수는 없다.

의미지도 이론의 연구대상은 다양한 문법형식인 것이다. 다양한 문법형식이란 언어 중의 어떤 단어 형식, 문법성분, 문법범주 및 결구형식이 둘 혹은 둘이상의 다르지만 연관이 있는 의미 기능을 가지고 있는 것을 말한다. 여기에서 주의할 것은 다양한 기능이 표달 기능을 말하는 것이지 문법분포를 말하는 것은 아니다. 따라서 한 언어의 의미지도를 그려내려면 우선 다른 언어에서 같은 의미 기능을 갖고 있는 문법형식에 따라 그 개념공간을 그려내야 한다.

개념공간은 관련된 개념들이 하나의 개념공간을 형성한다. 개념공간 내에 존재하는 둘 이상의 개념이 하나의 언어요소에 의해 표현될 때, 아무 개념이나 그렇게 뭉뚱그려질 수 있는 것은 아니다. 두 개념 사이에 뭔가 유사성이 있기 때문에 같은 기호로 표현될 수 있다고 생각된다. 특히 두 개념이 하나의 언어요소에 의해 표현되는 일이 여러 언어에서 반복해서 발견된다면, 그 두 개념사이에 밀접한 관계가 있다는 강력한 증거가 될 수 있다. 그렇다면, 이러한 다의의 양상을 살펴봄으로써 개념들 간의 유사성의 정도, 관계의 밀접도를 알아낼 수도 있을 것이다. 이렇게 해서 파악된 개념공간의 내적 구조, 즉 개념들 사이의 관련 양상을 시각적으로 나타낸 것을 개념지도라 부를 수 있을 것이다. 이 개념지도를 바탕그림으로 삼아서 그 위에 특정 언어에서 몇 개의 언어요소가 개념들을 구분하거나 뭉뚱그려서 나타내는 양상, 즉 개념공간을 분할하는 양상을 그릴 수 있다. 그것을 해당 언어의 의미지도라 부를 수 있을 것이다. 개념지도가 언어 보편적이라면 의미지도는 언어 개별적인 것이다. 개념지도가 etic[2] 범주들의 지도라면, 의미지도는 emic[3] 범주들의 지도라고 할 수 있다.

Kurytowicz(1975)에 의하면 문법화란 한 형태소가 어휘적 지위에서 문법적 지위로, 혹은 파생형에서 굴절형으로의 변화처럼 덜 문법적인 것으로부터 더 문법적인 것으로 범위가 증가하는 현상이라고 했다.

문법화를 일으키는 직접적인 기제로는 은유, 재분석, 유추, 융합을 들 수 있다. 하지만 문법화 과정에서 이 네 가지 기제가 모두 적용되는 것이 아니라 단계마다 적용되는 기제가 다르다. 그럼 이들 기제가 어떻게 적용되는지 살펴볼 것이다.

1. 은유: 문법화는 의미의 변화에서 출발한다고 볼 수 있다. 즉 예를 들면 '님'이 자립적 어휘소에서 문법기능으로 쓰일 때 '님'은 [+높임, +구체적 지시대상]에서 [+높임, −구체적 지시대상]으로 [구체적 지시대상]의 의미가 상실되고, [높임]의 추상적인 의미만 가지게 된다. 이러한 의미 확장에는 반드시 은유적 확장이라는 기제가 들어간다. 은유적 확장이란 적용되는 대상이 다른 범주로 이동됨을 뜻하는 것이다.

2. 재분석: 문법화를 일으키는 직접적인 기제이면서 상반된 성격을 가진 것으로 재분석과 유추를 들 수 있다. 재분석은 형태·통사·의미론적으로 변화가 발생한 표상을 강조하는 것이고 유추는 언어체계 안에서 유사한 유형과 일치해지려는 경향을 뜻한다. 즉 재분석은 어형변화형을 다른 것으로 해석하려는 언중들의 심리적인 의도를 이르는 것이다. 재분석의 과정은 구조를 재조정하는 것인데, 그것은 화자의 심리 안에 의미가 확장 되어 다의화 되었기 때문에 본래의 의미와 다르게 해석된다는 것이다. 즉 의미변화는 문법화를 야기하지만 '구조의 변화'는 의미를 바꾸지 못한다. 그리고 재분석은 융합되기 전에 융합된 구조로 인식하려는 심리적 단계를 뜻한다.

2　Etic는 언어, 행동의 기술에서 기능면을 문제 삼지 않는 관점에 대해 말하는 것이다.
3　Emic는 언어, 문화 현상 등의 분석, 기술에 있어서 기능면을 중시하는 관점에서 말하는 것이다.

3. 유추: 재분석이 한 문장에서 횡적인 구조를 체계화하는 것이라면, 유추는 다른 예에 맞추어 종적인 관계에서 유사해지려는 것이다. 유추는 재분석에 의해 만들어진 틀에 맞추어 불규칙한 것을 종적으로 일반화시키려는 기제라고 할 수 있다.

4. 융합: 재분석과 유추가 적용된 후, 더 진전되면 융합이 일어나 통사적인 구성이 형태적인 구성으로 된다. 이 융합은 재분석에 의해 경계가 재설정된 선후행의 요소들이 함께 녹아 붙어 더 이상 본래의 통사적 구성으로 복원할 수 없는 경우를 뜻한다. 따라서 의미도 새롭게 파생이 되어서 형태화가 완전히 이루어진다.

문법화 현상은 아래의 네 가지 유형을 통해 그 특징을 고찰할 수 있다.

(1) 문법성: 어휘 표현>문법 표현 또는 덜 문법적>더 문법적.
(2) 추상성: 구체적>추상적(사람>대상>행위>공간>시간>질).
(3) 형태구조: 구절 및 통사적 구조(자유표현)>형태소적 구조(의존적 표현).
(4) 담화운영: 명제적>담화적>표현적.

하지만 한국어에서 문법화에 관련된 연구는 위의 (1) '문법성'과 (3) '형태구조'가 주류를 이루고 있다.

위의 것에 기초하여 한국어 '의존명사'의 문법화 단계를 나누어 보면 대체로 '자립적 어휘소>의존적 어휘소>접어[4]>어미·조사·접미사'의 과정으로 가정할 수 있다.

이승하(2006)에 의하면 언어학 이론으로서 문법화이론은 언어 현상을 설

---

4 안주호(1997)에 의하면 접어란 자립적 어휘소에서 문법소로 넘어가는 중간 단계의 것을 뜻하는 것이라고 하였다. 이러한 '접어'의 기본적인 특성은 '자립어'에 비해 상황-의존적이고, 의미면에서도 좀 더 추상성을 띤다는 것이다.

명하는데 있어서 6가지 독자적인 장점을 가지고 있다고 한다.

첫째는 언어의 관찰 대상을 공시나 통시처럼 인위적으로 나눈 언어자료인 것이 아니라 언어가 가지고 있는 역사성과 그 문화, 언어 사용자의 인지 작용이나 언어습득 등과 같은 포괄적인 측면들을 모두 관찰 대상으로 하고 있다.

둘째는 모든 학문적 이론들이 추구하는 '설명력'을 가지고 있다.

셋째는 그 동안의 언어 변화 이론들이 현상의 기술에 집중하여 언어 변화의 핵심이 되는 '동기'에 대해 적절한 설명을 제시하지 못하였지만 문법화이론에서는 언어 변화의 주체를 언어가 아니라 사람으로 봄으로써 언어 변화의 동기에 대한 설명을 가능하게 한다.

넷째는 문법화이론은 문법을 몇 가지의 독립된 분야로 구성되어 있다고 보는 것이 아니라 이들 분야들이 서로 연쇄의 구조를 가지고 있다고 보면서 그 동안 문법의 하위 분야들 간의 경계설정에 대한 부자연스럽고 경직된 학문적 동향에 혁신적인 태도변화를 가져오게 하였다.

다섯 번째는 문법화이론은 언어 변화에 나타난 인간의 인지적 전략을 연구하는 데에 큰 관심을 가짐으로서 개별언어에서 고립적으로 나타나고 있는 언어 현상들뿐만 아니라 범언어적인 시각에서 언어 현상을 기술하려 한다는 점에서 타당성이 높은 설명을 제시한다.

여섯 번째는 문법화이론이 가지는 이른바 범시적 시각은 공시언어학에서 언어의 역사성을 무시함으로써 생겨나는 한계와 통시언어학에서 언어의 공시적 현상을 간과함으로써 생겨나는 한계를 모두 극복한다. 이것이 문법화이론이 다른 이론과 비교하였을 때 가지고 있는 독자적인 장점이라고 할 수 있다.

이 책에서는 언어유형론, 특히 의미유형론에서 활발히 연구되고 있는 의미지도와 문법화이론에 근거하여 한국어 '이다'와 중국어 '是'의 품사 설정문제를 떠나서 이들의 구문유형, 통사적 특징, 의미적 특징을 말뭉치자료에 따라 구체적으로 논의할 것이다. 그리고 한국어 '이다'와 중국어 '是'의 의미적 특징 부분은 언어유형론에서 사용하고 있는 의미지도이론을 사용하여 그 특징들을 살펴볼 것이다. '이다'와 '是'의 일반적인 구문뿐만 아니라 특수구문이라고 할 수 있는 '의존명사+이다' 구문과 '是……的' 구문도 함께 논의의 대상으로 하여 '의존명사+이다' 구문과 '是……的' 구문의 양태적 의미 특징에 대해서도 논의할 것이다. 의미지도를 이용한 대조연구를 통하여 한국어 '이다'와 중국어 '是'의 공통점과 차이점을 더 직관적으로 그려내는 것이 이 책의 연구목적이다. 그리고 한국어의 '의존명사+이다' 구문에서 문법화의 흔적을 찾아볼 수 있는데 그것에 대해 살펴보고 의미적으로도 '이다' 구문의 여러 가지 의미가 서로 연관성이 있다는 것을 의미지도를 통해 설명하려고 한다.

2. 선행연구

한국어 '이다'와 중국어 '是'에 대한 연구를 살펴보면 주로 품사 설정문제, '이다' 구문, '是' 구문, 특수구문(한국어 '의존명사+이다' 구문과 중국어 '是……的') 대조연구로 나눌 수 있다. 품사 설정의 경우 한국어 '이다'는 독립 품사설과 비독립 품사설로 나눌 수 있지만 중국어는 계사설, 동사설/판단동사설과 부사설로 나눌 수 있다. 특수구문에 대한 연구는 한국어의 경우 '의존명사+이다'로 나눌 수 있고 중국어의 경우 '是……的' 구문에 대한 연구 및 기타 특수구문으로 나눌 수 있다. 아래에 한국어 '이다'와 중국어 '是'의 품사 설정문제를 시작으로 하여 살펴 볼 것이다.

2.1. 한국어 '이다'의 연구 분야

한국어 '이다'에 대한 연구는 주로 품사 설정문제, 한국어 '이다'에 대한 통사론적 연구 및 한국어 '의존명사+이다' 구문에 대한 연구로 나누어 그 연구현황을 살펴볼 것이다. 우선 한국어 '이다'의 품사 설정문제에 대해 살펴볼 것이다.

2.1.1. 한국어 '이다'의 품사 설정에 대한 연구

한국어 '이다'에 대하여 크게 두 가지로 나누어 설명할 수 있는데 한 가지는 독립품사로 다루고 다른 하나는 독립품사로 다루지 않는 것이다.

> 1) 독립품사로 다루는 견해
>
> (1) 용언설(지정사설[5]=계사=잡음씨, 의존형용사설)
>
> (2) 조사설(주시경, 김두봉, 김윤경)
>
> (3) 서술격조사설[6](정인승)
>
> 2) 독립품사로 다루지 않는 견해
>
> (1) 체언의 활용='이'를 매개모음이나 조음소로 본다(이희승, 강길운)
>
> (2) 서술격조사설(이숭녕)
>
> (3) 접미사설(파생 접미사설=김창섭, 고창수, 시정곤, 안명철, 체언 서술태

---

[5] 지정사설은 서양 문법에 도입된 '계사'를 일컫는 말로 한켠에서는 '잡음씨'란 영어로 통용되기도 한다.

[6] 단어의 설정 기준에 따라 세 가지로 분류할 수 있는데 첫째, 분석주의 즉 어미와 조사를 독립된 품사로 설정하는데 그 주장자는 유길준, 주시경, 김두봉, 김희상, 김윤경이다. 둘째, 절충주의 즉 조사만을 독립된 품사로 설정하고 어미를 독립된 품사로 설정하지 않는데 그 주장자는 최현배, 박승빈, 홍기문, 이희승, 정인승이다. 셋째, 종합주의 즉 어미와 조사를 모두 독립된 품사로 설정하지 않는데 설정하지 않는데 그 주장자는 정열모, 이숭녕이다.

기능의 접미사설=정해천, 지정 접미사설=권대혁)

한국어의 '이다'와 달리 한국어 '아니다'에 대한 연구는 그리 많지 않으며 '이다'에 대해 연구하면서 간략하게 '아니다'에 대해 설명하였다. 그리고 '아니다'의 품사 설정도 '이다'만큼 복잡하지 않다. 주로 '아니다'를 '이다'와 함께 지정사로 보는 견해, '아니다'를 형용사로 보는 견해 또는 '아니다'를 '아니+이다'로 보는 견해로 나눌 수 있다. 따라서 '아니다'에 대한 설명은 '이다'와 함께 다루기로 한다.

1) 독립품사로 다루는 견해
(1) 용언설
① 지정사설
지정사설은 최현배(1963), 이석린(1966), 김영희(1984), 목정수(1998), 양정석(2000)이 있다. 그리고 최현배(1963)에서는 '아니다'를 '아니+이다'로 분석하지 않고 '이다'와 함께 잡음씨의 하나로 인정하고 있다. 아래 '이다'를 지정사로 삼은 이유를 정리하겠다.

　a) '이다'는 서술능력을 가지고 있다.

　b) '이다'는 활용의 노릇을 가지고 있다.

　c) '이다'는 시제의 표현을 가지고 있다.

　d) '이다'는 독립끝을 가진 낱말이다.

다른 점이라면 이석린(1966)은 최현배의 지정사설을 지지하지만 '책이다, 책이 아니다' 전체를 각각의 말로 보며 '이(가)'를 잡음자리 토씨(지정격 조사)로 규정하였다. 김영희(1984)는 '이다'를 지정사로 지칭하였지만 보통의 용언설의 가정과는 달리 '이다'를 1자리 서술어로 설정하였지만 양정석(2000)에서는 '이다'를 1자리 서술어가 아닌 2자리 서술어로 인정하고 있으며 '이다'가

2자리 서술어로서 실질적 의미를 가지므로 삽입변형에 의해서 도입될 수 없고 조응적 기능을 갖지도 않는 어휘적 의미를 지닌 요소라고 했다. 그리고 목정수(1998)는 '아니다' 구성에 허용되는 선행명사(구)에 붙는 '이/가'가 주격조사 내지 서술격조사가 아닌 한정사(=관사)라고 설정하였다.

② 의존형용사설

강복수(1963)에서는 '이다'를 의존체언(의존명사, 불완전명사), 의존용언(보조용언)과 같은 준자립어로 다루어 의론형용사라고 규정하고 다음과 같이 주장하였다.

a) 어의상으로 보아 실질적 내용이 없으며 추상적 형식적인 뜻을 가지고 있다.

b) 형태상으로는 어간과 어미를 갖추고 있는 용언으로서 어미활용을 한다.

c) 구문상으로는 항상 앞에 오는 실질적 내용을 가진 단어(부사어)의 뜻에 의존하여 쓰인다.

d) 어휘 변천상으로는 '이시다(有), 겨시다'와 같은 자립어에서 그 뜻이 약화되어서 이루어진 단어이다.

그 외에 정인승(1956), 이숭녕(1956)에서는 '아니다'를 형용사로 보고 있다.

2) 조사설

주시경(1909)에서는 '이다'를 서술어 어미(종결조사)의 하나라고 하였는데 여기에서 주시경은 조사와 어미를 구별하지 않고 한 가지로 보았으며 그것을 다시 조사, 연결어미, 종결어미 세 가지로 나누었다. 주시경의 의견을 따라 김두봉(1916)과 김윤경이 이를 지키고 있다. 그리고 김윤경(1948)에서는 단어를 실사와 허사로 분류하여 각각 한 낱말로 본 것인데 토씨에 '이다'를 넣어 맺음씨로 다루었다.

3) 서술격조사설

서술격조사설은 정인승(1949), 유목상(1965), 이철우(1987)가 있다. 이들은

'이다'를 조사의 일종인 '서술격조사'로 정의하고 조사와 더불어 독립품사로 다루었다. 그리고 서술격조사는 활용하는 것이 그 특징이라고 규정하고 '이다'의 서술격조사의 특징에 대해 아래와 같이 정리하였다.

a) 서술격조사는 다른 모든 조사들과 마찬가지로 체언의 기능을 나타내는 일은 물론이되, 특히 그 맡은 성분이 서술하는 성분이므로 다른 서술어들(동사, 형용사)과 같은 형식의 작용이 필요하다. 그러므로 어미 변화를 하게 됨은 물론이요 따라서 보조어간(선어말어미)이 붙을 수 있고 시제 표현도 할 수가 있는 것이다.

b) 보조어간(선어말어미)은 '존경, 공손'의 것과 '과거, 미래'의 것이 있을 뿐으로서 동사에 쓰이는 '피동, 사동'과 '강세'의 것들은 없다.

c) 서술격조사의 시제는 형용사의 것과 같다.

d) 실질의 뜻이 없는 허사다.

e) 연어 관계에 있어 조사와 일치한다.

f) 용언에 있어 어미가 문법적 기능을 다하듯 체언에 있어서 그 체언으로 하여 다수적인 문법적 기능을 하게 하는 점이 조사와 같다.

g) 체언에 부착되는 형태소다.

h) 파생어를 일으키지 못한다.

i) 조사와 같이 완전 생략 되어도 문장의 뜻에 이상이 없다.

j) 한문에 있어서는 구결(어조사)로 사용되었던 것이다.

단 '아니다'에 대하여 고영근(1987)에서는 중세국어를 대상으로 '아니라'를 '명사+서술격 조사'라고 주장하고 있다. 엄정호(1989)에서도 '아니다'를 '아니+이다'로 분석하였지만 이때의 '아니'를 명사가 아니라 부사라고 하는 점에서 다르다.

2) 독립품사로 다루지 않는 견해

(1) 체언의 활용

체언의 활용을 주장하는 학자는 이희승(1949), 이남덕(1954), 강길운(1956, 1958)이 있다. 이희승(1949)에서는 '이다'의 독립품사 설정을 부인하고 체언의 활용 즉 '이다'를 그 앞의 명사로 더불어 합하여 서술어 노릇을 한다고 주장하였고 '이다'의 특징을 아래와 같이 서술하였다.

a) 체언은 그 아래 조사가 붙어서 격을 표시한다.

b) 체언이 서술어로 쓰일 때는 조사가 붙지 않고 어미가 붙어서 활용한다.

c) 논리적 명확성의 요구에서 삽입되는 것이다. '이'는 '이'에 앞서는 것이 체언 또는 체언형이라는 표시가 된다.

d) 빈번한 동음충돌을 회피하기 위하여 삽입되는 것이다. 용언 및 '체언+격어미'와의 빈번한 동음충돌이 회피되어서 체언이나 체언형의 실제적 의미가 명료해진다.

e) 조음소의 구실도 겸한다. 즉 체언이나 체언형의 발음이 자음일 경우에 조성모음 '으'를 대신한다.

f) 따라서 '이'는 본시 어간과 어미 사이에 고정적으로 개재되었던 것이 아니고 말하는 사람의 주관에 따라 자의적으로 삽입되는 것이다.

단 강길운(1956, 1958)에서는 '이다'의 '-다'가 기능을 담당하고 있는 것이지 '-이-'가 담당하고 있는 것이 아니므로 '이다'의 '-이-'는 어간이 아니고 매개모음에 불과하다고 하였다.

(2) 서술격 조사설

이숭녕(1956)에서는 어간에 붙는 어미를 분리하여 생각할 수 없듯이, 소위 조사와 지정사는 독립될 수 없는 것으로 '이다'를 일종의 격어미, 즉 서술격 어미로 보고 있다. 그리고 서술어로 쓰일 때는 용언과 같이 활용한다고 하고 독립품사가 될 수 없는 논증으로서 '사람이다'를 하나의 명사로 보고 이러할 때 '사람'은 어간이고 '다'는 격어미이며 '이'는 발음의 조절을 위한 것이라고 하였다.

(3) 접미사설

① 파생 접미사설

파생 접미사설은 '이다'가 명사구와 결합하는 특징과 선행명사구를 형용사구로 파생시킨다고 보아 어휘적 파생의 개념을 받아들여 '이다'를 통사적 파생접미사로 보고자 하는 견해이다. 김창섭(1984)에서 '이다'가 '답다'와 같은 성격을 가지고 있음을 언급한 후, 임홍빈(1989), 고창수(1985, 1992), 시정곤(1993, 1994, 1995), 안명철(1995)에서 '이다'를 통사적 파생 접미사로 보고자 하는 노력이 있었다.

② 체언 서술태 기능의 접미사설

정해천(1978)에서는 '이다'의 '이'를 오직 후속첨가어를 통솔하는 체언 서술태 기능의 접미사로 인정하고 있다. 즉 체언은 격변화(곡용)를 하고 용언은 어미변화를 하는데, 용언에 'ㅁ/기'가 매개되어 용언이 체언적인 기능을 하고 체언에 '이'가 후속하여 체언이 용언적인 기능(활용법)을 하는, 곧 'ㅁ/기'와 '이'가 서로 대응되는 형태론적 구조를 가지고 있는 것이 한국어 문법 구조의 특성이므로 '이'를 조음소라든지 의미자질이라 하여 '이'의 문법적 기능을 도외시 할 수 없다고 하였다.

③ 지정 접미사설

권대혁(1986)에서는 '-이다'를 형용사처럼 활용하는 지정 접미사라고 규정하고 '-이다'의 특성을 아래와 같이 정리하였다.

a) 기본 어형은 '-이다'이다.

b) '-이다'는 지정의 뜻을 가지고 있다.

c) '-이다'는 여러 품사(체언, 용언, 수식어 등)에 두루 붙어서 서술어를 만든다.

d) 독립성이 없다.

e) '-이다'가 붙은 서술어는 그 활용이 형용사와 같다.

f) 서술격조사가 아니다.

g) 잡음씨(지정사)가 아니다.

h) '-이다'는 접미사이다.

이상의 논의를 통해 알 수 있듯이 한국어 '이다'의 품사에 대한 논의는 여러 가지가 있다. 하지만 기존논의에서 '이다/아니다'의 품사 설정에 정확한 답이 없는 이상 '이다', '아니다'의 품사 설정에 중점을 둘 것이 아니라 형태론적 분석을 떠나 '이다/아니다'의 통사론적 기능이 무엇인지 살펴보는 것이 더욱 중요하다고 생각된다. 즉 '이다/아니다'가 문장 내에서 어떤 기능을 하며 특수구문에서는 어떤 역할을 하는지 살펴보는 것이다.

2.1.2. 한국어 '이다'에 대한 통사론적 연구

'이다' 구문의 통사론적 분석은 남기심(1969)을 시작으로 70년대부터 활발히 진행되었다.

엄정호(1989)에서는 '이다'의 선행요소가 항상 명사구를 보임으로써 '이다'가 두 자리 서술어임을 밝히었고 '이다'와 선행요소가 하나의 구성성분을 이룬다는 것을 보임으로써 '이다' 구문의 구조를 기술하였다. 그리고 '아니다'의 분석에서 '아니'를 부사라고 보고 '아니다'를 '아니+이다'로 보았다.

이남순(1999)은 '이다'에 대한 연구를 통해 '이다' 앞의 명사(또는 명사구)가 항상 주격의 부정격으로 나타난다는 것을 찾아냈다. 그리고 '이다'의 특징으로 빼놓을 수 없는 것이 '이다'가 통사적 단위 설정의 한계를 벗어나는 비구조를 구조화하는 '구조조절'의 기능을 지니고 있다고 한다.

양정석(2000)에서는 어휘부의 대응규칙과 통사 부문의 재구조화 원리에 따라 한국어 '이다'의 재구조화 규칙을 기술하고 '이-'의 의미 해석 과정에 대해 설명하였다.

나카니시 교코(2004)에서는 '(-)이(다)' 구문의 의미론적·통사론적 분류를
아래와 같이 분류하였다.

	의미 (지정 기능의 유무)	부사와 공기	'형용사/관형사'와 공기	관형사형으로 '-인'만 가능
①	A는 B에 포함됨(O)	×	○	○
②	A는 (마치) B와 같은 것임(△)	○	○	○
③	A는 이른바 B라는 것임(X)	○	$\triangle^7$	×
④	A는 B라는 자질을 가짐(X)	○	×	×

그리고 '이다' 구문을 분석하는 데에 선행요소의 종류와 부사나 형용사/관
형사와의 공기 관계가 영향을 미치며 '(무엇이) 무엇이다'를 나타내는 ①의
'이다'와 '(무엇이) 어떠하다'를 나타내는 ④의 '-이다' 사이에 의미론적, 통사
론적인 차이가 있다고 하였다.

박철우(2006)에서는 '이다' 구문의 '이'가 직접 선행하는 요소(X_2)를 서술
어로 만들어주고 따라서 그 결합과 직접구성성분을 이루는 명사구가 주격과
지시성을 받아 문장의 주어가 되도록 만들어주는 기능 범주적 요소임을 밝
혔다. 그리고 '이'를 굴절어미 가운데 선어말어미로 보는 것이 상대적 우위
에 있다고 제시하였다.

이정훈(2004)은 한국어 '이-'가 다양한 어휘소들로 분할되어야 하며 각각
의 어휘소들은 상이한 의미나 기능을 가지고 있음을 주장하였다. 개별 어휘
소들의 통사적 형태를 결과표로 제시하면 다음과 같다.

---

7   '다른 범주간의 지정'(비유)까지 지정 기능으로 보는가 하는 것은 결국 용어의 정의의 문제
    에 불과하기에 나카니시 교코(2004)에서는 '△'로 표기하였다.

	생략[8]	어순 교체	Y인 X	TAM[9]	-시-[10]	대등 접속	부정[11]	수식[12]
정체 확인	3	可	可(의미 변화)	1	0	可	아니-	관, 바로
분열문	1	不	不	2	2	可	아니-	관, 바로
속성 표시	1	可(의미 변화)	可	1	0	可	아니-	관, 매우
기능 동사	1	不	不	1	0	可	아니-	관, 매우
소재 표시	2	可	可	2	0	不	아니-	관
시간 표시	2	可(의미 변화)	可	1	1	可	아니-	관, 바로
대동사	3	可	不	3	1	不	아니-	관
소유 표시	1	不	可	1	1	可	아니-	관
뒤덮어 있음	1	不	不	1	3	不	不	특정 부사만
제시	2	적용 불가	적용 불가	3	3	不	不(의미 변화)	관

이외에 고창수(2005)는 생성문법이나 자질연산문법과 같은 이론 틀 안에서 '-이-'를 선행명사구를 동사구로 만드는 통사적 접사로 분석하였다.

한국어 '이다'에 대한 논의를 살펴보면 '이다'를 하나의 단어로 분석한 것도 있지만 대부분 '-이'에 대한 분석을 통해 '이다'의 통사적 특징을 분석하려고 하였다. 한국어 '이다'에 대한 논의도 통사적 특징의 분석에만 그칠

---

8 '-이-'생략: 생략 빈번 3, 비교적 용이 2, 생략이 잘 안 되는 경우 1, 불가능 0.

9 TAM 표지 결합: 전체 제약이 없으면 0, 비교적 제약이 없으면 1, 어느 정도 제약 2, 제약이 심하면 3.

10 '-시-' 삽입: 전혀 제약이 없으면 0, 비교적 제약이 없으면 1, 어느 정도 제약 2, 제약이 심하면.

11 부정표현: 구체적인 어휘.

12 수식 양상: 관형어, 부사 '매우', '바로'와의 결합 양상.

뿐 의미적 특징의 분석에 대해서는 그 논의가 거의 없다.

2.1.3. 한국어 '이다' 특수구문에 대한 연구

이제까지 한국어 '이다' 특수구문 연구는 주로 '-ㄹ것이다'에 국한되어 전개되었다. 하지만 시간이 흐름에 따라 '이다' 특수구문의 통사론적 또는 의미론적 연구가 점점 많아지고 있다.

1) 한국어 '이다' 특수구문의 통사론적 연구

박소영(2012)은 '행위성 명사+이다' 구문의 통사론적 분석을 제시하였는데 행위성 명사가 어근구의 핵으로서 '이다'의 도움 없이도 그것의 내부논항을 인가할 수 있음을 주장하였다. 그리고 '이다'와 '하다'는 시제 굴절요소를 지지하는 일종의 허사적 요소이지만 '이다'는 소절의 통사구조를 선택하는 T의 실현에 이용되는 반면 '하다'는 동사구의 통사구조를 선택하는 T의 실현에 이용된다고 하였다. 뿐만 아니라 '행위성 명사+이다' 구문에 실현되는 '이다'를 일종의 음운론적 요소인 허사로 분석하였다.

2) 한국어 '이다' 특수구문의 의미론적 연구

서정수(1978, 1990)에서는 '-ㄹ것이다'를 '겠'과 비교하면서 미연, 추정, 의도, 지령 등의 의미를 나타내는 것으로 설명하였다.

신선경(1993)에서는 '것이다' 구문을 'N₁이 N₂이다'라는 '이다' 구문의 전형적인 형식으로 해석되는 '것이다 I'과 '것'과 '이다'의 어휘적 특성으로 인해 재구조화된 형식으로 해석되는 '것이다 II'에 대해 논의를 전개하였다. 또한 '것이다' 구문의 명사구들의 실현 양상을 통해 '것이다' 구문은 외현적 주어를 갖지 못하는 반면 외현적 어휘형식으로 실현되는 주제어를 필수적으로 요구한다는 '외현적 주제 조건'을 가정하여 이 '외현적 주제조건'이 만족되느냐의 여부에 따라 '것이다' 구문이 이 조건을 만족시키는 구조로 실현될 경우 정언문의 의미기능을 수행하는 '것이다Ⅰ'의 의미로, 이것을 만족시키지 못할 경우 '이다'가 '것'과 재구조화되어 나타나는 '것이다Ⅱ'의 의미로 해석되어 지는 것으로 설명하였다.

시정곤·김건희(2011)에서는 '의존명사+이다' 구문에 대하여 양태적 관점에서 관찰하였는데 '의존명사+이다' 구문의 양태적 의미는 '의존명사 구성' 전체를 양태로 보는 것이 아니라 양태 의미의 핵심이 의존명사이며 '명제에 대한 화자의 의견과 태도'를 나타내는 양태는 다양한 범주(어미, 보조용언, 어휘)로 실현되며 의존명사는 이중에서 어휘로 실현되는 어휘 양태소로 볼 수 있다고 하였다. 그리고 의존명사가 그 용어처럼 단순히 명사에 의존하는 형식상의 특징으로서 부각되는 것이 아니라 '양태, 상' 등의 문법적인 기능을 나타내는 보조용언, 어미와 대등한 문법 범주임을 확인하였다.

안주호(2004)에서는 '명사+이다' 구성의 양태기능을 하는 요소들의 통사적·의미적 특징에 대해 살펴보았는데 양태를 의무양태[13]와 인식양태[14]로 나누었다. 그리고 'N+이다' 구성 중 '-는 법이다1'은 [의무], '-ㄹ 터이다'는 주어의 [의지], '-ㄹ 셈이다'는 [의도]를 나타내는 의무양태로 보았고 '-는 법이다2, -ㄹ 뿐이다, -ㄹ 노릇이다, -는 바이다, -는/ㄴ/ㄹ 모양이다' 등을 명제내용에 대해 화자의 심리적 상태를 나타내므로 인식양태로 보았다.

한국어 '이다'의 특수구문은 '이다' 앞에 나타나는 의존명사, 형식명사,

---

13   도덕적으로 책임있는 행위자(또는 주어)가 수행하는 행위의 필연성이나 가능성과 관련된 것으로 '허용'이나 '의무'의 의미를 지닌 것을 의무양태라 하였다.

14   명제내용이 사실과 다르다고 하더라도 명세의 진리치에 대한 가능성이나 필연성을 표현하는 즉 명제내용에 대한 화자의 지식이나 믿음의 정도성을 나타내주는 것을 인식양태라 하였다.

명사에 따라 '이다' 특수구문의 통사적 특징과 의미적 특징을 논의하였다. 의미적 특징은 '이다' 앞에 나타나는 의존명사가 명사와 함께 '이다' 특수구문이 나타내는 양태적 의미를 연구하는데 중점을 두었다.

2.2. 중국어 '是'의 연구 분야

중국어 '是'에 대한 연구도 품사 설정문제, 중국어 '是'에 대한 통사론적 연구 및 중국어 '是……的' 구문에 대한 연구로 나누어 그 연구현황을 살펴볼 것이다. 우선 중국어 '是'의 품사 설정문제에 대해 살펴볼 것이다.

2.2.1. 중국어 '是/不是'의 품사 설정에 대한 연구

중국에서 '是'에 대한 연구는 고대 중국어부터 '是' 판단문의 형성에 이르기까지 그 연구내용이 상당히 많다. 하지만 이 책에서는 통시적인 면을 떠나 공시적인 면에서 중국어 '是/不是'의 연구현황에 대해 살펴볼 것이다. 우선 품사 설정 면에서 중국어의 '是/不是'는 그리 다양하지 않으며 크게 계사설, 동사설/판단동사설, 부사설로 나눌 수 있다.

1) 계사설

马建忠(1898), 王力(1985), 高明凯(1948)는 영어문법 중의 'be'의 영향을 받아 중국어 '是'를 계사로 보고 있다. 하지만 계사설은 고대중국어에서 많이 사용하던 개념이지 현대에 들어서서는 계사설을 주장하는 학자들이 많지 않다.

2) 동사설/판단동사설

동사설의 주장자는 黎锦熙(1924), 丁声树(1961), 朱德熙(1982), 黄伯荣和廖序东(2007) 등이 있다. 그중 黎锦熙(1924)는 중국어 '是'의 특수성과 그것이 동사가 갖고 있는 공통성에 따라 '是'를 동사로 보고 그 뒤에 따라는 성분을

表语 혹은 补足语로 보고 있지만 丁声树(1961), 朱德熙(1982), 黄伯荣和廖序东(2007)는 '是' 뒤에 따르는 성분을 목적어로 인정하였다.

『暂拟系统』에서는 문법의미에서 출발하여 '是'를 판단사로 인정하였다. 하지만 이것은 '是'의 품사 문제를 회피하고 '是+名词' 구조를 합성서술어라 하였다. 이런 주장에 대하여 많은 학자들이 반대의 의견을 보였기에 1981년 할얼빈에서 열린 "全国语法及语法教学讨论会"에서는 '是'를 동사의 하위범주인 판단동사로 인정하고 그 뒤에 따르는 성분을 판단목적어로 정의하며 다른 목적어와 다르게 볼 것을 주장하였다.

이상 '是'를 동사로 본 원인을 정리하면 아래와 같다.

a) '是'는 부사의 수식을 받을 수 있다.

b) 능원동사(能愿动词)의 뒤에 쓰일 수 있다.

c) 긍정과 부정이 겹치는 형식으로 질문할 수 있다.

d) 단독으로 질문에 대답할 수 있다.

하지만 '是'가 동사로 인정받을 수 없는 원인은 아래와 같다.

a) '是' 뒤에는 '着, 了, 过' 등 동태조사가 붙을 수 없다.

b) '是'는 '没, 没有'로 부정할 수 없고 단지 '不是'로 부정할 수 있다.

c) '是'는 중첩하여 사용할 수 없다.

3) 부사설

부사설을 주장하는 사람은 '是' 앞에 나타나는 성분이 명사일 경우에는 '是'가 동사로써 판단의 뜻을 나타내지만 '是' 앞에 나타나는 성분이 동사나 형용사일 경우에는 '是'가 부사로써 강조의 뜻을 나타낸다고 주장하고 있다. 하지만 이러한 주장에도 문제가 존재한다.

a) 판단의 뜻과 강조의 뜻을 구분하기 어렵다.

b) 액센트 여부에 따라 두 가지 '是'를 구분하기 어렵다.

이상의 논의를 통해 알 수 있듯이 중국어 '是'의 품사 설정에 대하여 계사설,

동사설, 부사설이 있는데 현재 학계에서는 크게 동사설과 부사설로 나뉘어져 있다. 하지만 '是'의 품사에 대한 논의는 중요하지 않지만 '是'가 문장에서 어떤 기능을 하며 서로 다른 구문에서 '是'가 어떤 작용을 하는지 알아보는 것이 더욱 중요하다고 생각된다.

2.2.2. 중국어 '是/不是'에 대한 통사론적 분석

중국에서 '是' 구문에 대한 연구는 상대적으로 늦게 시작되었다. '是' 구문에 대해 처음으로 연구하기 시작한 책은 『现代汉语八百词』이다. 여기에서는 '是'를 동사로 설정하고 '是' 구문을 형식과 문법의의에 따라 '主语+是+名词' 구문, '主语+是+…的' 구문, '…的+是+名词/动词/小句' 구문, '主语+是+动词/形容词/小句' 구문, '主语+是+介词…' 구문 등 8개 유형으로 분류하였으며 매 유형을 다시 여러 가지로 분류하였다. 분류는 상세하게 하였지만 분석에 있어서는 문장의 뜻에 따라 해석하였기에 개괄성이 충분하지 못하며 일부 '是' 구문이 확실히 '是'에 의해 결정되는지 명확하지 않다.

李临定(1986)에서는 '是' 구문이 긍정적인 판단을 나타낸다고 하였고 '是' 구문의 특징을 아래와 같이 귀납하였다.

a) '是' 뒤에 따르는 성분이 명사든 동사/형용사이든 '是' 구문의 특징은 같다.

b) '是'는 부정형식(否定式)이 올 수 있으며 'X不X'로 질문할 수 있으며 '是' 뒤의 동사도 'X不X'로 질문할 수 있다. 하지만 '是'와 동사의 다른 점이라면 '是'의 'X不X'는 이동하여 문장의 제일 앞에 올 수 있지만 동사의 'X不X'는 이동이 불가능하다.

c) 동사구문에서 '是'는 약화와 강화의 두 가지가 있다. 약화의 표현은 가볍게 읽기에 문장에 있든 없든 상관이 없지만 강화는 강하게 읽기에 문장에 반드시 나타나야 한다.

陈建民(1986)에서는 '是'를 前谓语로 보고 서술어에 따라 '是' 구문을 세 가지로 분류하였다. 즉 첫째, 서술어가 명사인 '是' 구문; 둘째, 서술어가 동사 혹은 동사구인 '是' 구문; 셋째, 서술어가 '的字短语'인 '是' 구문. 그리고 주어 구성성분의 성질, 문법적 의의, '的' 앞에 나타나는 단어의 품사특징에 따라 위의 세 가지를 재분류하였다. 陈建民(1986)에 의하면 주어가 없는 '是' 구문은 감정표현이 강렬한 구문에 나타나고 여기에서 '是'는 긍정과 강조를 나타낸다고 하였다. 그리고 '是'로 구성된 일반 문장은 문답에 많이 사용된다고 하였다.

李健(1987)은 '是' 판단문을 형식에 따라 8가지로 나누었고 논리적 의미에 따라 9가지로 나누었는데 형식에 따른 분류는 『现代汉语八百词』와 같지만 논리적 의미에 의해서는 동등 판단문, 귀속 판단문, 존재 판단문, 관계 판단문, 비유 판단문, 시공간 판단문, 기반(凭借) 판단문, 평가 판단문, 확인 판단문으로 나누었다.

王灿龙(2013)에서는 명사 목적어의 지시형식에 따라 '是' 판단문을 속성(신분)설명 판단문과 개인지칭 판단문으로 나누고 이 두 판단문이 '是' 판단문 연속체의 양극이며 부정형식이 목적어를 하는 '是' 판단문이 이 두 판단문 사이에 있으며 양자의 일부 속성을 갖고 있다고 한다. 그리고 이 구조 아래에서 '是'의 유지(类指)목적어와 부정 목적어의 사용정황을 분석하였다.

이상의 연구는 구조와 의의에서 출발하여 '是' 구문을 연구하였다. 인지문법이 발달하는 현재 '是' 구문을 인지문법이나 표달 기능에 따라 그 내적 규율을 논의할 수 없을까하는 생각이 든다.

2.2.3. 중국어 특수구문에 대한 연구

중국어 '是'의 특수구문은 그 유형이 비교적 많은데 그 예로는 '是……的' 구문, 특지 의문 판단문, '是NP' 혹은 '是(一)个NP' 구문, 기타 특수구문 등이 있다. 우선 柴世森(1981)의 통계에 의하면 '是……的' 구문이 전체 '是' 구문의 30%를 차지한다고 한다. 따라서 많은 학자들이 '是……的' 구문에 대해 연구하기 시작하였다.

1) '是……的' 구문의 분류에 따른 연구

현재 중국어 학계에서 '是……的' 구문의 분류를 세 가지 표준에 의거하고 있다. 그것을 정리하면 아래와 같다.

a) '是……的' 구문과 문장의 기타 성분과의 긴밀 정도에 따라 분류한다. 谭永祥(1956)에서는 긴밀 정도에 따라 첫째, 고정적인 것; 둘째, 반고정적인 것; 셋째, 자유로운 것으로 분류하였다. 그후 胡裕树(1962), 张静(1986)은 각자 편찬한 『现代汉语』에서 이 의견을 받아들였으며 고정적인 것에 붙는 품사는 동사이고, 반고정적인 것에 붙는 품사는 동사 혹은 부사이며, 자유로운 것에 붙는 품사는 부사라고 하였다.

b) '是……的' 구문의 부정형식 차이에 따라 분류하였다. 柴世森(1981)에서는 첫째, '是' 앞에 '不'가 붙는 '是……的' 구문; 둘째, '是' 뒤에 '不'가 붙는 '是……的' 구문; 셋째, '是'의 앞과 뒤에 모두 '不'가 붙을 수 있는 '是……的' 구문으로 분류하였다. 이렇게 분류한 목적은 '是……的' 구문의 '是'의 품사를 확인하고 '是……的' 구문에 대해 분석하기 위해서이다. 柴世森(1981)은 '是……的' 구문의 '是'를 판단사로 인정하고 동사의 하위범주로 설정해야 한다고 주장했다.

c) '是……的' 사이 성분의 특성과 의의에 따라 분류하였다. 『现代汉语八百词』에서는 6가지로 분류하였는데 첫째, '主语+是+名词+的'는 종속 또는 재료를 나타냄; 둘째, '主语+是+动词/形容词+的'는 분류를 나타냄; 셋째, '主语+是+小句+的'는 분류를 나타냄; 넷째, '主语+是+动词+的'는 주어에 대한 묘사 혹은 설명, 어감을 강조하는 역할을 함; 다섯째, '主语+是+形容词+的'는 주어에 대한

묘사 혹은 설명; 여섯째, '是+{小句+的}'는 小句의 주어를 강조하며 동사는 결속성을 나타낸다.

대외중국어교수의 필요에 따라 呂必松(1982)은 우선, '是……的' 구문과 '是' 뒤에 '的字结构'가 목적어 역할을 하는 두 문장을 구분해야 하고 다음, 과거를 나타내는 '是……的' 구문과 강조를 나타내는 '是……的' 구문을 구분해야 한다고 주장하였다. 이런 분류는 '是……的' 구문의 세밀한 연구에 도움이 될 것이라 믿는다.

2) '是……的' 구문의 통사적 연구

'是……的' 구문의 통사적 기능은 판단과 강조를 나타낸다고 보고 있다. 하지만 현재까지의 논의를 살펴보면 '是……的' 구문이 강조를 나타내는 것에 관한 연구가 더 많다. 강조를 나타내는 '是……的' 구문을 두 가지로 분류하고 있는데 첫째, 강조문의 서술어는 동사성을 나타내며 이미 지난 일에 대해 서술한다. 둘째, 강조문의 서술어는 묘사적 혹은 평가적이며 '是……的' 구문 사이에는 동사나 형용사가 서술어로 나타난다. 첫 번째 구문에 대한 통사적 또는 화용적 특징은 명확한데 논의의 초점을 아래 몇 가지에 두고 있다.

(1) 시제 특징

과거시제의 '是……的' 구문에 대하여 두 가지 의견으로 나누어져 있는데 하나는 '是……的' 구문의 '的'가 과거의 뜻을 나타내며 '的'가 '양태-시제 조사'라는 것인데 그 주장자는 马学良, 史有为(1982)이다. 다른 하나는 '的'가 과거의 뜻을 나타낸다는 것을 반대하는 입장이다. 杉村博文(1999)에 의하면 과거의 뜻은 '…V的(o)'가 선행성분 '…V了(o)'를 가리키는데서 나온 것이라 한다. 하지만 袁毓林(2003)에 의하면 '…V的(o)'가 나타내는 것은 '…V了(o)' 형식의 명제가 함축(预设)되어 있는 것이며 함축에는 암시, 설명의 특징이 있다고 한다. 木村英树(2003)에서는 '是……的' 구문의 '的'가 동작행위에 대해 구분 제한하는 의미기능이 있으며 이런 기능은 조사 '的'의 사물 구분 기능의 확장에서

온 것이라고 한다.

(2) 목적어의 위치

'的'가 주어와 목적어 사이에 위치하는 현상을 朱德熙(1978)는 구조주의와 동사 결합가 이론에 의해 주어가 주술구문 뒤에 위치한다는 각도에서 출발하여 체계적으로 연구하였다. 牛秀兰(1991)에 의하면 목적어의 위치는 여러 방면의 영향을 받는데 주요 원인은 동사의 단음절, 2음절 혹은 동사 뒤에 나타나는 보족어와 긴밀한 관계가 있다고 하지만 이런 규칙에는 예외적인 상황이 너무 많다. 袁毓林(2003)은 초점의 각도에서 목적어가 '的'의 뒤에 나타나는 것은 사태구문이 목적어의 초점위치를 해소하는 특징이라는 것이다.

(3) 부정 판단문

张明辉, 王虎(2009)에서는 'S+不是+X+的' 구문의 부정 초점이 표층의미구조와 심층의미구조에서 지명(指派)문제를 분석한 결과 아래의 몇 가지 특징을 발견했다.

a) X의 부정 초점은 문법구조, 표층의미구조, 심층의미구조에서 일치관계를 이룬다.

b) 부정의 초점 성분은 서술어의 한정성분이며 서술어는 일반적으로 함축이지 부정의 초점이 아니다.

c) 'S+不是+X+的' 구문의 부정 초점의 지명 규율은 아래와 같다. 수식성분>주체성분>피지배성분.

(4) 중의성 문제

张宝林(1994)은 '是……的' 구문이 중의성을 나타내는데 하나는 지칭의 뜻을 나타내고 다른 하나는 진술의 뜻을 나타낸다는 것이다. 중의성이 발생하게 되는 원인을 세 가지 방면으로 귀납하였는데 정리하면 아래와 같다.

a) 주어의 생명성 여부가 '是……的' 구문의 중의성을 결정한다. 주어가 유생명일 경우 중의문을 형성하고 주어가 무생명일 경우 중의문을 형성하지 못한다.

b) 객관적 사실의 작용에 의해 서로 다른 단어가 주어가 되어 서술어와 서로 다른 배합관계를 이루는 것이 '是……的' 구문의 중의성을 결정한다. 주어와 목적어 사이에 동일관계 혹은 비동일관계를 이룰 경우 중의문이 형성되고 주어와 목적어 사이에 동일관계만 이룰 경우 중의문이 형성되지 못한다.

c) 목적어의 위치도 '是……的' 구문의 중의성을 결정한다. 목적어가 '的' 앞에 나타날 경우 중의문을 형성하며 목적어가 '的' 뒤에 나타날 경우 중의문을 형성하지 못한다.

李大忠(1994)에서는 부정 판단문이 아닌 부정 판단문의 후속성분까지 포함한 복문 즉 '这里不是山东, 到处都有熟人'와 같은 구문의 중의성에 대해 살펴보면서 중의성을 해소할 수 있는 방법을 아래와 같이 제시하였다.

a) 주어가 다시 나타나기, 즉 앞 분절 중 '不是' 앞의 주어가 후속 분절의 문장에서 다시 주어로 나타난다.

b) 앞 분절의 뒷부분 내용이 뒷분절의 주어 위치에 다시 나타난다.

3) '是……的' 구문의 화용적 연구

(1) 초점의 표현수단

'是……的' 구문의 전형적인 기능은 초점 표현이다. 袁毓林(2003)에 의하면 품사 분류에서 판단계사인 '是'와 초점표기 단어인 '是'는 모두 동사이다. '的'은 '是'와 같이 의미중점을 표현하는 작용을 갖고 있지만 그 공제역이 제한적이며 현재의 연구는 모두 '是'를 초점표기 단어로 보고 있고 '(是)……的' 구문이 초점을 대조할 수 있다고 한다.

田泉(1996)은 정보의 각도에서 '是'와 '的'이 조합하여 쓰이는 경우와 따로따로 쓰이는 경우에 대해 토론하였다. 그리고 '是'와 '的'이 생략되는 경우에 따라 '是……的' 구문을 두 가지로 분류하였는데 갑구문은 '是'와 '的'이 생략된 후 정보구조가 모호해지는 것이고 을구문은 '是'와 '的'이 생략된 후 담화어조가 약화된 것이다. 갑구문은 '(是)신정보+구정보(的)'을 이루는 것이고 을구문은

'是'와 '的'이 명제에 대해 확인 혹은 긍정하는 것이며 발화인이 구정보를 신정보처럼 발화인에게 전달하므로 발화인의 명확한 담화의도를 나타내는 것이다.

(2) 담화기능의 각도

李姍等(1998)은 표현의 각도에서 어기사 '的'의 담화기능을 고찰하면서 어기사 '的'의 지위를 확립하고 어기사 '的'의 구문을 세 가지로 분류하였는데 A류 구문은 현실 사건을 단정하는 책임자, B류 구문은 현실 사건을 강조하는 조건, C류 구문은 비현실 사건에 대한 긍정인데 이 세 가지 '是……的' 구문의 '的'은 정보를 전달하는 표기이다.

4) 중국어의 기타 특수구문

杉村博文(2002)에서는 '谁'와 '什么'로 구성된 특지 의문 판단문에 대하여 논리와 화용 두 측면에서 분석하였다. 결과 '谁/什么'가 문두에서 주어 역할을 할 경우 '谁/什么'가 '是' 목적어와 동일관계를 이루며 이 동일관계는 두 사물사이에 존재할 수도 있고 일부 개념과 사물 사이에 존재할 수도 있다. 그리고 동일관계가 어떤 때에는 지별(指別)작용을 나타내고 어떤 때에는 '지별'의 기초상에 '설명'의 작용을 나타낸다. 하지만 '谁/什么'가 문말에 나타나 '是'가 목적어일 경우 문장의 주어와 '谁, 什么'는 성수(成素)와 유(类)의 관계 혹은 동일관계를 나타낸다. 하지만 어느 관계를 나타내든 문장의 의미는 설명성 서술에 기울여진다고 했다.

向德珍(2007)은 의문식 판단문을 특지 의문 판단문, 시비 의문 판단문, 반복 의문 판단문, 선택 의문 판단으로 나누고 매 유형의 강조, 긍정 약화, 부정 판단의 기능을 분석하였으며 그중 특지 의문 판단문은 판단을 강조할 뿐 판단을 약화시키지 않는 강세 판단문이라고 하였다.

张伯江, 李珍明(2002)에서는 '是NP'와 '是(一)个NP'를 어휘, 문법, 텍스트 측면에서 논의하였는데 중국어 판단문의 '(一)个'는 영어의 불정관사(不定冠词)처럼 강제적인 문법성분이 아니며 한국어처럼 의미를 구분하는 작용도 없다고 하였다. 분석 결과 '是(一)个NP'는 주관적 표현을 하고 '是NP'는 일반적 표현을 한다는 것이다.

李芳杰(1997)은 '的+是+M'과 '的+是+非M'에 대하여 분석하였는데 '的+是+M' 구문의 '的' 구조는 주어이고 M은 목적어이지만 '的+是+非M' 구문의 '的' 구조와 M을 주어, 목적어로 보는 데는 문제가 있다고 한다.

한국어 '이다' 특수구문의 연구와 달리 중국어 특수구문은 그 종류도 다양하여 '是……的' 특수구문은 분류를 시작으로 하여 통사적 연구, 화용적 연구까지 확장되었다. 그리고 중국어의 기타 특수구문도 그 종류가 다양한데 그중 가장 논의의 대상이 된 것이 특지 의문 판단문이다.

2.3. 한중 대조 연구 분야

2.3.1. 내적인 대조 연구

일언(1996)에서는 지정사구문과 존재구문에 대해 대조연구를 하였는데 우선 '좌측이 객실이다'를 A구문으로, '객실이 좌측이다'를 B구문으로, '좌측에 객실이 있다'를 C구문으로, '객실이 좌측에 있다'를 D구문으로 나누고 이 네 구문의 통사, 의미, 담화기능상의 공통점과 차이점을 살펴보았다. 결과 A구문은 존재에 대한 '단언'을 나타낼 때 쓰이고, B구문은 존재에 대한 '확인'을 나타낼 때 쓰이고, C구문은 무엇이 어디에 존재함을 나타낼 때 쓰이고, D구문은 어디에 무엇이 존재함을 나타낼 때 쓰인다고 하였다.

黃劲伟(2011)는 '是' 존재문과 기타 '是' 판단문에 대한 대조를 통해 '是' 존재문의 기본 구조는 'NP(처소)+是+NP(주체)'이며 의미상 '무엇이 어디에 존재하고 있다'를 나타내며 화용적으로 '화제+설명'(혹은 배경+목표)의 초점식 표달을 나타내고 인식방식에서는 시각적인 감각 초점이 돌출한다고 하였

다. 뿐만 아니라 '是' 존재문의 '是'는 기타 '是' 판단문의 '是'보다 문법의미
가 약하기에 생략이 가능하다. '是' 존재문이 나타내는 것은 처소 구역 내에
포함된 사물 C의 담화내용 초점이 C에 즉 새로운 정보가 사물 C의 유무를
나타낸다는 것이다.

2.3.2. 기타 언어와의 대조 연구

한국어 '이다'와 중국어 '是'에 대한 대조 연구는 그리 많지 않다. 대부분
한국어 '이다'와 중국어 '是'의 대응형식 연구에 그치고 있다.

탄나나·남길임(2013)에서는 한국어와 중국어의 '이다' 구문과 '是' 구문을
대조 연구함으로써 한국어와 중국어의 계사구문의 존재 여부, 계사의 품사
범주, 계사 구문의 보충어 및 의미 기능의 확장 등을 살펴보았다.

이용철(2000)은 한일 양국어 문말 표현 'AはBだ', 'A는 B이다'에 있어서
각각 'だ'와 '이다'의 정황적 의미를 논리적 A, B관계와 초논리적 A, B관계,
'형식명사+だ(한국어에서는 의존명사+이다의 형식)'의 조동사적 표현으로 나누
어 고찰하였는데 결과 논리적 A, B관계에 있어서는 양국어가 함께 계사적
기능으로 사용되어 화자의 설명, 판단, 단정 등의 의도를 표현하고 초논리적
A, B관계에 있어서는 양국어가 화자의 예측, 지시, 의지, 판단의 강조, 상황
판단, 인식, 감탄/감동, 상태 등의 의도를 표현하고 있지만 상황에 따르는
여러 가지 술부 대응으로 표현된다고 하였다.

그리고 '형식명사+だ(의존명사+이다)'의 형태가 한 묶음으로 되어 조동사
적 의미로 사용되고 있는데, 일본어에서는 양자의 결합도가 매우 높다. 한국
어는 '것이다'가 여러 가지 의미표현에 있어서 생산적인 면을 보이고 있지만
그 외의 표현은 언어 정황에 따라 제한적으로 상황표시(-참이다), 당위성(-터
이다), 인식표시(-셈이다) 등으로 나타내고 있다.

대조 연구에서는 내적인 대조 연구 즉 한국어 지정사구문과 존재구문의

대조 연구 및 중국어 '是' 존재구문과 '是' 판단문에 대한 연구가 있다. 그리고 한국어 '이다'와 중국어 '是'의 대조 연구는 간단한 대응형식에 그치고 있다.

2.4. 선행연구의 공헌 및 한계점

한국어 '이다'와 중국어 '是'에 관한 연구들을 정리하여 보면 아래의 4가지로 나눌 수 있다.

1) 품사 설정 문제에 있어서 한국어는 독립품사설와 비독립품사설로 나눌 수 있으며 독립품사설은 용언설, 조사설, 서술격조사설로, 비독립품사설은 체언의 활용, 서술격조사설, 접미사설로 나눌 수 있다. 중국어는 계사설, 동사설/판단동사설, 부사설로 나눌 수 있다.

2) 한국어 '이다' 구문과 중국어 '是' 구문에 대한 연구는 통사론적 연구에 그쳤다. 인지문법이 발달하는 현재 한국어 '이다' 구문과 중국어 '是' 구문을 인지문법이나 표달 기능에 따라 그 내적 규율을 논의할 수 없을까하는 생각이 든다.

3) 특수구문에 대한 연구에서 한국어 특수구문은 통사론적 연구와 의미론적 연구에 국한되어 있으며 한국어 특수구문은 '이다' 앞에 나타나는 성분에 따라 분류되었다. 즉 '이다' 앞에 형식명사, 의존명사, 명사 등이 나타날 수 있으며 '형식명사/의존명사/명사+이다'의 통사적 연구와 양태적 의미의 특징에 논의의 중점을 두고 있다. 중국어 특수구문은 그 연구의 폭이 한국어 특수구문보다 많이 넓다. 우선 '是……的' 구문의 분류를 시작으로 하여 '是……的' 구문의 통사적 특징, 화용적 특징을 연구하였으며 특지 의문 판단문에 대한 연구도 그 연구의 폭이 상대적으로 넓다.

4) 대조 연구에서는 내적인 대조 연구와 기타 언어와의 대조 연구로 나눌 수 있는데 내적인 대조 연구에서는 한국어 지정사구문과 존재구문의 대조 연

구, 중국어 '是' 존재구문과 '是' 판단문에 대한 연구가 있다. 기타 언어와의 대조 연구에서 한국어 '이다'와 중국어 '是'의 대조 연구는 간단한 대응형식에 그치고 있다. 그외에 한국어 '이다'와 일본어 'だ'의 대조 연구뿐이다.

한중 판단문의 연구에서 판단을 하나의 문법범주로 보고 한중 판단문에 대해 체계적으로 논의한 연구가 없다. 한중 판단문의 연구를 '이다' 구문, '是' 구문, 특수구문에 대한 연구에만 그칠 것이 아니라, 복문에서도 판단의 의미를 나타내는 구문이 있는데 이에 대한 연구는 아직 미흡하다.

3. 언어자료

이 책의 언어 자료는 대부분 중국어 소설과 한국어 소설에서 찾았으며 기타 언어 자료의 경우 중국어는 북경대학에서 연구개발한 "북경대학 말뭉치자료"에서 찾았고 한국어의 경우 "21세기 세종 말뭉치"에서 찾았다. 그리고 다른 논문이나 저서에서 직접 인용한 예문도 마찬가지로 예문 뒤에 출처를 밝혔다. 출처를 밝히지 않은 것은 필자가 만든 예문이다.

중국어 소설과 한국어 소설을 도표로 제시하면 아래와 같이 총 18편의 소설에서 언어 자료를 찾았다.

목차	한국어 소설	중국어 소설	역주 소설			
			한→중 소설		중→한 소설	
1	이효석 「메밀꽃 필 무렵」	余华 「兄弟」	김하인 「국화꽃 향기」	荀寿潇 「菊花香」	余华 「活着」	백원담 「살아간다는 것」

2	김유정 「금 따는 콩밭」	老舍 「四世同堂」	조창인 「가시고기」	金莲花 「刺鱼」	老舍 「骆驼祥子」	심규호·유소영 「낙타샹즈」
3	김유정 「봄봄」	老舍 「二妈」	신경숙 「외딴 방」	薛舟, 徐丽红 「单人房」		
4	김유정 「동백꽃」	老舍「蛻」				

제1장 '이다'와 '튙'의 구문유형

1.1. '이다'의 구문유형

한국어 '이다'는 대체로 'NP+이다' 구문과 '의존명사+이다' 구문으로 나눌 수 있는데 'NP+이다' 구문은 NP의 자리에 의존명사를 제외한 다른 종류가 오는 것을 말하며 '의존명사+이다' 구문은 말 그대로 의존명사의 자리에 의존명사가 오는 것을 말한다. 아래 그 종류에 대해 하나하나 살펴볼 것이다.

1.1.1. 'NP+이다'의 구문유형

한국어 'NP+이다' 구문에서 'NP'에 오는 품사들을 살펴보면 그 종류가 아주 다양하다. 명사, 대명사, 수사, 부사, ~적, 조사, 사자성어, 연결어미등 품사들이 있다. 이것을 예문으로 제시하면 아래와 같다.

1.1.1.1. 'NP'가 명사일 경우
'NP'가 명사일 경우 명사 또한 일반명사, 시간명사, 행위성 명사, 명사의 복수형, 형용사/동사의 명사형 등으로 나눌 수 있다. 그중 'NP'가 의존명사일 경우는 '이다'의 특수구문으로 별도로 토론할 것이기에 이 부분에서 논의하지 않도록 한다. 그럼 일반명사, 시간명사, 행위명사, 명사의 복수형, 형용사/동사의 명사형은 어떤 것들이 있는지 살펴볼 것이다.

① 일반명사일 경우
한국어 'NP+이다' 구문에서 'NP'가 일반명사일 경우가 제일 많은데 그 예문을 보면 아래와 같다.

> (1) 철학과 영상 문화의 만남이란 원서였다. (국화꽃향기)
> (2) 하계숙의 그 전화가 그 시절 사람들로부터 내게 걸려온 첫 전화였다. (외딴방)
> (3) 진정한 현실은 역시 작가생활 속의 현실이며, 사람들이 이해하기 어렵고 함께 지내기 어려운 현실이다. (살아간다는 것)
> (4) 달리는 방식은 인력거꾼의 능력과 자격을 말해주는 증거였다. (낙타샹즈)
> (5) 그러나 어김없이 찾아내 새끼 염소를 몰고 가듯 그를 앞세우던 아버지였다. (가시고기)

위의 예문 (1)~(5)를 보면 '이다' 앞에 나타나는 'NP'는 모두 일반명사로 앞에 말한 내용에 대해 정의를 내리는가 하면 앞의 내용을 재확인하는 것을 나타낸다.

② 시간명사일 경우
한국어 'NP+이다' 구문에서 'NP'가 시간명사일 경우는 그렇게 많지는 않지만 그 형태들을 조금은 살펴볼 수 있다. 그 예문을 보면 아래와 같다.

(6) 마쳐 시간은 <u>40분</u>이야. (국화꽃향기)

(7) "풍금이 있던 자리" 이후로 오로지 소설쓰기에 몰입해 있었던 지난 칠,

팔 년이 단 하루로 느껴지는 <u>요즘</u>이다. (외딴방)

(8) 도시로 돌아가는 기차시간은 <u>6시 40분</u>이었다. (외딴방)

(9) 중환자실에 입원한지 이틀 밤낮이 지나고 다시 <u>아침</u>이었다. (가시고기)

(10) 잠을 깨면서부터니까 꼬박 <u>두 시간째</u>입니다. (가시고기)

예문 (6)~(10)을 살펴보면 '이다' 앞에 나타나는 'NP'는 모두 시간을 나타
내는 명사들이다. 대부분 몇시를 나타내거나 몇 시간을 나타내는가 하면
어느 때임을 나타내는 경우도 있다.

③ 행위성 명사일 경우

한국어 'NP+이다' 구문에서 'NP'에 올 수 있는 행위성 명사들은 '반대,
찬성, 실망, 자랑, 걱정, 고민, 공격, 불평, 재촉, 환영, 간섭, 고집, 불만, 원망,
칭찬, 성화, 고생, 질책, 투정, 부탁, …' 등이 있다. 예문으로 제시하면 아래와
같다.

(11) 애기를 살려달라는 것이 산모 <u>부탁</u>이다. (국화꽃향기)

(12) 철수는 그 일에 <u>반대</u>이다. (박소영:2002)

(13) 그는 영희를 만난 것이 <u>자랑</u>이다. (박소영:2002)

(14) 나는 그의 제안에 <u>찬성</u>이다. (박소영:200)

(15) 그는 영수가 아프다고 <u>걱정</u>이다. (박소영:2002)

위의 예문 (11)~(15)를 살펴보면 'NP'에 오는 행위성 명사는 모두 '이다'
구문 뿐만 아니라 '하다' 구문으로 교체가 가능하다. 즉 예문 (11)은 '애기를

살려달라는 것을 산모가 부탁한다'로 (12)는 '철수는 그 일에/을 반대한다'로 (13)은 '그는 영희를 만난 것을 자랑한다'로 (14)는 '나는 그의 제안에/을 찬성한다'로 (15)는 '그는 영수가 아프다고 걱정한다'로 교체할 수 있다. '하다'는 원래 명사문을 동사문으로 바꾸는 기능을 갖고 있기에 '이다' 구문 앞에 오는 'NP'를 '하다' 구문으로 교체할 수 있다는 것은 'NP'에 오는 명사가 행위성을 지니고 있다는 것을 증명하는 것이다.

④ 명사의 복수형일 경우

한국어 'NP+이다' 구문에서 'NP'에 올 수 있는 명사의 복수형이란 명사 뒤에 '~들'이 붙는 경우를 말한다. 예문을 보면 아래와 같다.

(16) 일행이 모두 <u>야단들</u>이었다. (국화꽃향기)

(17) 그들은 모두 미주가 속한 세계에서 만난 <u>남자들</u>이었다. (국화꽃향기)

(18) 그날 총무과로 몰려갔던 얼굴들의 <u>이름들</u>이었다. (외딴방)

(19) 아무래도 제일 고생스러운 것은 노인네와 <u>부녀자들</u>이었다. (낙타샹즈)

(20) 주인공이 지는 법은 없단다. 마찬가지로 넌 죽지 않아, 죽는 건 나쁜 <u>병균들</u>이지. (가시고기)

위의 예문 (16)~(20)을 살펴보면 '야단, 남자, 이름, 부녀자, 병균' 등 명사들은 하나를 대표하는 명사인 것이 아니라 여러 가지를 나타낼 수 있는 집합명사들이라고 할 수 있다. 따라서 집합명사들 뒤에는 복수를 나타내는 '~들'이 붙어 복수형을 나타낼 수 있다.

⑤ 형용사/동사의 명사형일 경우

한국어 'NP+이다' 구문에서 'NP'에 올 수 있는 형용사/동사의 명사형이란 원래는 형용사 또는 동사이던 단어들이 명사형으로 바뀔 수 있는 '~음/기'가 붙어서 명사로 되는 경우를 말한다. 예문을 보면 아래와 같다.

(21) 하지만 이 정체는 <u>두려움</u>이다. (국화꽃향기)

(22) 풍경을 적시며 오는 고요한 강물은 <u>슬픔</u>이었다. (국화꽃향기)

(23) 그 믿음이 가져다 준 가슴 <u>벅참</u>이었다. (가시고기)

(24) 이것은 참으로 참담한 <u>떠남</u>이었다. (가시고기)

(25) 그러나 떨리는 그의 손끝에 만져지는 것은, 어쩌면 아이가 기적적으로 소생하고 있는지도 모른다는 <u>설렘</u>이었다. (가시고기)

위의 예문 (21)~(25)를 살펴보면 예문 (21)~(23)은 형용사의 명사형이며 (24)~(25)는 동사의 명사형인 것이다. 이들의 원형은 '두렵다, 슬프다, 벅차다, 떠나다, 설레다'인데 명사형으로 바뀔 수 있는 '~음'과 결합하여 '두려움, 슬픔, 벅참, 떠남, 설렘'과 같은 명사형으로 되었다.

1.1.1.2. 'NP'가 대명사일 경우

한국어 'NP+이다' 구문에서 'NP'는 명사뿐만 아니라 대명사가 오는 경우도 아주 많다. 예문을 살펴보면 아래와 같다.

(26) 그것으로부터 가장 멀리 떠나온 곳이 도시며 그 주인공들이 <u>우리</u>다. (외딴방)

(27) 평소 친구 사귀기를 좋아하지 않는 <u>그</u>였다. (낙타샹즈)

(28) 갈림길과 막다른 궁지가 <u>그것</u>이다. (살아간다는 것)

(29) 재빨리 외면했지만 달리 시선 둘 곳이 없는 <u>그</u>였다. (가시고기)

(30) 아이의 생각을 송두리째 사로잡고 있는 <u>당신</u>입니다. (가시고기)

위의 예문 (26)~(30)을 살펴보면 'NP'의 자리에는 대명사 '우리, 그, 그것, 당신' 등이 왔다. 여기에 나타난 대명사들은 모두 문장의 앞에서 말한 '무엇'을 대신하는 작용을 하고 있다.

1.1.1.3. 'NP'가 수사일 경우

한국어 'NP+이다' 구문에서 'NP'는 수사일 경우도 비교적 많다. 여기의 수사에는 단순 수사만 오는 경우도 있고 '수사+접사'의 형식으로 오는 경우도 있다. 예문을 살펴보면 아래와 같다.

> (31) 그때 승우는 열여섯 살이었고 영희는 <u>열다섯 살</u>이었다. (국화꽃향기)
>
> (32) 나와 2번인 외사촌과의 거리는 <u>이 미터 가량</u>이다. (외딴방)
>
> (33) 수는 적지 않지만 대부분 동전 40매나 10전짜리 대양 <u>하나</u>였다. (낙타샹즈)
>
> (34) 아빠, 탁자에 다리가 네 개 있는데 하나가 망가지면 남은 것은 <u>몇 개</u>야? (살아간다는 것)
>
> (35) 일차 검사에서 일치자는 <u>일곱 명</u>이었다. (가시고기)

위의 예문 (31)~(35)를 살펴보면 'NP'는 '수사+접사'의 형태가 아니면 수사의 형태이다. 그중 예문 (33)만이 'NP'가 수사이고 나머지 예문들은 모두 '수사+접사'의 형태를 취하고 있다. 여기에서 예문 (32)의 '가량'만 삭제 불가능하고 나머지 (31), (34), (35)의 접사는 모두 삭제 가능하다. 다만 (32)의 '가량'을 삭제할 경우 문장에서 나타내는 짐작의 뜻을 나타내지 못하기 때문에 삭제 불가능하다.

1.1.1.4. 'NP'가 부사일 경우

한국어 'NP+이다' 구문에서 'NP'가 부사인 경우를 살펴보면 아래와 같은 예문들이 있다.

> (36) 입시 지옥에서 풀려난 해방감을 만끽하고 있는 대학 새내기 승우의 얼굴은 연신 <u>싱글벙글</u>이었다. (국화꽃향기)
>
> (37) 그 녀석의 횡포는 무례하기 짝이 없고 정해진 시간이 없었으며 강도도 <u>제멋대로</u>였다. (국화꽃향기)
>
> (38) 흰 마늘과 쌀을 썩어 만든 닭죽이 역시 내 대접에 <u>가득</u>이다. (외딴방)
>
> (39) 그러나 샹즈의 마음은 구겨진 채 <u>그대로</u>였다. (낙타샹즈)
>
> (40) 오늘은 기분이 <u>그만</u>입니다. (가시고기)

위의 예문 (36)~(40)을 살펴보면 'NP'의 자리에는 '싱글벙글, 제멋대로, 가득, 그대로, 그만' 등과 같은 부사들이 왔다. 여기에서 '이다' 앞에 나타난 부사는 대체로 그때의 상황을 있는 그대로 잘 표현하고 있다.

1.1.1.5. 'NP'가 '~적'일 경우

한국어 'NP+이다' 구문에서 'NP'에 '~적'과 같은 관형사형 명사가 오는 경우도 많다. 이때의 '~적'은 대체로 중국어의 '~的'으로 번역된다. 그 예문을 살펴보면 아래와 같다.

> (41) 그거 정말 신비하고 <u>매력적</u>이다. (국화꽃향기)
>
> (42) 위로든 아래로든 피를 쏟는 일은 없었느냐는 뜻입니다. 없었습니다. 그건 <u>고무적</u>이군요. (국화꽃향기)
>
> (43) 물감으로 들여도 그런 색은 안 나올 만큼 <u>원색적</u>이었다. (외딴방)

(44) 까오마의 말은 어떤 일이든 자신의 감정과 뒤섞여 있기 때문에 어딘가 복잡하면서 또한 <u>감동적</u>이었다. (낙타샹즈)

(45) 의사의 그 한마디는 가히 내 목숨이 왔다갔다할 만큼 <u>충격적</u>이었다네. (살아간다는 것)

위의 예문 (41)~(45)를 살펴보면 'NP'의 자리에는 모두 '~적'과 같은 관형사형 명사가 왔다. 하지만 이들은 모두 중국어의 '~的'으로 번역이 가능하다. 즉 '매력적, 고무적, 원색적, 감동적, 충격적'을 각각 '魅力的, 鼓舞的, 原色的, 感动的, 冲击的'로 번역될 수 있다.

1.1.1.6. 'NP'가 조사일 경우

한국어 'NP+이다' 구문에서 'NP'의 자리 끝에 조사가 온다는 것은 아주 희귀한 상황이지만 'NP'의 끝자리에 조사가 오고 직접 '이다'가 붙는 경우가 꽤 있다. 예문으로 살펴보면 아래와 같다.

(46) 미주가 마음 놓고 술을 마신 것은 정란과 첫 통화를 <u>하고 부터</u>였다. (국화꽃향기)

(47) 열여섯의 내가 갑자기 서른이나 서른둘이 돼버린 건 그날 그 <u>식당에서</u>였다. (외딴방)

(48) 대통령의 아내가 총에 맞았다는 소식을 들은 건 한낮의 무더위 <u>속에서</u>였다. (외딴방)

(49) 춘생, 내 아들은 죽었고, 아들은 <u>하나뿐</u>이었네. (살아간다는 것)

위의 예문 (46)~(49)를 살펴보면 'NP'의 끝자리에 모두 조사들로 끝났고 그 뒤에 바로 '이다'가 연결되었다. 이런 상황에 대해 적절한 설명을 할 수 없지만 이런 언어 자료가 있다는 것만은 사실이다. 이에 대한 연구는 좀 더 진행해 봐야 한다고 생각된다.

1.1.1.7. 'NP'가 사자성어일 경우

한국어 'NP+이다' 구문에서 'NP'가 사자성어인 경우도 꽤 있다. 예문을 살펴보면 아래와 같다.

> (50) 승우 씨가 인편단심이니까 이젠 완전히 <u>안하무인</u>이야. (국화꽃향기)
>
> (51) 선수가 예쁜 코치를 목욕시켜 주는 것도 모자라서 다 가지려고 하는 건 엄큼씨고 <u>언감생심</u>이야. (국화꽃향기)
>
> (52) 동생들은 이제 이불을 끌고 다니며 서로 등을 때리고 발로 차고 <u>야단법석</u>이다. (외딴방)
>
> (53) 학생들의 이탈을 막는 방법도 회사마다 <u>가지각색</u>이다. (외딴방)
>
> (54) 그렇기에 그와 샤오푸즈는 <u>천생배필</u>이다. (낙타샹즈)
>
> (55) 나는 어려서부터 <u>구제불능</u>이었어. (살아간다는 것)

위의 예문 (50)~(55)를 살펴보면 'NP'의 자리에 모두 사자성어가 왔다. 즉 '안하무인, 언감생심, 야단법석, 가지각색, 천생배필, 구제불능, 고집불통' 등인데 중국어로 번역하면 각각 '目中无人, 焉敢生心, 吵吵闹闹, 各式各样, 天作之合, 难以救济'이다.

1.1.1.8. 'NP'가 연결어미일 경우

한국어 'NP+이다' 구문에서 'NP'의 자리에 연결어미가 나타나는 것은 조금 의외이긴 하지만 이런 예문이 2개 있었다. 예문을 살펴보면 아래와 같다.

(56) 내가 당신 앞에 나서거나 더 이상 전화하기를 주저하는 것은 나의 사랑
    이 부족해서가 아니라 당신이 부담을 느낄까봐 <u>두려워해서</u>입니다. (국
    화꽃향기)

(57) 거기가 편해서가 아니라 폼을 잡기 <u>위해서</u>였다. (낙타샹즈)

위의 예문 (56)~(57)을 살펴보면 'NP'의 자리에 원인의 연결어미가 왔다.
이런 경우가 많지는 않지만 언어 자료에서 찾아볼 수 있었다. 어찌하여 연결
어미와 '이다'가 직접 연결할 수 있는가에 관한 문제는 향후에 더 연구해
봐야 할 것 같다.

1.1.1.9. 상황 의존적 구문

위의 1~8의 구문이 문어에서 나타나는 '이다' 구문이라면 아래의 두 가지
는 구어에서 많이 나타나는 '이다' 구문이다. 문어의 '이다' 구문과 달리 구
어의 '이다' 구문은 NP₁에 대한 NP₂ 속성이나 동일성을 NP₂를 통해 제시하
기보다는 상황 맥락에 따라 NP₁과 NP₂의 관계 의미를 명시해 주는 의미
기능을 가진다. 따라서 이런 예문은 발화 맥락이 어떠하냐에 따라서 다양한
해석을 가질 수 있다.

(58) 난 커피다. (21세기말뭉치)
    → 난 (주문한 것이) 커피다.
    → 난 (좋아하는 것이) 커피다.
    → 난 (마시고 싶은 것이) 커피다.

(59) 영수는 짜장면이다. (21세기말뭉치)
    → 영수는 (주문한 것이) 짜장면이다.
    → 영수는 (좋아하는 것이) 짜장면이다.

→ 영수는 (먹고 싶은 것이) 짜장면이다.

(60) 다음 발표는 현강이다. (21세기말뭉치)

위의 예문을 통해 알 수 있듯이 예문 (58)~(60)은 모두 상황에 의존하여 문장의 의미를 다양하게 해석할 수 있다. 이것은 문어의 '이다' 구문의 의미, 즉 주어에 대한 속성이나 특성을 '지정'한다는 뜻풀이만으로는 충분한 풀이가 되기 어렵다. 왜냐 하면 이 구문에서 화자와 청자가 특정 상황에서 공유하는 잉여적인 정보를 추론함으로써 해석이 가능하며 이때 '이다'는 주어 명사항에 대한 속성이라는 일정한 의미로 해석이 불가능하다.

1.1.1.10. 현장 발화적 구문

현장 발화석 구문이라는 것은 발화 현장에 있는 대상을 지시히는 체언 뒤에 오면서 어떤 대상에 대해 말하는 이의 감탄이나 놀라움을 나타내는 것이다. 그 예문을 살펴보면 아래와 같다.

(61) 와, 눈이다. (21세기말뭉치)

(62) 앗, 경찰이다! 어서 뛰어! (21세기말뭉치)

(63) 아, 도둑이야! (21세기말뭉치)

(64) 아, 불이야! (21세기말뭉치)

위의 예문을 살펴보면 예문 (61)~(64)는 모두 말하는 이의 감탄이나 놀라움을 나타내고 있다. 즉 예문 (61)은 눈이 왔음을 감탄하고, 예문 (62)는 경찰이 왔다는 놀라움을 나타내며, 예문 (63)은 도둑을 봤다는 놀라움을, 예문 (64)는 불이 났다는 놀라움을 나타내고 있다. 이런 문장은 그 주어진 상황 없이는 정확하게 해석하기 어려운 문장이다. 따라서 이런 문장은 문어문에는 잘 나타나지 않지만 구어문에는 자주 나타나는 문장들이다.

1.1.2. '의존명사+이다'의 구문유형

한국어 '의존명사+이다' 구문을 '이다'의 특수구문이라고도 하는데 여기에서 의존명사의 자리에 올 수 있는 것은 '~것, ~때문, ~따름, ~나름, ~망정, ~뿐, ~마련, ~셈, ~편, ~터, ~채, ~지경, ~바, ~판, ~모양, ~참, ~법, ~식, ~격, ~마당, ~양, ~노릇, ~탓, ~정도, ~십상, ~작정, ~탈' 등이 있다. 이중 '~것, ~때문, ~따름, ~나름, ~망정, ~뿐'은 의존명사의 기능만 갖고 있는 단어들이고 '~마련, ~셈, ~편, ~터, ~채, ~지경, ~바, ~판, ~모양, ~참, ~법, ~식, ~격, ~마당, ~양'은 명사와 의존명사의 기능을 동시에 갖고 있으며 '~노릇, ~탓, ~정도, ~십상, ~작정, ~탈'은 표준국어대사전에서 검색한 결과 명사로서의 기능만 있는 단어이다. 명사 또는 명사와 의존명사의 기능을 갖고 있던 단어들이 어찌하여 의존명사로 자리매김을 하게 되었는지 문법화의 각도에서 그 진행 상황에 대해 함께 고찰해 볼 것이다.

1.1.2.1. 의존명사의 기능만 갖고 있던 NP

한국어 '의존명사+이다' 구문의 의존명사 자리에 나타나는 의존명사들은 바로 '~것, ~때문, ~따름, ~나름, ~망정, ~뿐' 등 단어들이다. 표준국어대사전에서 검색한 결과 이들은 의존명사로서의 기능을 하는데 그 예를 살펴보면 아래와 같다.

① 의존명사 '~것'

(65) 기나긴 겨울을 이겨낸 놀라운 생명력이 천사의 날개처럼 흠 없는 순백의 꽃잎이 되어 피어날 것이다. (국화꽃향기)

(66) 그는 곧 외사촌과 나를 직업훈련원에 데리고 갈 <u>것</u>이다. (외딴방)

(67) 하나는 전세 인력거를 끄는 것이고 다른 하나는 자기 인력거를 한 대 장만하는 <u>것</u>이었다. (낙타샹즈)

(68) 일단 자기를 이해하면 또한 세계를 이해한 <u>것</u>이다. (살아간다는 것)

(69) 여자는 관속 같은 방사선 치료실에서 성호를 밀어 넣은 직후 일 <u>것</u>이다. (가시고기)

위의 예문 (65)~(69)를 살펴보면 의존명사 '~것'이 '이다'와 결합하여 '~것이다' 구문유형을 이루고 있다. 여기의 '~것이다'는 사물, 일, 현상 따위를 추상적으로 말하거나 사람을 낮추어 말하거나 동물을 이르는 말이며 사람의 추측, 확신, 결정, 결심을 나타낸다. 의존명사 '~것'은 상당히 보편적인 의미를 가진 것으로서, '~ㄴ/는/ㄹ 것이다'는 화자가 명제내용에 대한 양태 의미를 덧붙여 주는 접어구성들이다. 따라서 '~것'은 이미 문법화 과정을 거쳤다.

② 의존명사 '~때문'

(70) 이 근처에서 일하거나 적어도 이 일대 지리는 환할 것 같은 걸음걸이로 걷고 있었기 <u>때문</u>이었다. (국화꽃향기)

(71) 생산부진 때문이 아니라 회사에서 방계회사를 설립하고 있기 <u>때문</u>이야. (외딴방)

(72) 장거리로 한 번 뛰면 뛰었지 자질구레하게 동전 네댓 푼 모으는 일은 하찮게 여겼기 <u>때문</u>이다. (낙타샹즈)

(73) 내심은 결코 순간순간마다 다 털어놓아지는 것이 아니며, 너무 가득 차 있으면 도리어 문을 닫아버리기 <u>때문</u>이다. (살아간다는 것)

(74) 엄마가 거실에서 담배 피우는 걸 금지시켰기 <u>때문</u>이죠. (가시고기)

위의 예문 (70)~(74)를 살펴보면 의존명사 '~때문'이 '이다'와 결합하여 '~때문이다' 구문유형을 이루고 있다. 여기에서 '~때문이다'는 어떤 일의 원인이나 까닭을 나타낸다. '~때문이다'는 관형어미 '~기'와 결합하여 '~기 때문이다'라는 접어구성을 나타내면서 '원인, 까닭'의 양태적 의미를 나타내고 있다. 따라서 '~때문' 역시 접어화의 문법화 과정을 거쳤다.

③ 의존명사 '~따름'

(75) 큰 동전 열댓 냥만 벌어도 그저 감사할 <u>따름</u>이었다. (낙타샹즈)

(76) 설사 의심이 들지라도 그가 이제 막 도시로 와 길도 제대로 모르는 촌뜨기라 값을 부르지 못하는 것이라고 생각할 <u>따름</u>이었다. (낙타샹즈)

(77) 오직 이희의 눈물만이 움직이고 있어서 방울방울 커다란 검은 점이 두 사람의 그림자 사이에서 굴러 내리는 것을 응시할 <u>따름</u>이었네. (살아 간다는 것)

(78) 제게는 이제 봉하를 그리는 복만이 있을 <u>따름</u>입니다. (살아간다는 것)

(79) 자괴감과 분노만이 우글우글할 <u>따름</u>이었다. (가시고기)

(80) 불치병이란 현대 의학이 안고 있는 미제의 숙제일 <u>따름</u>이었다. (가시고기)

위의 예문 (75)~(80)을 살펴보면 의존명사 '~따름'이 '이다'와 결합하여 '~따름이다' 구문유형을 이루고 있다. 이들은 모두 한정의 의미를 나타내는데 즉 오로지 그것뿐이지, 그 이상도 그 이하도 아님을 나타내고 있다. '~ㄹ 따름이다'는 관형어미 '~ㄹ'와만 결합이 가능하며 통사적인 면에서 선어말어미 '~겠'과의 결합이 불가능하고 의미적인 면에서는 어휘의미를 내포하는 것이 아니라, 명제내용이 유일함을 나타내어 강조해주는 양태의미를 갖는다고 할 수 있다. 따라서 '~따름' 역시 문법화 과정을 거쳤다고 볼 수 있다.

④ 의존명사 '~나름'

(81) 문학도 문학 <u>나름</u>이다. (외딴방)

(82) 합격하고 못 하고는 네가 열심히 하기 <u>나름</u>이다. (표준국어대사전)

(83) 귀염을 받고 못 받고는 제 할 <u>나름</u>이다. (표준국어대사전)

(84) 그것이 중요하고 안하고의 문제는 생각하기 <u>나름</u>이다. (다음사전)

위의 예문 (81)~(84)를 살펴보면 의존명사 '~나름'이 '이다'와 결합하여 '~나름이다' 구문유형을 이루고 있다. 이들은 모두 그 됨됨이나 하기에 달려 있다는 것을 나타내고 각자가 가지고 있는 고유의 방식 또는 그 자체를 나타 낸다. '~나름이다'는 관형어미 '~ㄴ, ~기'와 결합하여 '~ㄹ 나름이다', '~기 나름이다'라는 접어구성을 나타내면서 특정된 양태적 의미를 나타내고 있 다. 따라서 '~나름' 역시 접어화의 문법화 과정을 거쳤다.

⑤ 의존명사 '~망정'

(85) 그 집은 마침 네 눈에 띄었기에 <u>망정이다</u>. (표준국어대사전)

(86) 아비가 배척이나 갖고 있으니 <u>망정이다</u>. (표준국어대사전)

(87) 엄마가 바로 옆에 있었으니까 <u>망정이다</u>. (표준국어대사전)

(88) 밤이라 어두워서 <u>망정이다</u>. (표준국어대사전)

위의 예문 (85)~(88)을 살펴보면 의존명사 '~망정'이 '이다'와 결합하여 '~망정이다' 구문유형을 이루고 있다. 이들은 모두 괜찮거나 잘된 일이라는 것을 나타내고 있다. '~망정'은 처음부터 의존명사로서 현재까지 문법화의 과정을 거치지 않은 것으로 추정된다.

ⓖ 의존명사 '~뿐'

(89) 그러나 그 하인이 무슨 말을 하든 소용이 없었고, 되려 중대장을 귀찮게
    할 <u>뿐이었네</u>. (살아간다는 것)

(90) 다만 내가 이렇게 어이없이 죽는다는 것이 정말 억울했을 <u>뿐이지</u>. (살아
    간다는 것)

(91) 그저 온몸을 부르르 진저리치고 있을 <u>뿐이다</u>. (가시고기)

(92) 큰오빠와 함께 밥상에 앉는 때는 <u>아침뿐이다</u>. (외딴방)

(93) 집안에 혼자 있을 때 미주가 믿는 것은 남편도 자신도 아닌 뱃속에서
    움직이는 <u>태아뿐이었다</u>. (국화꽃향기)

위의 예문 (89)~(93)을 살펴보면 의존명사 '~뿐'이 '이다'와 결합하여 '~
뿐이다' 구문유형을 이루고 있다. 여기서 '~뿐'은 한정의 의미를 나타내는
'~따름'과 비슷한 의미를 나타내고 있다. 즉 '~뿐이다'는 다만 어떠하거나
어찌할 따름이라는 뜻 혹은 오직 그렇게 하거나 그러하다는 것을 나타낸다.
'~뿐이다'는 관형어미 '~ㄹ'만 취하여 '어떤 행위의 유일함, 강조'를 나타내
는 제한적인 의미를 내포하고 있다. 문법화 과정을 거친 '~ㄹ 뿐이다'는 형태
통합적인 특성에서는 관형어미 '~ㄹ'만 취할 수 있고, 통사적인 면에서 선어
말어미 '~겠'과의 결합이 불가능하며, 서법 면에서 청유형과 명령형에 쓰일
수 없으며, '~ㄹ 뿐이다'가 '단정, 제약, 한정'의 양태적 의미를 나타내고
있다.

1.1.2.2. 명사와 의존명사의 기능을 동시에 갖고 있던 NP

한국어 '의존명사+이다' 구문의 의존명사 자리에 명사이면서 의존명사이
지만 의존명사의 역할을 하는 단어들이 있다. 이것은 바로 '~마련, ~셈, ~편,
~터, ~채, ~지경, ~바, ~판, ~모양, ~참, ~법, ~식, ~격, ~마당, ~양' 등 단어들

이다. 표준국어대사전에서 검색한 결과 이들은 명사와 의존명사의 기능을 동시에 갖고 있는 단어들이지만 한국어 '의존명사+이다' 구문에서 의존명사 역할을 하는 경우를 찾아볼 수 있다. 이것은 이런 단어들이 명사의 기능을 점차 상실하고 의존명사로 그 자리매김을 한 것 같다. 그 예를 살펴보면 아래와 같다.

① 명사/의존명사 '~마련'

(94) 아무튼 캠퍼스 분위기에 익숙해지면 그런 감정들은 씻은 듯이 싹 사라 지게 <u>마련</u>이라구. (국화꽃향기)

(95) 팔 물건이 있어야만 비로소 물건을 알아보고 사겠다는 사람도 나타나게 <u>마련</u>이다. (낙타샹즈)

(96) 싸움에서 뒷다리를 잃은 귀뚜라미는 나머지 가느다란 앞다리로 기어가 려고 애쓰게 <u>마련</u>이다. (낙타샹즈)

(97) 누구나 살아갈 방법이 있고, 어디나 구멍이 있게 <u>마련</u>이다. (낙타샹즈)

(98) 그러나 천재성도 개발시켜주지 않으면 그 상태에서 정지하고, 끝내는 묻혀버리게 <u>마련</u>이죠. (가시고기)

위의 예문 (94)~(98)을 살펴보면 명사/의존명사 '~마련'이 '이다'와 결합하여 '~마련이다' 구문유형을 이루고 있다. 이들은 모두 당연히 그럴 것임을 나타내는 말이나 '그런 정도나 상태로'의 뜻을 나타낸다. '~마련'은 관형어미 '~기, ~게' 뒤에서 항상 '~이다'와만 결합한다. 즉 '~마련'이 '~기 마련이다'로 쓰이면서 양태적 의미를 첨가해주는 문법적 기능을 하는 요소로 문법화 되었음을 알 수 있다. 이렇게 문법화 과정을 거친 것은 형태통합 면에서 다른 관형어미와 결합할 수 없으며, '~기 마련이다'의 구성 사이에 어떠한 요소도 개입할 수 없고, 서법 면에서 청유형과 명령형에는 불가능하며 의미

면에서도 양태적 의미를 나타내고 있다.

② 명사/의존명사 '~셈'

(99) 우리가 발바투 돌아다니며 긁어보아야 할 셈이다. (21세기말뭉치)

(100) 약혼식장이었으니 우리는 처음부터 가족으로 만난 셈이다. (외딴방)

(101) 문뜩 생각해보니 하루에 10전을 남길 수 있다면 천일이면 100원이

생기는 셈이다. (낙타샹즈)

(102) 나는 이번에는 아들을 죄인으로 만든 셈이었네. (살아간다는 것)

(103) '오늘 당장'이라는 말이 믿기지 않는다는 뜻을 그렇게 내보인 셈이었

다. (가시고기)

위의 예문 (99)~(103)을 살펴보면 명사/의존명사 '~셈'이 '이다'와 결합하여 '~셈이다' 구문유형을 이루고 있다. 이들은 모두 어떤 형편이나 결과를 나타내거나 어떻게 하겠다는 생각을 나타내거나 미루어 가정함을 나타내며 '~셈'은 단정의 의미적 특징을 나타내고 있다. '~셈'의 본래 의미는 '계산'의 의미로 쓰인 것으로 '셈봄, 셈하다, 덧셈, 뺄셈'과 같은 합성어를 구성한다. 하지만 의존명사로 쓰이고 있는 '~셈'은 '계산'의 뜻은 없이 '셈 치다, 셈 잡다'로 쓰일 수 있다. 그리고 더 나아가 '~ㄹ 셈이다'는 '~ㄹ 작정, 처지, 상황이다'의 뜻으로 의미가 추상화되었다. 따라서 '~셈'은 객관적인 것에서 주관적인 것으로 의미가 확장된 것으로 볼 수 있다.

③ 명사/의존명사 '~편'

(104) 미주는 요즘 계속 컨디션이 좋지 않은 편이었다. (국화꽃향기)

(105) 다른 사람들은 오년도 되고 육년도 됐던데 그래도 우리 둘이가 가장

어린 편이야. (외딴방)

(106) 그러나 이들은 또 다른 마흔 안팎의 인력거꾼들과 비교하면 그래도 나은 편이었다. (낙타샹즈)

(107) 간암은 모든 암 중에서도 예후가 가장 불량한 편입니다. (가시고기)

(108) 사고가 뜸한 편이다. (표준국어대사전)

위의 예문 (104)~(108)을 살펴보면 명사/의존명사 '~편'이 '이다'와 결합하여 '~편이다' 구문유형을 이루고 있다. 여기에서 '~편'은 대체로 어떤 부류에 속한다는 것을 나타내고 있다. '~편이다'는 관형어미 '~ㄴ/은'과만 결합하여 '~ㄴ/은 편이다'로 쓰이면서 양태적 의미를 첨가해주는 문법적 기능을 하는 요소로 문법화 되었음을 알 수 있다. 이렇게 문법화 과정을 거친 것은 형태통합 면에서 다른 관형어미와 결합할 수 없으며, '~ㄴ/은 편이다'의 구성 사이에 어떠한 요소도 개입할 수 없고, 서법 면에서 청유형과 명령형에는 불가능하며 의미 면에서도 양태적 의미를 나타내고 있다.

④ 명사/의존명사 '~터'

(109) 체육수업이 끝나면 아이들은 시멘트에 타일을 붙인 수돗가로 뛰어가기보다는 틀림없이 이 우물로 뛰어왔을 터였다. (국화꽃향기)

(110) 일반론의 차원에서는 양자의 필연적 연관성을 주장하는 데서부터 재현은 도리어 해방의 걸림돌이라는 생각까지 여러 설이 있을 터이다. (외딴방)

(111) 1931년 만족 정홍기인 출신의 후지에칭과 결혼하여 아이까지 있는 그가 그나마 안정된 교수직을 버리고 전업 작가가 된 것은 결코 쉬운 결정이 아니었을 터이다. (낙타샹즈)

(112) 세상 미련도 이처럼 단출하게 정리될 수 있다면 죽음도 그리 힘든 일만은 아닐 터였다. (가시고기)

(113) 혈소판이 부족한 까닭에 좀처럼 지혈이 되지 않을 터였다. (가시고기)

위의 예문 (109)~(113)을 살펴보면 명사/의존명사 '~터'가 '이다'와 결합하여 '~터이다' 구문유형을 이루고 있다. 여기에서 '~터이다'는 예정이나 추측, 의지의 뜻을 나타내는 말이며 처지나 형편의 뜻을 나타내고 있다. '~터'에 대한 문법화 과정을 살펴보면 '~터'는 대표적인 공간어로서 중세국어, 전기 근대국어 등에서는 자립명사로만 쓰이다가 후기 근대국어시기에 '처지, 상황'과 같은 '시간적 공간, 심리적 공간'의 의미로 쓰이기 시작했다. 따라서 자립명사 '~터'가 의존명사로 된 시기는 후기 근대국어시기로 볼 수 있다. 그리고 이것이 더 진전되면서 현재의 '의지'를 나타내는 '심리적 공간'의 의미로 쓰인다. 따라서 '~터'의 의미 확장 방향을 '물리적 공간>시간적 공간>심리적 공간'으로 추적할 수 있다.

⑤ 명사/의존명사 '~채'

(114) 대부분 가게들이 문을 열었지만 아직 몇몇 가게는 문을 닫은 채였다. (낙타샹즈)

(115) 의족은 어쨌는지 목발을 짚은 채였다. (가시고기)

(116) 그는 거푸 사정을 했다. 그러나 송계장은 줄창 외면한 채였다. (가시고기)

(117) 두팔을 펼친 예수상은 이완인 채였다. (가시고기)

(118) 그 여자는 부끄러운 듯 여전히 고개를 숙인 채였다. (표준국어대사전)

위의 예문 (114)~(118)을 살펴보면 명사/의존명사 '~채'가 '이다'와 결합하여 '~채이다' 구문유형을 이루고 있다. 여기서 '~채이다'는 이미 있는 상태 그대로 있다는 뜻을 나타낸다. '~채'는 관형어미 '~ㄴ/은'과 결합하여 '~ㄴ/

은 채이다'로 쓰이면서 양태적 의미를 첨가해주는 문법적 기능을 하는 요소로 문법화 되었음을 알 수 있다. 이렇게 문법화 과정을 거친 것은 형태통합 면에서 다른 관형어미와 결합할 수 없으며, '~ㄴ/은 채이다'의 구성 사이에 어떠한 요소도 개입할 수 없고, 서법 면에서 청유형과 명령형에는 불가능하며 의미 면에서도 양태적 의미를 나타내고 있다.

⑥ 명사/의존명사 '~지경'

(119) 어찌나 바짝 붙어서 걷는지 서로 발이 채일 <u>지경</u>이다. (외딴방)

(120) 의식이 되돌아왔건만 전혀 말을 하지 못했고, 양쪽 시력 모두를 상실했으며, 백혈암세포가 중추신경계까지 전이된 <u>지경</u>이었다. (가시고기)

(121) 남편 하나에 각시가 두 명인데, 남북 여자 둘이서 내기를 하듯 새끼를 낳으니 쏘냉이들이 몇인지 셀 수도 없을 <u>지경</u>이있다. (낙타샹즈)

(122) 그녀는 매일 그 넓을 집을 청소해 대느라 죽을 <u>지경</u>이었다. (다음사전)

(123) 병세가 악화되어 더 이상 손을 쓸 수 없는 <u>지경</u>이다. (표준국어대사전)

위의 예문을 살펴보면 예문 (119)~(123)은 명사/의존명사 '~지경'이 '이다'와 결합하여 '~지경이다' 구문유형을 이루고 있다. 여기에서 '~지경이다'는 경우나 형편, 처지, 정도의 뜻을 나타내고 있다. '~지경'의 같은 경우에는 '경계의 사이'를 나타내는 물리적 공간을 나타내는 것인데, '시간적, 심리적 공간'을 뜻하는 것으로 확장되었다. 물리적 공간을 나타내는 경우에는 현대 국어에서도 자립적으로 쓰이나 의미가 확장되어 '상황, 처지'를 나타내는 '시간적 공간, 심리적 공간'의 의미로 쓰일 때에는 의존명사화한 것이다. 따라서 '~지경'도 자립명사에서 의존명사로 되면서 '물리적 공간>시간적 공간>심리적 공간'의 의미로 확장되었다.

⑦ 명사/의존명사 '~바'

(124) 설령 아내가 처음부터 작심하고 이야기를 꺼냈다 해도 진작에 결정난 바였다. (가시고기)

(125) 우리는 우리의 굳건한 의지를 내외에 천명하는 바이다. (표준국어대사전)

(126) 나는 작금의 이 사태에 통한의 눈물을 금치 못하는 바이다. (다음사전)

(127) 지식인의 임무는 무엇보다도 그들이 높이는 지성의 이 양면의 균형을 회복하는데 있다고 생각하는 바이다. (이양하:수필선)

(128) 임시 정부 수립 과정에 있어서 우리 인민 위원회가 정권의 유일한 형태인 것을 명확히 결의하고 선언하는 바이다. (이병주:지리산)

위의 예문을 살펴보면 예문 (124)~(128)은 명사/의존명사 '~바'가 '이다'와 결합하여 '~바이다' 구문유형을 이루고 있다. 여기에서 '~바이다'는 앞에서 말한 내용 그 자체나 일 따위를 나타내는 말이며 일의 방법이나 방도를 나타내며, 또한 앞말이 나타내는 일의 기회나 그리된 형편의 뜻을 나타내고, 자기주장을 단언적으로 강조하여 나타내고 있다. '~바' 역시 '물리적 공간'에서 '심리적 공간'으로 의미가 확장된 것으로 볼 수 있다. 중세국어에서 '~바'는 구체적인 장소를 가리킨다고 유창돈(1961)에서 지적한 적이 있다. 그리고 중세국어에서의 '~바'는 주로 의존명사 '~것'으로 대치될 수 있는 구체적인 대상물을 지시하였다. 현대국어에서 쓰이는 '~바'는 무엇을 구체적으로 지시하는 것이 아닌 좀 더 의례적인 것을 나타내는 표현에 쓰이고 있다. 따라서 '~바'도 자립명사에서 의존명사로 되면서 '물리적 공간>시간적 공간>심리적 공간'의 의미로 확장되었다.

⑧ 명사/의존명사 '~판'

(129) 아이를 구할 수 있다면 몸뚱이를 내다 파는 것보다 백번 천번 더 심한 짓이라도 해야 할 판이었다. (가시고기)

(130) 그 앞에서 대들었다간 몰매를 맞을 판이다. (표준국어대사전)

(131) 할머니는 사소한 일까지 하나하나 부산을 떨며 준비하면서도 속새로 목이 늘어나도록 아들을 기다리는 판이셨다. (다음사전)

(132) 그 친구는 날이 갈수록 난삽히 떠드는 판이었다. (다음사전)

(133) 러시아로 수출한 물건 값을 받지 못하면 아예 회사 문을 닫아야할 판이었다. (다음사전)

위의 예문을 살펴보면 예문 (129)~(133)은 명사/의존명사 '~판'이 '이다'와 결합하여 '~판이다' 구문유형을 이루고 있다. 여기에서 '~판이다'는 처지, 판국, 형편의 뜻을 나타내고 있다. '~판이다'는 관형어미 '~ㄴ/는, ~ㄹ'을 취할 수 있으며 '~ㄴ/는 판이다'는 이미 벌어진 상황이 화자가 '기대하지 않은 상황'이라는 양태의미를 나타내고, '~ㄹ 판이다'는 과거에 일어난 일을 지금 생각해볼 때나, 미래에 일어날 일을 현재 추정할 경우에 쓴다. 하지만 'ㄴ/는 판이다'와 '~ㄹ 판이다' 경우 관형어미 '~ㄴ/는', '~ㄹ'과 '판이다' 사이에는 어떤 요소도 개입될 수 없이 공고하게 결합되어 있다.

⑨ 명사/의존명사 '~모양'

(134) 외국 생활을 꽤 오래 한 탓에 미처 못 본 모양이구나. (국화꽃향기)

(135) 꼭 검게 말라버린 나뭇잎에 서리가 앉은 듯한 모양이었다. (낙타샹즈)

(136) 여자는 내처 소아병동으로 가지 않은 모양이었다. (가시고기)

(137) 언니가 옷을 갈아입는 걸 보니까 외출할 모양이야. (21세기말뭉치)

(138) 다행히 한창 나이라 늦게까지 피곤하게 일을 해도 한잠 자고 나면

또다시 기력을 되찾았고 정신도 맑아졌던 모양이야. (살아간다는 것)

위의 예문을 살펴보면 예문 (134)~(138)은 명사/의존명사 '~모양'이 '이다'와 결합하여 '~모양이다' 구문유형을 이루고 있다. 여기에서 '~모양이다'는 짐작이나 추측을 나타내고 있다. '~모양'은 '겉으로 나타나는 생김새나 됨됨이'의 뜻으로 쓰이다가 위의 예문에서는 '추측'의 문법적 의미로 쓰이게 되었다. 이럴 경우 '~ㄴ/ㄹ 모양이다'는 자립명사에서 의존적으로 쓰였다고 할 수 있다.

⑩ 명사/의존명사 '~참'

(139) 서너 차례의 이사를 다니면서도 차마 버리지 못한 채 남겨둔 아내의 옷가지였고, 이제 주인에게 되돌려줄 참이었다. (가시고기)

(140) 무료한 아이를 위해 손을 잡고 한껏 더딘 걸음새로 오솔길을 걸으며 나무와 들꽃과 산새의 이름을 일러주고, 계속 바위에 서로의 등을 기대로 앉아 아이가 알고 있는 동요를 부를 참이었다. (가시고기)

(141) 저녁 무렵 아내를 불러 노트를 건네줄 참이었다. (가시고기)

(142) 지금 가요, 막 나가려던 참이었습니다. (외딴방)

(143) 연한 하늘색 바지에 하얀 반소매의 상의를 입은 그녀는 양산을 받쳐 들고 막 산책을 나가려던 참이었다. (다음사전)

위의 예문을 살펴보면 예문 (139)~(143)은 명사/의존명사 '~참'이 '이다'와 결합하여 '~참이다' 구문유형을 이루고 있다. 여기에서 '~참이다'는 무엇을 하는 경우나 때, 또는 무엇을 할 생각이나 의향을 나타내고 있다. '~참이다'는 관형어미 '~ㄹ, ~ㄴ/는'을 취할 수 있는데 이것은 '화자가 의도한 시간과 맞음'을 표시해주며 또한 그 상태가 오랫동안 '지속'됨을 표시해준다.

따라서 '~참이다'는 관형어미 '~ㄹ, ~ㄴ/는'과 결합하여 하나의 접어구성을 이루고 있으며 이미 문법화 과정을 거쳤다.

⑪ 명사/의존명사 '~법'

(144) 깊은 상처에도 세월이 지나면 새살이 돋는 법이었다. (가시고기)

(145) 바꿔 말하면 회사에 다녀야만 학교를 다닐 수 있는 법이다. (외딴방)

(146) 일단 기생과 놀아났다면 그 다음엔 도박에 손을 대지 않을 수 없는 법이다. (살아간다는 것)

(147) 돈이란 것은 반지와 같아서 언제든지 자기 손에 있어야 좋은 법이다. (낙타샹즈)

(148) 일자리가 생겨 출근할 때가 있으면 사직하고 그만둘 때도 있는 법이다. (낙타샹즈)

위의 예문을 살펴보면 예문 (144)~(148)은 명사/의존명사 '~법'이 '이다'와 결합하여 '~법이다' 구문유형을 이루고 있다. 여기에서 '~법이다'는 방법이나 방식 또는 해야 할 도리나 정해진 이치를 말하고 있다. '~법'은 중세국어, 근대국어에서는 주로 자립명사로 쓰였으나, 현대국어로 올수록 '~ㄴ/은/는 법이다', '~ㄴ/는 법이 있다', '~ㄹ 법하다'로 쓰이면서 의존적으로 쓰여 문법기능을 덧붙여 준다. 현대국어에서 '~법이다'는 '추측'과 같은 추상적인 뜻으로 많이 쓰이는데 근대국어에서는 쓰이지 않는 것으로 추정할 수 있다. 따라서 '~법' 역시 '객관적, 구체적'인 의미에서 '주관적, 추상적'인 의미로 확장되었다.

⑫ 명사/의존명사 '~식'

(149) 회진을 마치고 나오는 강과장을 문가에서 기다리다 아이의 상태를

물었고 강과장의 대답은 매전 그런 <u>식</u>이었다. (가시고기)

(150) 애가 우물에 가서 숭늉을 찾는 <u>식</u>이네. (국화꽃향기)

(151) 수업 시간에 인생에 도움이 될 만한 이야기를 꺼낼라치면 학생들은 하품이나 하는 <u>식</u>입니다. (다음사전)

(152) 어쩜 그렇게 성미가 고약한지 새해 첫날부터 고추밭에 말 달리는 <u>식</u>이다. (다음사전)

(153) 답변에 나선 의원들의 말이 하나같이 뜬구름 잡는 <u>식</u>이었다. (다음사전)

위의 예문을 살펴보면 예문 (149)~(153)은 명사/의존명사 '~식'이 '이다'와 결합하여 '~식이다' 구문유형을 이루고 있다. 여기에서 '~식이다'는 일정한 방식이나 투를 나타내고 있다. '~식이다'는 관형어미 '~ㄴ/는'과 결합하여 '~ㄴ/는 식이다'로 쓰이면서 양태적 의미를 첨가해주는 문법적 기능을 하는 요소로 문법화 되었음을 알 수 있다. 이렇게 문법화 과정을 거친 것은 형태통합 면에서 다른 관형어미와 결합할 수 없으며, '~ㄴ/는 식이다'의 구성 사이에 어떠한 요소도 개입할 수 없고, 서법 면에서 청유형과 명령형에는 불가능하며 의미 면에서도 양태적 의미를 나타내고 있다.

⑬ 명사/의존명사 '~격'

(154) 그 사람은 우리의 대장 <u>격</u>이다. (네이버사전)

(155) 손 안 대고 코 푸는 <u>격</u>이다. (네이버사전)

(156) 농민들이 부황이 나 있는 판국인데 백성한테 납세를 하라는 것은 굶는 사람에게 양식을 꾸어 달라는 <u>격</u>이다. (네이버사전)

(157) 도망친 도둑은 놓아두고 문단속 잘못한 집주인만 나무라는 <u>격</u>이다. (네이버사전)

(158) 고집쟁이에게 얘기해봤자 쇠귀에 경 읽는 격이다. (네이버사전)

위의 예문을 살펴보면 예문 (154)~(158)은 명사/의존명사 '~격'이 '이다'
와 결합하여 '~격이다' 구문유형을 이루고 있다. 여기에서 '~격이다'는 '~셈
이다'나 '~식이다'와 같은 뜻을 나타내는 말이며, 일반 명사 뒤에 쓰여 '자격'
의 뜻을 나타내고 있다. '~격이다'는 관형어미 '~는'과 결합하여 '~는 격이
다'로 쓰이면서 양태적 의미를 첨가해주는 문법적 기능을 하는 요소로 문법
화 되었음을 알 수 있다. 이렇게 문법화 과정을 거친 것은 형태통합 면에서
다른 관형어미와 결합할 수 없으며, '~는 격이다'의 구성 사이에 어떠한 요소
도 개입할 수 없고, 서법 면에서 청유형과 명령형에는 불가능하며 의미 면에
서도 양태적 의미를 나타내고 있다.

⑭ 명사/의존명사 '~마당'

(159) 신대를 잡은 길남이 어머니의 손이 더욱 격렬하게 떨린다. 여러 신들이
     하강하는 마당이다. (네이버사전)
(160) 꽤 굵직한 기관장들 이름이 거론된 마당이다. (네이버사전)

위의 예문을 살펴보면 예문 (159)~(160)은 명사/의존명사 '~마당'이 '이
다'와 결합하여 '~마당이다' 구문유형을 이루고 있다. 여기에서 '~마당이다'
는 어떤 일이 이루어지는 판이나 상황을 나타내고 있다. '~마당이다'는 관형
어미 '~ㄴ/는'과 결합하여 '~ㄴ/는 마당이다'로 쓰이면서 양태적 의미를 첨가
해주는 문법적 기능을 하는 요소로 문법화 되었음을 알 수 있다. 이렇게
문법화 과정을 거친 것은 형태통합 면에서 다른 관형어미와 결합할 수 없으
며, '~ㄴ/는 마당이다'의 구성 사이에 어떠한 요소도 개입할 수 없고, 서법
면에서 청유형과 명령형에는 불가능하며 의미 면에서도 양태적 의미를 나타

내고 있다.

⑮ 명사/의존명사 '~양'

(161) 저수지에서 키우고 있는 것이 물고기가 아닌 황금덩어리라도 되는
양이다. (표준국어대사전)

(162) 어디선가 옥경이 쪼르르 달려 나오면 무슨 대단한 공이나 세운 양이다.
(표준국어대사전)

(163) 신경에 도착하여 우선 요기나 할 양이다. (표준국어대사전)

(164) 숨을 돌릴 겸 짐을 물을 양이다. (표준국어대사전)

위의 예문을 살펴보면 예문 (161)~(164)는 명사/의존명사 '~양'이 '이다'
와 결합하여 '~양이다' 구문유형을 이루고 있다. 여기에서 '~양이다'는 어떤
모양을 하고 있거나 어떤 행동을 짐짓 취함을 나타내며 의향이나 의도의
뜻을 나타내고 있다. '~양'은 '모양, 척'의 뜻으로 자립적으로 쓰이던 것이
'~ㄹ 양이다' 구성을 이루면서 '의향'의 의미로 쓰이기 시작하였다. 즉 '~양'
은 자립적으로 쓰이던 '모양'에서 나온 것으로 '구체적인 모양>심리적인 모
양(척)>심리적 의향'을 나타내는 것으로 문법화 되어 갔다. 즉 구체적인 것에
서 '의향'의 의미가 파생되어 나왔는데 이것은 근대국어의 시기에서 찾아볼
수 있다.

1.1.2.3. 명사의 기능을 갖고 있던 NP

한국어 '의존명사+이다' 구문의 의존명사 자리에 명사이지만 의존명사의
역할을 하는 단어들이 있다. 이것은 바로 '~노릇, ~탓, ~정도, ~십상, ~작정,
~탈' 등 단어들이다. 표준국어대사전에서 검색한 결과 이들은 명사로서의
기능만 갖고 있는 단어들이지만 한국어 '의존명사+이다' 구문에서 의존명사

역할을 하는 경우를 찾아볼 수 있다. 이것은 아마 명사인 이들이 문법화 과정을 그쳐 의존명사로 자리 잡은 것 같다. 그 예를 살펴보면 아래와 같다.

① 명사 '~노릇'

(165) 살아야 할 숱한 이유들 대부분을 잃어버린 채, 세상 속에 뒤섞여 웃고 떠들고 노래할 수 없는 <u>노릇</u>이었다. (가시고기)

(166) 그러나 남의 여자가 된 아내에게 마저 태연히 악수를 청할 수 없는 <u>노릇</u>이었다. (가시고기)

(167) 왕사를 당할 수 없는 <u>노릇</u>이었지. (살아간다는 것)

(168) 그러나 정말 기가 막힐 <u>노릇</u>이더군. (살아간다는 것)

(169) 버선목이라 속을 뒤집어 보일 수도 없는 <u>노릇</u>이다. (표준국어대사전)

위의 예문을 살펴보면 예문 (165)~(169)는 명사 '~노릇'이 '이다'와 결합하여 '~노릇이다' 구문유형을 이루고 있다. 여기에서 '~노릇이다'는 직업, 직책을 낮잡아 이르는 말을 나타내거나 맡은 바 구실 또는 일의 됨됨이나 형편을 나타내고 있다. 자립명사인 '~노릇'은 중세국어에서는 '연기'나 '직무, 역할'의 의미를 지니고 있었는데 의존명사로 되면서 '발화내용에 대한 화자의 부정적 시각'을 나타내는 '주관적 판단'의 뜻으로 바뀌어졌다. 따라서 '~노릇'은 객관적인 것에서 주관적인 것으로 의미가 확장되었다고 볼 수 있다.

② 명사 '~탓'

(170) 출판시장이 위축되어 있는 <u>탓</u>이었다. (가시고기)

(171) 단지 서로의 생활방식이 달랐고 또 서로의 삶에 분주한 <u>탓</u>이었다. (가시고기)

(172) 한마디 말이라도 더 듣고 싶어 하는 보호자의 심정 따위에는 이미 무감각해진 탓일까. (가시고기)

(173) 강철 같지도 가파르지도 않았던 탓인가? (외딴방)

(174) 내가 서둘렀던 것은 졸업 논문의 진척이 워낙 지지부진해서 마음이 바빴던 탓이었다. (다음사전)

위의 예문을 살펴보면 예문 (170)~(174)는 명사 '~탓'이 '이다'와 결합하여 '~탓이다' 구문유형을 이루고 있다. 여기에서 '~탓이다'는 부정적인 현상이 생겨난 까닭이나 원인, 구실이나 핑계로 삼아 원망하거나 나무라는 일을 나타내고 있다. '~탓이다'는 관형어미 '~ㄴ/는'과 결합하여 '~ㄴ/는 탓이다'로 쓰이면서 양태적 의미를 첨가해주는 문법적 기능을 하는 요소로 문법화되었음을 알 수 있다. 이렇게 문법화 과정을 거친 것은 형태통합 면에서 다른 관형어미와 결합할 수 없으며, '~ㄴ/는 탓이다'의 구성 사이에 어떠한 요소도 개입할 수 없고, 서법 면에서 청유형과 명령형에는 불가능하며 의미 면에서도 양태적 의미를 나타내고 있다.

③ 명사 '~정도'

(175) 하지만 응급실과 중환자실을 거치면서 부풀어 오른 치료비가 만만치 않았고 수중의 돈 전부로 겨우 셈이 맞을 정도였다. (가시고기)

(176) 패가 그의 손에서 길어졌다 짧아졌다 하며 휙휙 나가는 것이 옆에서 보는 사람이 다 눈이 시릴 정도였지. (살아간다는 것)

(177) 때리는 내가 흥이 나지 않을 정도이다. (살아간다는 것)

(178) 차오선생 댁에서 나오면 더 이상 인력거를 끌지 말자고 생각할 정도였다. (낙타샹즈)

(179) 기분이 좋아 고함이라도 지르고 싶을 정도였다. (낙타샹즈)

위의 예문을 살펴보면 예문 (175)~(179)는 명사 '~정도'가 '이다'와 결합하여 '~정도이다' 구문유형을 이루고 있다. 여기에서 '~정도이다'는 사물의 성질이나 가치를 양부, 우열 따위에서 본 분량이나 수준을 나타내거나 알맞은 한도 또는 그만큼가량의 분량을 나타내고 있다. 위의 예문에서 '~는 정도이다' 혹은 '~ㄹ 정도이다' 구조가 의존명사적 기능을 한다고 볼 수 있으나 의미는 자립명사의 경우와 동일하므로 분리하지 않고 자립명사 항목에 그대로 넣어야 할 것이다.

④ 명사 '~십상'

(180) 삶을 고단하게 만드는 이유의 대부분이 지나친 욕망에서 비롯되듯, 부모의 과도한 기대가 자식의 삶을 엉망으로 만들어 놓기 <u>십상</u>이었다. (가시고기)

(181) 남녀의 엇나간 관계에 대한 적당한 이해나 구색을 맞추려 하다가는 자칫 두 사람 모두 감정적으로 치졸해지거나 불쾌해지기 <u>십상</u>이다. (국화꽃향기)

(182) 지금 안 나오면 어중간해서 그런 것도 떼이기 <u>십상</u>이야. (외딴방)

(183) 거리 찻집에서 파는 돼지머리 고기, 두부 요리, 백주와 절임콩 모두 배를 거나하게 불리기 <u>십상</u>이었다. (낙타샹즈)

(184) 밤에 무든 장도칼로 침침한 등잔불 아래에서 연한 손톱을 깎다가는 다치기 <u>십상</u>이다. (다음사전)

위의 예문을 살펴보면 예문 (180)~(184)는 명사 '~십상'이 '이다'와 결합하여 '~십상이다' 구문유형을 이루고 있다. 여기에서 '~십상이다'는 일이나 물건 따위가 어디에 꼭 맞는 것, 또는 십상팔구라는 뜻을 갖고 있다. '~십상이다'는 관형어미 '~기'와 결합하여 '~기 십상이다'로 쓰이면서 양태적 의미를 첨가해주는 문법적 기능을 하는 요소로 문법화 되었음을 알 수 있다. 이렇게 문법화 과정을 거친 것은 형태통합 면에서 다른 관형어미와 결합할 수 없으며, '~기 십상이다'의 구성 사이에 어떠한 요소도 개입할 수 없고, 서법 면에서 청유형과 명령형에는 불가능하며 의미 면에서도 양태적 의미를 나타내고 있다.

⑤ 명사 '~작정'

(185) 오늘밤, 정확히 말하면 내일 새벽 세 시경, 병실에 갈 작정이었다. (가 시고기)

(186) 기회가 되면 여고 시절에 엽서를 띄우듯이 한 사람의 청취자로서 팝송 두어 곡 정도는 신청해 볼 작정이었다. (국화꽃향기)

(187) 너 나가는 길에 약국에 가서 약 지어 먹을 작정이지? (국화꽃향기)

(188) 미주는 승우와 같이 인형을 만들고 접시를 만들어 말려서 꼭 한번 구워 볼 작정이었다. (국화꽃향기)

(189) 집에 잘 도착하면 가마를 태워 그녀를 청루로 되돌려 보낼 작정이었네. (살아간다는 것)

위의 예문을 살펴보면 예문 (185)~(189)는 명사 '~작정'이 '이다'와 결합하여 '~작정이다' 구문유형을 이루고 있다. 여기에서 '~작정이다'는 일을 어떻게 하기로 결정함, 또는 일의 사정을 잘 헤아려 결정함을 나타내고 있다. '~작정이다'는 관형어미 '~ㄹ'과 결합하여 '~ㄹ 작정이다'로 쓰이면서 양태적 의미를 첨가해주는 문법적 기능을 하는 요소로 문법화 되었음을 알 수 있다. 이렇게 문법화 과정을 거친 것은 형태통합 면에서 다른 관형어미와 결합할 수 없으며, '~ㄹ 작정이다'의 구성 사이에 어떠한 요소도 개입할 수 없고, 서법 면에서 청유형과 명령형에는 불가능하며 의미 면에서도 양태적 의미를 나타내고 있다.

⑥ 명사 '~탈'

(190) 아빠는 날 너무 믿어서 탈입니다. (가시고기)

(191) 산중에서 만난 석청 따는 사람에게 길을 물었던 것이 탈이었다. (다음
사전)

(192) 수정이는 다 좋은데 쓰임쓰임이 과한 게 탈이다. (다음사전)

(193) 우리 아이는 비디오라든지 만화라든지 하는 것들을 너무 좋아해서
탈이다. (다음사전)

(194) 철수 그 녀석은 성격이 너무 급해서 탈이다. (다음사전)

위의 예문을 살펴보면 예문 (190)~(194)는 명사 '~탈'이 '이다'와 결합하
여 '~탈이다' 구문유형을 이루고 있다. 여기에서 '~탈이다'는 뜻밖에 일어난
걱정할 만한 사고, 몸에 생긴 병, 핑계나 트집을 나타내고 있다. '~탈이다'는
관형어미 '~서/게'와 결합하여 '~서/게 탈이다'로 쓰이면서 양태적 의미를
첨가해주는 문법적 기능을 하는 요소로 문법화 되었음을 알 수 있다. 이렇게
문법화 과정을 거친 것은 형태통합 면에서 다른 관형어미와 결합할 수 없으
며, '~서/게 탈이다'의 구성 사이에 어떠한 요소도 개입할 수 없고, 서법 면에
서 청유형과 명령형에는 불가능하며 의미 면에서도 양태적 의미를 나타내고
있다.

1.2. '是'의 구문유형

중국어 '是'는 대체로 'NP₁+是+ NP₂'¹ 구문과 '是……的' 구문으로 나눌

수 있는데 그중 'NP₁+是+量词+NP₂' 구문도 보이기 한다. 그리고 그중 'NP₁+是+NP₂' 구문의 NP₁과 NP₂의 종류가 여러 가지 있으며 '是……的' 구문 또한 '是'와 '的' 사이에 오는 종류가 아주 다양하다. 아래 그 종류에 대해 하나하나 살펴볼 것이다.

1.2.1. 'NP₁+是+NP₂'의 구문유형

중국어 'NP₁+是+NP₂' 구문에서 NP₁의 위치와 NP₂의 위치에 오는 유형이 다양한데 우선 NP₁의 위치에는 대체로 명사, 대명사, 부사, 连词, 동사/동사 결구²(动词结构), 형용사, 介宾结构, 被字句, 把字句 등이 있으며 NP₂의 위치에는 명사, 대명사, 수사, 동사/동사결구(动词结构), 형용사, 주술결구(主谓结构), 介宾结构, 被字句, 把字句, 사자성어 등이 있다. 그럼 아래 NP₁과 NP₂가 조합하여 어떤 구문유형을 이루는지 살펴볼 것이다.

1.2.1.1. '명사+是+NP₂' 구문일 경우
'명사+是+NP₂' 구문에서 NP₁의 위치에 명사 또는 명사구가 왔으며 NP₂의 위치에 어떤 종류들이 오는지 예문을 통해 살펴볼 것이다.

> (195) 福克纳是最为成功的例子。(活着) '명사+是+명사'
>
> (196) 原来承宇是个胆小鬼啊, 当不了好护士了!(菊花香) '명사+是+量词+명사'
>
> (197) 时间是下午两天多一点儿。(菊花香) '명사+是+시간명사'
>
> (198) 然而开这些药和结算的负责人是我。(菊花香) '명사(动词)+是+대명사'

---

1   본문에서 말하는 NP₁과 NP₂는 AP와 VP를 모두 포함하여 말하고 있습니다. 따라서 NP₁ 위치에 오는 품사의 종류와 NP₂ 위치에 오는 품사의 종류는 AP와 VP를 모두 포함한 것이다.

2   여기에서 말하는 动词结构에는 动宾结构, 动补结构를 모두 포함하고 있다.

(199) 表姐是二号, 她也要以同样的动作钉十个螺丝。(单人房) '명사+是+수사'

(200) 下雨天, 爸爸连窗户都不让打开, 他是怕我冻感冒了。(刺鱼) '명사+是+
动宾结构'

(201) 可这几天, 我越来越没信心了, 我想我是战胜不了它了。(刺鱼) '명사+是
+动补结构'

(202) 他的自私, 他的高尚是多么突出。(活着) '명사+是+형용사'

(203) 可能是牛放慢了脚步, 老人有吆喝起来了。(活着) '명사+是+주술결구'

(204) 长期以来,我的作品是源出于和现实的那一层紧张关系。(活着) '명사+是
+介宾结构'

(205) 一看到我就哆嗦一下, 我还以为他是早晨被我打怕了。(活着) '명사+是+
被字句'

(206) 高妈的话永远是把事情与感情都搀合起来, 显着既复杂又动人。(骆驼祥
子) '명사+是+把字句'

(207) 我偏偏是软硬不吃, 我爹的布鞋和家珍的菜都管不住我的腿。(活着) '명
사+是+사자성어'

위의 예문을 살펴보면 NP₁의 위치에는 명사 또는 명사구가 왔고 NP₂의
위치에는 명사(시간명사), 대명사, 수사, 동사/동사결구(动词结构), 형용사, 주
술결구(主谓结构), 介宾结构, 被字句, 把字句, 사자성어 등 다양한 종류들이
나타났다. 그중 예문 (196)을 보면 '명사+是+量词+명사'의 구문유형을 갖고
있다.

1.2.1.2. '대명사+是+NP₂' 구문일 경우

'대명사+是+NP₂' 구문에서 NP₁의 위치에 대명사가 왔으며 NP₂의 위치에
어떤 종류들이 오는지 예문을 통해 살펴볼 것이다.

(208) 这是真实得有些耀眼的举动, 也是申京淑心灵活动的外观, 即摒弃外部世界的干扰, 忠于并且也忠于自己的内心。(单人房) '대명사+是+명사'

(209) 你是个男人, 这对许大夫来说是一种压力啊, 有可能伤害她的自尊心或让她感觉心里不快。(菊花香) '대명사+是+量词+명사'

(210) 这是对生活的态度, 也是申京淑对待写作的态度。(单人房) '대명사+是+介宾结构'

(211) 这是我第一次从汉城回农村。(单人房) '대명사+是+主谓结构'

(212) 他是那么勇敢, 那么可信。(单人房) '대명사+是+형용사'

(213) 他是冲那个包括紫水晶戒指在内总共带了三枚宝石戒指的房东发火。(单人房) '대명사+是+动宾结构'

(214) 他是孑然一身, 可妻子那边却有许多亲戚。(剌鱼) '대명사+是+사자성어'

위의 예문을 살펴보면 NP$_1$의 위치에는 대명사가 왔고 NP$_2$의 위치에는 명사, 介宾结构, 주술결구(主谓结构), 형용사, 动宾结构, 사자성어 등 다양한 종류들이 나타났다. 그중 예문 (209)를 보면 '대명사+是+量词+명사'의 구문 유형을 갖고 있다.

1.2.1.3. '부사+是+NP$_2$' 구문일 경우

'부사+是+NP$_2$' 구문에서 NP$_1$의 위치에 부사가 왔으며 NP$_2$의 위치에 어떤 종류들이 오는지 예문을 통해 살펴볼 것이다.

(215) 也许是因为总务科长抑扬顿挫的声调, 我竟对劳组这个单词产生了深深地恐惧。(单人房) '부사+是+명사'

(216) 那年沈先生和龙二的赌局, 实在是精彩。(活着) '부사+是+형용사'

(217) 她年纪很轻，已经是个便宜了。(单人房) '부사+是+量词+형용사'

(218) 这样的老人在乡间实在难以遇上，也许是困苦的生活损坏了它们的记忆。
(活着) '부사+是+动宾结构'

(219) 常常是一屁股坐在了田里。(活着) '부사+是+动补结构'

(220) 其实是我没道理，家里的两头羊全靠有庆喂它们。(活着) '부사+是+主谓
结构'

(221) 杨彩玉那样做，难道是为了自己过好吗?(单人房) '부사+是+介宾结构'

(222) 可能是被房间地面磨坏了。(单人房) '부사+是+被字句'

(223) 究竟是谁把三哥弄成这样?(单人房) '부사+是+把字句'

위의 예문을 살펴보면 NP$_1$의 위치에는 부사가 왔고 NP$_2$의 위치에는 명사,
형용사, 动宾结构, 动补结构, 主谓结构, 介宾结构, 被字句, 把字句 등 다양한
종류들이 나타났다. 그중 예문 (217)을 보면 '부사+是+量词+형용사'의 구문
유형을 갖고 있다.

1.2.1.4. '连词+是+NP$_2$' 구문일 경우

'连词+是+NP$_2$' 구문에서 NP$_1$의 위치에 부사가 왔으며 NP$_2$의 위치에 어떤
종류들이 오는지 예문을 통해 살펴볼 것이다.

(224) 哪怕是缺胳膊断腿的男人，只要他想娶凤霞,我们都给。(活着) '连词+是+
명사'

(225) 虽然是个男人，但是他缝得很好，长得也很像女人。(单人房) '连词+是+
量词+명사'

(226) 即使是三四年，他必能自己打上一辆车，顶漂亮的车!(骆驼祥子) '连词+是
+수사'

(227) 虽然是那么破烂狼狈, 可是能以相信自己确是还活着呢。(骆驼祥子) '连词+是+형용사'

(228) 虽说是欠收, 可总算有粮食了。(活着) '连词+是+动宾结构'

(229) 即使是在深夜, 只要听见动静, 我的寡妇姑妈就会推开门, 大声问, 是谁啊, 然后往院子里张望。(单人房) '连词+是+介宾结构'

(230) 如果是别的小说这样写, 我不会有这样的感觉。(单人房) '连词+是+主谓结构'

위의 예문을 살펴보면 NP₁의 위치에는 连词가 왔고 NP₂의 위치에는 명사, 수사, 형용사, 动宾结构, 介宾结构, 主谓结构 등 다양한 종류들이 나타났다. 그중 예문 (225)를 보면 '连词+是+量词+명사'의 구문유형을 갖고 있다.

1.2.1.5. '동사/동사결구+是+NP₂' 구문일 경우

'동사/동사결구+是+NP₂' 구문에서 NP₁의 위치에 동사/동사결구가 왔으며 NP₂의 위치에 어떤 종류들이 오는지 예문을 통해 살펴볼 것이다.

(231) 仿佛是车轮滚滚而过时的情景。(活着) '동사/동사결구+是+명사'

(232) 抽血的是个乌龟王八蛋, 把我儿子的血差不多都抽干了。(活着) '동사/동사결구+是+量词+명사'

(233) 我想也许是你吧, 于是就给出版社打电话。(单人房) '동사/동사결구+是+대명사'

(234) 四周的人离开后的田野, 呈现了舒展的姿态, 看上去是那么的广阔。(活着) '동사/동사결구+是+형용사'

(235) 虽然放一天车份是个便宜, 可是谁肯白吃一顿, 至少还不得出上四十铜子的礼。(骆驼祥子) '동사/동사결구+是+量词+형용사'

(236) 后来仿佛是来到了水边, 一位老人撑着竹筏在远处响亮地吆喝。(活着) '동사/동사결구+是+动宾结构'

(237) 他看出来自己是瘦了好多, 但是身量还是那么高大。(骆驼祥子) '동사/동사결구+是+动补结构'

(238) 我知道她这样做是为了看清楚她爹。(活着) '동사/동사결구+是+介宾结构'

(239) 看到街旁站着很多人, 一打听知道是那些学生在比赛跑步, 要在城里跑上十圈。(活着) '동사/동사결구+是+主谓结构'

(240) 仿佛是把王二交给了老程, 他拾起自己的铺盖卷来。(骆驼祥子) '동사/동사결구+是+把字句'

(241) 今天看爸爸是被揍在地上, 胆子大了些。(骆驼祥子) '동사/동사결구+是+被字句'

위의 예문을 살펴보면 NP₁의 위치에는 동사/동사결구가 왔고 NP₂의 위치에는 명사, 대명사, 형용사, 动宾结构, 动补结构, 介宾结构, 主谓结构, 把字句, 被字句 등 다양한 종류들이 나타났다. 그중 예문 (232)를 보면 '동사/동사결구+是+量词+명사'의 구문유형을 갖고 있으며 예문 (235)를 '동사/동사결구+是+量词+형용사'의 구문유형을 갖고 있다.

1.2.1.6. '형용사+是+NP₂' 구문일 경우

'형용사+是+NP₂' 구문에서 NP₁의 위치에 동사/동사결구가 왔으며 NP₂의 위치에 어떤 종류들이 오는지 예문을 통해 살펴볼 것이다.

(242) 最难的是家珍, 一家四张嘴每天吃什么?(活着) '형용사+是+명사'

(243) 原来是你啊, 我是南吉顺。(单人房) '형용사+是+대명사'

(244) 处处又是那么清洁，永远是那么安静，使他觉得舒服安定。(骆驼祥子)
'형용사+是+형용사'

(245) 特别是坐在车上，至老实的也比猴子多着两手儿。(骆驼祥子) '형용사+
是+动补结构'

(246) 明明是凤霞挖到一个地瓜，王四欺负凤霞不会说话，趁凤霞用衣角擦上面
的泥时，一把抢了过去。(活着) '형용사+是+主谓结构'

(247) 特别是对于地域主义越来越强烈的今天的读者，现在性也许就更加淡薄
了。(单人房) '형용사+是+介宾结构'

위의 예문을 살펴보면 'NP₁'의 위치에는 형용사가 왔고 'NP₂'의 위치에는
명사, 대명사, 형용사, 动补结构, 主谓结构, 介宾结构 등 다양한 종류들이 나
타났다.

1.2.1.7. '介宾结构+是+NP₂' 구문일 경우

'介宾结构+是+NP₂' 구문에서 NP₁의 위치에 동사/동사결구가 왔으며 NP₂
의 위치에 어떤 종류들이 오는지 예문을 통해 살펴볼 것이다.

(248) 跟在父亲后面的是面色冷峻的母亲。(菊花香) '介宾结构+是+명사'

(249) 跟美珠在一起的时间是多么珍贵，虽然悲伤但灵魂得到净化。(菊花香)
'介宾结构+是+형용사'

(250) 我只是接受了大哥给我的材料，对于李妍美是谁并未过问。(单人房) '介
宾结构+是+动宾结构'

위의 예문을 살펴보면 NP₁의 위치에는 介宾结构가 왔고 NP₂의 위치에는
명사, 형용사, 动宾结构 등 종류들이 나타났다. 다른 예문들과 달리 '介宾结

构+是+NP₂' 구문에서 NP₂의 위치에 나타난 종류들은 다른 구문유형과 달리 그 종류가 상대적으로 적다.

1.2.2. '是……的'의 구문유형

중국어 '是……的' 구문에서 '是'와 '的' 사이에 오는 종류가 다양한데 대체로 명사, 대명사, 형용사, 동사/동사결구(动宾结构, 动补结构), 主谓结构, 介宾结构, 给字句, 被字句, 把字句, 因果复句 등이 있다. 그럼 아래 '是'와 '的' 사이에 어떤 종류들이 오는지 살펴볼 것이다.

1.2.2.1. '是'와 '的' 사이가 명사일 경우

중국어 '是……的' 구문에서 '是'와 '的' 사이에 명사가 오는 경우가 비교적 많은데 그 예문을 살펴보면 아래와 같다.

(251) 鲽鱼由于无法养殖, 是自然产的, 所以很珍贵。(菊花香)

(252) 我是本县县太爷家里的。(活着)

(253) 胜利是祥子的!(骆驼祥子)

(254) 又是他们几乎是爆发性的, 我正沿着前面的文章继续写, 事情就悄悄发生了。(单人房)

(255) 老兄,我提副部长了, 尽管是代理的。(刺鱼)

위의 예문을 통해 알 수 있듯이 '是……的' 구문에서 '是'와 '的' 사이에 오는 품사가 모두 명사인 것이다. 이런 예문이 '是……的' 구문에서 많이 찾아볼 수 있다.

1.2.2.2. '是'와 '的' 사이가 대명사일 경우

중국어 '是……的' 구문에서 '是'와 '的' 사이에 대명사가 오는 경우가 있지만 그 예문이 그렇게 많지는 않다. 예문을 살펴보면 아래와 같다.

> (256) 有了自己的车, 再去拉包月或散座就没大关系了, 反正车是自己的。(骆驼祥子)
>
> (257) 看着自己的大手大脚, 明明是自己的, 可是又像忽然由什么地方找到的。(骆驼祥子)
>
> (258) 命是自己的, 可是教别人管着。(骆驼祥子)
>
> (259) 反正船模是他的, 他想怎么糟践都行。(刺鱼)
>
> (260) 这种行动的意思是说, 这个女人是我的, 谁也不许碰她, 恶魔也绝不能靠近。(菊花香)

위의 예문을 통해 알 수 있듯이 '是……的' 구문에서 '是'와 '的' 사이에 오는 품사가 모두 대명사인 것이다. 하지만 이런 예문은 중국어 소설에서 많이 보이며 특히 중국어 소설 '낙타샹즈'에서 많이 보이고 중국어로 번역된 한국어 소설에서 는 많지 않다.

1.2.2.3. '是'와 '的' 사이가 형용사일 경우

중국어 '是……的' 구문에서 '是'와 '的' 사이에 형용사가 오는 경우가 있다. 그 예문을 살펴보면 아래와 같다.

> (261) 踩在黄色银杏树叶上的心情是很奇妙的, 好像站在舞池里一样。(菊花香)
>
> (262) 作别的苦工, 收入是有限的。(骆驼祥子)
>
> (263) 我说她是累的, 照她这样, 就是没病的人也会吃不消。(活着)

(264) 他说，生活是美丽的。(单人房)

(265) 我先告诉您，骨髓移植的治疗费是相当昂贵的。(刺鱼)

위의 예문을 통해 알 수 있듯이 '是……的' 구문에서 '是'와 '的' 사이에 오는 품사가 모두 형용사인 것이다. 이런 예문은 위의 '대명사'인 경우보다는 많다.

1.2.2.4. '是'와 '的' 사이가 동사/동사결구일 경우

중국어 '是……的' 구문에서 '是'와 '的' 사이에 동사/동사결구가 오는 경우가 있다. 여기의 동사결구에는 动宾结构, 动补结构를 포함하고 있다. 그 예문을 살펴보면 아래와 같다.

(266) 其实以我的个头是能转进那个窟窿里去的。(菊花香)动宾结构

(267) 不光不会直接说出来，根本是连脸上也不会显露出来的。(菊花香)动补结构

(268) 白得来的骆驼是不能放手的。(骆驼祥子)动词

(269) 他和骆驼是逃出来的，就都该活着。(骆驼祥子)动补结构

(270) 我们是听队长的，队长是听上面的。(活着)动宾结构

(271) 因为内心并非时时刻刻是敞开的。(活着)动词

(272) 她们是看了这个才给我打电话的。(单人房)动宾结构

(273) 可有一点我很明白，就是像现在这样，困在重症监护室里是什么也做不了的。(刺鱼)动补结构

위의 예문을 통해 알 수 있듯이 '是……的' 구문에서 '是'와 '的' 사이에 오는 종류가 동사, 动宾结构, 动补结构 등 다양한 유형이 나타났다.

1.2.2.5. '是'와 '的' 사이가 主谓结构일 경우

중국어 '是……的' 구문에서 '是'와 '的' 사이에 主谓结构가 오는 경우가 있다. 그 예문을 살펴보면 아래와 같다.

(274) 他的妻子是幼儿教育专业毕业的，为人非常好，也特别喜欢诛美。(菊花香)

(275) 虽然是老婆给买的，可是慢慢的攒钱，自己还能再买车。(骆驼祥子)

(276) 穿长衫的私塾先生叫我念一段书是，是我最高兴的。(活着)

(277) 不管和谁交往，我都感觉应该告诉那个人，她的房门是我锁上的。(单人房)

(278) 日头再毒也不怕，我有棒球帽，是爸爸作为出院纪念给买的。(刺鱼)

위의 예문을 통해 알 수 있듯이 '是……的' 구문에서 '是'와 '的' 사이에 오는 종류가 모두 主谓结构인 것이다.

1.2.2.6. '是'와 '的' 사이가 介宾结构일 경우

중국어 '是……的' 구문에서 '是'와 '的' 사이에 介宾结构가 오는 경우가 있다. 그 예문을 살펴보면 아래와 같다.

(279) 自己是属于树木科的。(菊花香)

(280) 他们似乎是属于另一行业的。(骆驼祥子)

(281) 也不知道凤霞是从哪里去听来的。(活着)

(282) 分手的时候，她送给我一只七宝手镯，是从中国带来的。(单人房)

(283) 仆人是无法对主人说三道四的，他只好垂下头等待宋主任通完话。(刺鱼)

위의 예문을 통해 알 수 있듯이 '是……的' 구문에서 是'와 '的' 사이에 오는 종류가 모두 介宾结构인 것이다.

1.2.2.7. '是'와 '的' 사이가 给字句일 경우

중국어 '是……的' 구문에서 '是'와 '的' 사이에 给字句가 오는 경우가 있다. 하지만 이런 경우는 그렇게 많지 않다. 그 예문을 살펴보면 아래와 같다.

(284) 这是给家珍准备的，是给家珍以后用的。(活着)

(285) 这羊是给我买的?(活着)

(286) 那是给谁做的?(单人房)

위의 예문을 통해 알 수 있듯이 '是……的' 구문에서 '是'와 '的' 사이에 오는 종류가 모두 给字句인 것이다. 하지만 이런 예문은 극히 드물다.

1.2.2.8. '是'와 '的' 사이가 被字句일 경우

중국어 '是……的' 구문에서 '是'와 '的' 사이에 被字句가 오는 경우가 있다. 그 예문을 살펴보면 아래와 같다.

(287) 总统夫人死了，是被间谍开枪打死的。(单人房)

(288) 他还以为我是被那些女人给折腾的。(活着)

(289) 按我们这里的习俗，家珍是被她娘家的人硬给接走的，也应该由她娘家的人送回来。(活着)

(290) 可能是被房间地面磨坏了。(单人房)

위의 예문을 통해 알 수 있듯이 '是……的' 구문에서 '是'와 '的' 사이에

오는 품사가 모두 被字句인 것이다. 이런 예문은 위의 给字句보다는 빈도가
높다.

1.2.2.9. '是'와 '的' 사이가 把字句일 경우

중국어 '是……的' 구문에서 '是'와 '的' 사이에 把字句가 오는 경우가 있
다. 그 예문을 살펴보면 아래와 같다.

 (291) 我问他是谁把他打成这样的? (活着)

 (292) 可不能让别人家知道, 家珍是把米藏在胸口衣服里带回来的。(活着)

 (293) 我是用手一推一推把她推出村口的, 村里人见了嘻嘻笑, 说没见过像我这
    样的爹。(活着)

 (294) 我告诉你哥哥说是这个青年把我送来的, 可是没等我们道别, 就转身沿着
    原路回去了。(单人房)

 (295) 即使承宇不会那么做, 但毕竟是自己的妻子把事情搞成这样的。(菊花香)

위의 예문을 통해 알 수 있듯이 '是……的' 구문에서 '是'와 '的' 사이에
오는 종류가 모두 把字句인 것이다. 이런 예문은 被字句와 그 빈도가 비슷하다.

1.2.2.10. '是'와 '的' 사이가 因果复句일 경우

중국어 '是……的' 구문에서 '是'와 '的' 사이에 因果复句가 오는 경우가
있다. 그 예문을 살펴보면 아래와 같다.

 (296) 妈妈是因为小胡子大叔有名气才跟他结婚的。(刺鱼)

 (297) 别忘了, 孩子是你主动放弃的, 这是因为你的需要而决定的。(刺鱼)

 (298) 算起来, 他们也是因寻找最后的安息之地, 才来到这沙砾沟的。(刺鱼)

(299) 眼病是因坏病菌而生的，那怎么能来看达云。(刺鱼)

(300) 阿古是因为把一枚两比索的硬币含在嘴里饿死的。(菊花香)

위의 예문을 통해 알 수 있듯이 '是……的' 구문에서 '是'와 '的' 사이에 오는 종류가 모두 因果复句인 것이다. 이런 예문이 어찌하여 이루어지는지에 대한 문제는 좀 더 연구해 볼 가치가 있을 것 같다.

1.3. 소결

제2장에서는 한국어 '이다'와 중국어 '是'의 구문유형을 살펴보았는데 한국어 '이다'와 중국어 '是'는 크게 두 가지로 나눌 수 있다. 한국어의 경우에는 'NP+이다' 구문과 '의존명사+이다' 구문으로 나눌 수 있고, 중국어의 경우에는 '是' 구문과 '是……的' 구문으로 나눌 수 있다. 여기에서 한국어 'NP+이다' 구문은 다시 문어에서 사용하는 구문과 구어에서 사용하는 구문으로 나눌 수 있다.

한국어 'NP+이다' 구문의 분류:

1. 문어문

(1) '명사+이다' 구문: 여기에서 명사는 일반명사, 시간명사, 행위성명사, 명사의 복수형, 형용사/동사의 명사형이 포함된다.

(2) '대명사+이다' 구문.

(3) '수사+이다' 구문.

(4) '부사+이다' 구문.

(5) '~적+이다' 구문.

(6) '조사+이다' 구문.

(7) '사자성어+이다' 구문.

(8) '연결어미+이다' 구문.

2. 구어문

(1) 상황 의존적 구문.

(2) 현장 발화적 구문.

한국어 '의존명사+이다' 구문의 분류:

1. 'NP'가 의존명사의 기능만을 갖고 있는 것, 여기에는 '~것, ~때문, ~따름, ~나름, ~망정, ~뿐' 등 단어들이 포함된다.

2. 'NP'가 의존명사와 명사의 기능을 동시에 갖고 있는 것, 여기에는 '~마련, ~셈, ~편, ~터, ~채, ~지경, ~바, ~판, ~모양, ~참, ~법, ~식, ~격, ~마당, ~양' 등 단어들이 포함된다.

3. 'NP'가 명사의 기능만을 갖고 있는 것, 여기에는 '~노릇, ~탓, ~정도, ~십상, ~작정, ~탈' 등 단어들이 포함된다.

여기에서 '의존명사'의 자리에 오는 단어들의 문법화 과정을 살펴본 결과 모두 문법화의 과정을 거쳤지만 단 '~망정, ~정도'는 문법화의 과정을 거치지 않았다. 즉 '~망정'은 처음부터 의존적 특징을 갖고 있었으며 '~정도'는 구조상으로는 의존명사적 기능을 한다고 볼 수 있으나 의미는 자립명사와 동일하다.

중국어 '是' 구문의 분류:

중국어 '是' 구문에서 NP₁의 위치와 NP₂의 위치에 오는 종류가 다양한데 우선 NP₁의 위치는 대체로 명사, 대명사, 부사, 连词, 동사/동사결구(动词结构), 형용사, 介宾结构, 被字句, 把字句 등이 오며 NP₂의 위치에는 명사, 대명사, 수사, 동사/동사결구(动词结构), 형용사, 주술결구(主谓结构), 介宾结构, 被字句, 把字句, 사자성어 등이 온다. 이들이 서로 조합하여 중국어 '是' 구문을 이루고 있다.

중국어 '是……的' 구문의 분류:
중국어 '是……的' 구문을 살펴보면 '是'와 '的' 사이에 오는 종류가 비교적 다양한데 대체로 '명사, 대명사, 형용사, 동사/동사결구, 主谓结构, 介宾结构, 给字句, 被字句, 把字句, 因果复句' 등 다양한 유형이 '是'와 '的' 사이에 오면서 중국어 '是……的' 구문을 이루고 있다.

제2장 'NP+이다' 구문과 '是' 구문의 통사·의미적 특징

2.1. 'NP+이다' 구문과 '是' 구문의 통사적 특징

한국어 'NP+이다' 구문과 중국어 '是' 구문의 통사적 특징에 대한 연구는 지시적 동일성, 명사항의 자리바꿈 가능성, 주어를 표제명사로 하는 관계 관형화 가능성, 부정의 가능성, 수식어의 수식 가능성, 서법 제약 등 몇 가지 방면을 통해 살펴볼 수 있다.

2.1.1. 지시적 동일성

지시적 동일성이란 한국어 '이다' 구문과 중국어 '是' 구문에 나타나는 NP_1과 NP_2의 관계를 놓고 말하는 것이다. 즉 문장에서 NP_1과 NP_2가 동일한 것을 나타내는지 아닌지에 관한 연구인 것이다. 그럼 아래에 한국어 '이다' 구문과 중국어 '是' 구문의 통사적 특징[1]에 대해 살펴볼 것이다.

---

1 한국어 '이다' 구문과 중국어 '是' 구문의 통사적 특징에 대한 연구에서 모두 6개 방면을 통해 살펴보았는데 이에 사용된 예문은 될수록 같은 것을 사용하여 그 특징을 좀 더 두드러지게 표현하려고 하였다.

2.1.1.1. NP₁과 NP₂가 모두 명사일 경우

한국어 '이다' 구문과 중국어 '是' 구문에서 NP₁과 NP₂가 모두 명사일 경우 대체로 동일한 것을 나타내고 있다. 그 예문을 살펴보면 아래와 같다.

(1) 수원행 전철이 통과하는 전철역이 그 동네의 시작이다. (외딴방) '명사+일반명사+이다'

(2) 도시로 돌아가는 기차시간은 6시 40분이었다. (외딴방) '명사+시간명사+이다'

(3) 애기를 살려달라는 것이 산모 부탁이다. (국화꽃향기) '명사+행위명사+이다'

(4) 아무래도 제일 고생스러운 것은 노인네와 부녀자들이었다. (낙타샹즈) '명사+복수명사+이다'

(5) 하지만 이 정체는 두려움이다. (국화꽃향기) '명사+형용사형 명사+이다'

(6) 我爹是很有身份的人,可他拉屎时就像个穷人了。(活着) '명사+是+명사'

(7) 时间是下午两点多一点儿。(菊花香) '명사+是+시간명사'

예문을 통해 알 수 있듯이 예문 (1)에서 동네의 시작이 수원행 전철이 통과하는 전철역이며 예문 (2)에서 도시로 돌아가는 기차시간이 6시 40분임을, 예문 (3)에서 부탁이 산모의 부탁이라는 것을, 예문 (4)에서 제일 고생스러운 사람들이 노인네와 부녀자들임을, 예문 (5)에서 정체가 두려움임을 나타내고 있다. 중국어의 경우에도 예문 (6)처럼 우리 아빠가 제일 신분 있는 사람이라는 것을, 예문 (7)에서 시간이 오후 2시라는 것을 나타내고 있다. 즉 예문 (1)~(7)의 NP₁과 NP₂는 모두 동일한 것을 지시하고 있다.

2.1.1.2. NP₁은 명사이지만 NP₂가 명사가 아닐 경우

한국어 '이다' 구문과 중국어 '是' 구문에서 NP₁은 모두 명사이지만 NP₂가 명사가 아닌 다른 종류가 올 경우 NP₁과 NP₂가 동일한 것을 지시하고 있는지 그 예문을 살펴볼 것이다.

(8) 외딴방에 오래 있다 보니 어느덧 내게 어색하지 않은 장소는 그곳이었다. (외딴방) '명사+대명사+이다'

(9) 황금의 나뭇잎을 밟는 기분이 그만이었다. (국화꽃향기) '명사+부사+이다'

(10) 세 의사는 필사적이었다. (국화꽃향기) '명사+~적+이다'

(11) 미주가 마음 놓고 술을 마신 것은 정란과 첫 통화를 하고 부터였다. (국화꽃향기) '명사+조사+이다'

(12) 그와 샤오푸즈는 천생배필이다. (낙타샹즈) '명사+사자성어+이다'

(13) 내가 당신 앞에 나서거나 더 이상 전화하기를 주저하는 것은 나의 사랑이 부족해서가 아니라 당신이 부담을 느낄까봐 두려워해서입니다. (국화꽃향기) '명사+연결어미+이다'

(14) 然开这些药和结算的负责人是我。(菊花香) '명사+是+대명사'

(15) 下次的目标是两个。(刺鱼) '명사+是+수사'

(16) 当时我就知道他是要接家珍回去。(活着) '명사+是+动宾结构'

(17) 可这几天, 我越来越没信心了, 我想我是战胜不了它了。(刺鱼) '명사+是+动补结构'

(18) 他的样子是那么诚实, 脸上是那么简单可爱。(骆驼祥子) '명사+是+형용사'

(19) 自当是我委屈了你, 别再磨烦了!(骆驼祥子) '명사+是+주술결구'

(20) 他们整个是在地狱里。(骆驼祥子) '명사+是+介宾结构'

(21) 早晚是被父母出卖，"享福去"!。(骆驼祥子) '명사+是+被字句'

(22) 女人刚刚是把儿子送进棺材板般的放疗室吧，成浩大概正在那小屋大声哭喊 着妈妈。(刺鱼) '명사+是+把字句'

(23) 祥子是闭口无言。(骆驼祥子) '명사+是+사자성어'

예문 (8), (14)에서처럼 NP₁은 명사이고 NP₂가 대명사일 경우에는 NP₁과 NP₂가 지시하는 것이 동일하다. 즉 내게 어색하지 않는 장소가 그곳을 가리키고, 약을 짓는 사람과 결산하는 사람이 나라는 것을 가리키고 있다. 하지만 나머지 예문 (9)~(13)과 (15)~(23)을 살펴보면 NP₁과 NP₂가 동일한 것을 나타내는 것이 아니라 NP₁이 NP₂가 어떠하다는 것을 나타내고 있다. 다만 예문 (11)에서 NP₂는 미주가 마음 놓고 술을 마시기 시작한 시간을 나타내고 예문 (13)에서 NP₂는 내가 더 이상 전화하기 주저한 원인을 나타내고 있다.

2.1.1.3. NP₁이 대명사일 경우

한국어 '이다' 구문과 중국어 '是' 구문에서 NP₁은 모두 대명사이지만 NP₂가 대명사가 아닌 다른 종류가 올 경우 NP₁과 NP₂가 동일한 것을 지시하고 있는지 그 예문을 살펴볼 것이다.

(24) 이것이 연필이다. (네이버사전) '대명사+명사+이다'

(25) 이분이 내가 말한 그분이다. '대명사+대명사+이다'

---

2 한국어의 대명사는 인물대명사 '이, 그, 저, 이이, 그이, 저이, 이분, 그분, 저분'이 있으며 사물대명사 '이것, 그것, 저것'이 있고 처소대명사 '여기, 거기, 저기'가 있으며 경어법과 관련이 있는 '나, 우리, 저, 저희, 자네, 당신, 그대' 및 복수형 '우리, 너희'가 있다. 반면 중국어의 대명사에는 사물대명사 '这, 那, 这个, 那个'가 있고 처소대명사 '这里, 那里'가 있으며 인칭대명사 '你, 我, 他, 她' 및 복수형 '你们, 他们, 她们, 我们'이 있다.

(26) 许静岚小姐, 我是尹敏珠。(菊花香) '대명사+是+명사'

(27) 那是为了生存而四处流浪的岁月。(刺鱼) '대명사+是+介宾结构'

(28) 这是我第一次到大海里游泳。(单人房) '대명사+是+主谓结构'

(29) 她是那么美丽。(单人房) '대명사+是+형용사'

(30) 我是想让他们高兴, 就像爸爸向传道士露出微笑一样。(刺鱼) '대명사+是
+动宾结构'

(31) 他是孑然一身, 可妻子那边却有许多亲戚。(刺鱼) '대명사+是+사자성어'

위의 예문을 통해 알 수 있듯이 한국어의 경우에는 NP₁과 NP₂가 동일한
것을 지시하고 있지만 중국어의 경우에는 예문이 '무엇이 무엇이다'로 번역
되는 것 즉 NP₁이 사물대명사인 '这, 那'일 경우에는 NP₁과 NP₂가 동일한
것을 지시하고 NP₁이 인칭대명사인 '你, 我, 他, 她'일 경우에는 동일한 것을
지시하지 못하고 NP₁이 어떠하다를 나타내고 있다. 즉 예문 (24)~(28)에서는
NP₁과 NP₂가 동일한 것을 지시하고 있지만 예문 (29)~(31)는 NP₁이 어떠하
다를 나타내고 있다.

2.1.1.4. NP₁이 없고 NP₂만 있는 경우

한국어 '이다' 구문에서 NP₁이 나타나지 않고 NP₂만 오는 경우가 있다.
중국어 '是' 구문에도 이런 경우가 있다.

(33) 허여멀건 젊디젊은 사내 녀석이 비틀거리는 할머니를 앞에 두고 일어나
지 않는 것에 대한 비난의 눈빛이었다. (국화꽃향기) '일반명사'

(34) 집을 떠나 글을 써보기는 처음이다. (외딴방) '시간명사'

(35) 바로 미주가 좋아하는 타입의 남자들이었다. (국화꽃향기) '명사 복수
형'

(36) 참담한 떠남이었다. (가시고기) '동사의 명사형'

(37) 재빨리 외면했지만 달리 시선 둘 곳이 없는 그였다. (가시고기) '대명사'

(38) 그냥 자신이 지불한 몸값대로 즐기다 가면 그만이었다. (낙타샹즈) '부
사'

(39) 그거 정말 신비하고 매력적이거든. (국화꽃향기) '~적'

(40) 열여섯의 내가 갑자기 서른이나 서른둘이 돼버린 건 그날 그 식당에서
였다. (외딴방) '조사'

(41) 나는 어려서부터 구제불능이었어. (살아간다는 것) '사자성어'

(42) 是一起在儿科二零一病房配猪的女人，一个孩子的母亲，身材纤弱，却有着
大大的眼睛。(刺鱼) '명사'

(43) 是癌细胞要命，怪不得医院。(刺鱼) '主谓结构'

(44) 是为表达信心，消除他的不安。(刺鱼) '介宾结构'

위의 예문을 통해 알 수 있듯이 예문 (33)~(44)는 모두 NP₁이 없고 NP₂가
한국어는 일반명사, 시간명사, 명사 복수형, 동사의 명사형, 대명사, 부사,
~적, 조사, 사자성이인 경우이고 중국어는 명사, 主谓结构, 介宾结构인 경우
이다. 이럴 때에는 NP₁이 존재하지 않기에 NP₁과 NP₂가 어떤 관계를 나타내
고 있는지 알 수 없다.

2.1.1.5. NP₁이 부사일 경우

중국어 '是' 구문에서 NP₁은 부사이지만 NP₂에 다른 종류가 올 경우 NP₁
과 NP₂가 동일한 것을 지시하고 있는지 그 예문을 살펴볼 것이다.

(45) 当然是坏蛋，海盗船的船长嘛。(刺鱼) '부사+是+명사'

(46) 几乎是过度的小心。(骆驼祥子) '부사+是+형용사'

(47) 不过据说是认识许多的字, 还挺讲理。(骆驼祥子) '부사+是+动宾结构'

(48) 看看路旁的柳枝, 的确是微微的动了两下。(骆驼祥子) '부사+是+动补结构'

(49) 也许是这样的工作太过卑贱, 所以有些厌倦。(单人房) '부사+是+主谓结构'

(50) 也许是在用动物的本能一天天苦撑着。(刺鱼) '부사+是+介宾结构'

(51) 可能是被房间地面磨坏了。(单人房) '부사+是+被字句'

(52) 不过是把喜棚改作白棚而已, 棺材前没有儿孙们穿孝跪灵, 只有些不相干的人们打麻将守夜!(骆驼祥子) '부사+是+把字句'

위의 예문을 통해 알 수 있듯이 NP₁이 부사이고 NP₂가 다른 종류일 경우 NP₁과 NP₂는 동일한 지시관계를 나타내지 못하고 있다. 예문 (45)~(52)을 통해 알 수 있듯이 위의 예문들은 한국어의 '이다' 구문으로 번역되는 것이 적으며 대체로 '의존명사+이다' 구문으로 번역된다. 즉 예문 (45)는 '당연히 나쁜 놈이다', 예문 (46)은 '이것은 너무 과하게 조심하는 것이다', 예문 (47)은 '아는 글자가 많다는 것'을, 예문 (48)은 '확실히 살랑살랑 두 번 움직였다', 예문 (49)는 '아마 이 직업이 너무 비천하여서', 예문 (50)은 '아마 동물의 본능으로 하루하루 버텨 나가는 것 같다', 예문 (51)은 '아마 집안의 바닥에 의해 갈린 것 같다', 예문 (52)는 '단지 결혼에 관한 준비를 제사로 바꾼 것이다'로 번역된다. 따라서 여기에서 NP₁과 NP₂는 동일한 지시관계를 나타내지 못한다.

2.1.1.6. NP₁이 连词일 경우

중국어 '是' 구문에서 NP₁은 连词이지만 NP₂에 다른 종류가 올 경우 NP₁과 NP₂가 동일한 것을 지시하고 있는지 그 예문을 살펴볼 것이다.

(53) 无论是怎样的记忆, 他都严格地遵循不温不火, 不增不减的原则, 淡淡而如实地讲给儿子听。(刺鱼) '连词+是+명사'

(54) 虎妞愿意借给她地方, 因为她自己的屋子太脏, 而虎妞的多少有个样子, 况且是两间, 大家都有个转身的地方(骆驼祥子) '连词+是+수사'

(55) 哪怕是剩的少, 只要靠准每月能剩下个死数, 他才觉得有希望, 才能放心。(骆驼祥子) '连词+是+형용사'

(56) 不管是生活在地球, 还是生活在行星, 我们的净胜永远都自由。(单人房) '连词+是+动宾结构'

(57) 即使是在深夜, 只要听见动静, 我的寡妇姑妈就会推开门, 大声问, 是谁啊, 然后往院子里张望。(单人房) '连词+是+介宾结构'

(58) 莫非是孩子流产了?(菊花香) '连词+是+主谓结构'

위의 예문을 통해 알 수 있듯이 NP$_1$은 连词이고 NP$_2$가 다른 종류일 경우 NP$_1$과 NP$_2$는 동일한 것을 지시하지 못한다. 예문 (53)~(58)의 번역을 통해서도 알 수 있듯이 '连词+是+NP$_2$'의 구조는 한국어 '이다' 구문으로 번역되는 것이 아니라 '이다'가 나타나지 않는 다른 문장으로 번역된다. 예를 들면 예문 (53)은 '무릇 어떤 기억이든 간에'로, 예문 (54)는 '더욱이 방 두 칸', 예문 (55)는 '아무리 남는 것이 적다하여도', 예문 (56)은 '지구에 살든, 행성에 살든', 예문 (57)은 '아무리 깊은 밤이라도', 예문 (58)은 '아닌 게 아니라 아이가 유산되었다'로 번역되는데 여기에서 NP$_1$과 NP$_2$의 지시적 동일성을 찾아볼 수 없다.

2.1.1.7. NP$_1$이 동사/동사결구일 경우

중국어 '是' 구문에서 NP$_1$은 동사/동사결구이지만 NP$_2$에 다른 종류가 올 경우 NP$_1$과 NP$_2$가 동일한 것을 지시하고 있는지 그 예문을 살펴볼 것이다.

(59) 已经三十几岁了, 重视的是感情的深度。(菊花香) '동사/동사결구+是+명사'

(60) 反正握着方向盘的是你, 你就随便吧。(菊花香) '동사/동사결구+是+대명사'

(61) 维持自己和残疾孩子的生活是多么艰难, 才破例允许他们继续使用的。(菊花香) '동사/동사결구+是+형용사'

(62) 我知道她是舍不得花钱治病。(活着) '동사/동사결구+是+动宾结构'

(63) 我还以为是他饿晕了, 扭头一看他半个脑袋没了。(活着) '동사/동사결구+是+动补结构'

(64) 设立澡堂的目的是为了用热水缓解残疾人身体肌肉的僵硬, 并供他们清洁身体, 具有双重功用。(菊花香) '동사/동사결구+是+介宾结构'

(65) 那天我一直在树荫里坐到夕阳西下, 我没有离开是因为福贵的讲述还没有结束。(活着) '동사/동사결구+是+主谓结构'

(66) 仿佛是把王二交给了老程, 他拾起自己的铺盖卷来。(骆驼祥子) '동사/동사결구+是+把字句'

(67) 今天看爸爸是被揍在地上, 胆子大了些。(骆驼祥子) '동사/동사결구+是+被字句'

위의 예문을 통해 알 수 있듯이 NP₁이 동사/동사결구이고 NP₂가 다른 종류일 경우 NP₁과 NP₂가 동일한 것을 지시하지 못한다. 번역을 통해 알 수 있듯이 '동사/동사결구+是+NP₂'가 한국어로 번역될 경우 한국어 '이다' 구문으로 번역되는 경우가 아주 드물다. 예문 (59)는 '중시하는 것은 감정의 깊이이다', 예문 (60)은 '핸들을 잡은 사람은 너이다', 예문 (61)은 '불구인 아이와 자기의 생활을 유지하는 것조차 어렵다', 예문 (62)는 '그가 돈이 아까워 치료를 거부하는 것을 나는 알고 있다', 예문 (63)은 '나는 그가 배고

파 쓰러진 줄 알았다', 예문 (64)는 '샤워실을 설치하는 목적은 더운 물로 불구자들의 신체건육이 단단해 지는 것을 완화시켜주기 위한 것이다', 예문 (65)는 '내가 떠나지 않은 것은 복귀의 연설이 아직 끝나지 않았기 때문이다', 예문 (66)은 '마치 왕이(王二)를 성씨에게 보낸 것 같다', 예문 (67)은 '오늘 보니 아빠는 바닥에 누워 맞고 있었다'로 번역된다. 이를 통해 알 수 있듯이 NP₁과 NP₂의 지시적 동일성을 찾아볼 수 없다.

2.1.1.8. NP₁이 형용사일 경우

중국어 '是' 구문에서 NP₁은 형용사이지만 NP₂에 다른 종류가 올 경우 NP₁과 NP₂가 동일한 것을 지시하고 있는지 그 예문을 살펴볼 것이다.

(68) 重要的是金制作人的想法。(菊花香) '형용사+是+명사'

(69) 可好看了, 更美丽的是她。(刺鱼) '형용사+是+대명사'

(70) 处处又是那么清洁, 永远是那么安静, 使他觉得舒服安定。(骆驼祥子) '형용사+是+형용사'

(71) 特别是坐在车上, 至老实的也比猴子多着两手儿。(骆驼祥子) '형용사+是+动补结构'

(72) 幸运的是美珠的身体很顽强, 子宫很健康。(菊花香) '형용사+是+主谓结构'

(73) 特别是对于那些老弱残兵。(骆驼祥子) '형용사+是+介宾结构'

위의 예문을 통해 알 수 있듯이 NP₁이 형용사이고 NP₂가 다른 종류일 경우 NP₁과 NP₂가 동일한 것을 지시하지 못한다. 다만 여기에서 예문 (68)~(69)는 한국어의 '이다' 구문으로 번역이 가능하지만 예문 (70)~(73)은 한국어 '이다' 구문으로 번역되기 어렵다. 즉 예문 (68)은 '중요한 것은 김작

가의 생각이다', 예문 (69)는 '더욱 아름다운 것은 그녀의 마음이다', 예문 (70)은 '영원히 그렇게 조용하다', 예문 (71)은 '특히 기차에 앉아 있을 때에 는', 예문 (72)는 '다행인 것은 미주의 몸이 아주 완강하고 자궁이 건강한 것이다', 예문 (73)은 '특히 그런 노약자와 병자들에 대해서는'으로 번역되고 있다. 이를 통해 알 수 있듯이 NP_1과 NP_2의 지시적 동일성을 찾아볼 수 없다.

2.1.1.9. NP_1이 介宾结构일 경우

중국어 '是' 구문에서 NP_1은 介宾结构이지만 NP_2에 다른 종류가 올 경우 NP_1과 NP_2가 동일한 것을 지시하고 있는지 그 예문을 살펴볼 것이다.

(74) 对我来说那是非常重要的时期。(单人房) '介宾结构+是+명사'

(75) 跟美珠在一起的时间是多么珍贵, 虽然悲伤但灵魂得到净化。(菊花香) '介宾结构+是+형용사'

(76) 跟承宇是同事的郑制作人走了出来, 他跟英恩交谈了一两句之后放下心来。(菊花香) '介宾结构+是+动宾结构'

위의 예문을 통해 알 수 있듯이 NP_1이 介宾结构이고 NP_2가 다른 종류일 경우 NP_1과 NP_2가 동일한 지시관계를 나타내지 못한다. 번역을 통해서도 알 수 있듯이 예문 (74)는 '나에 대해 그때가 가장 중요한 시기이다', 예문 (75)는 '미주와 같이 있는 시간이 얼마나 보귀한 것인가', 예문 (76)은 '승우 와 같이 일하는 정작가님이 나왔다'로 번역된다. 이를 통해 알 수 있듯이 NP_1과 NP_2의 지시적 동일성을 찾아볼 수 없다.

2.1.2. 명사항의 자리바꿈 가능성

한국어 '이다' 구문과 중국어 '是' 구문은 명사항의 자리바꿈 가능성을 통해 그 통사적 특징을 살펴볼 수 있다. 여기에서 명사항의 자리바꿈이란 '이다'의 앞과 '是' 양쪽에 오는 NP1과 NP2의 자리를 바꿀 수 있는지 살펴보는 것이다. 그럼 아래에 한국어 '이다' 구문과 중국어 '是' 구문의 통사적 특징에 대해 살펴볼 것이다.

2.1.2.1. NP1과 NP2가 모두 명사일 경우

한국어 '이다' 구문과 중국어 '是' 구문에서 NP1과 NP2가 모두 명사일 경우 NP1과 NP2의 자리를 바꿀 수 있는지 그 예문을 통해 살펴볼 것이다.

(77) 나머지 한 사람은 스물두어 살 돼 보이는 젊은 여자였다. (국화꽃향기)
     '명사+일반명사+이다'
     → 스물두어 살 돼 보이는 젊은 여자가 나머지 한 사람이다.

(78) 마취 시간은 40분이야. (국화꽃 향기) '명사+시간명사+이다'
     → 40분이 마취 시간이야.

(79) 주철 선배와 경희 선배는 자족할 줄 아는 사람들이었다. (국화꽃향기)
     명사+복수명사+이다'
     → 자족할 줄 아는 사람들이 주철 선배와 경희 선배이다.

(80) 하지만 이 정체는 두려움이다. (국화꽃향기) '명사+형용사형 명사+이
     다'
     → 두려움이 이 정체이다

(81) 애기를 살려달라는 것이 산모 부탁이다. (국화꽃향기) '명사+행위명사+
     이다'

→ 산모 부탁이 애기를 살려달라는 것이다.

(82) 철수는 그 일에 <u>반대</u>이다. (박소영:2002) '명사+행위명사+이다'

　　　→ 그 일에 반대인 사람은 철수이다.

(83) 我爹是很有身份的人, 可他拉屎时就像个穷人了。(活着)'명사+是+명사'

　　　→ ?很有身份的人是我爹, 可他拉屎时就像个穷人了。

(84) 时间是下午两点多一点儿。(菊花香)'명사+是+시간명사'

　　　→ *下午两点多一点儿是时间。

위의 예문을 통해 알 수 있듯이 한국어의 경우에는 NP₁과 NP₂의 자리를 바꿀 수 있다. 다만 의문점이라면 예문 (81)과 (82)의 NP₂가 모두 행위명사이지만 (82)의 경우에는 철수를 대표하는 '사람'이 나타나야 NP₁과 NP₂의 자리를 바꿀 수 있지만 (81)의 경우에는 그 앞에 명사인 '산모'가 나타났기에 '산모 부탁'이 하나의 일반명사로 작용하여 '부탁'을 대표하는 다른 무엇이 없어도 NP₁과 NP₂의 자리를 바꿀 수 있다. 하지만 중국어의 경우 예문 (83)은 단순히 NP₁과 NP₂의 자리를 바꾸면 뭔가 어색한 느낌이 드는데 그것은 바로 '저희 아빠는 신분 있는 사람'이지만 '신분 있는 사람이 모두 저희 아빠'인 것은 아니기 때문에 이때는 NP₁과 NP₂의 의미관계를 함께 고려해야 할 것이다. 그리고 예문 (84)의 경우도 마찬가지로 '시간이 오후 2시'일 수는 있지만 '오후 두시가 시간'인 것은 어색한 표현인 것이다.

2.1.2.2. NP₁은 명사이지만 NP₂가 명사가 아닐 경우

한국어 '이다' 구문과 중국어 '是' 구문에서 NP₁은 모두 명사이지만 NP₂에 명사가 아닌 다른 종류가 올 경우 NP₁과 NP₂의 자리를 바꿀 수 있는지 예문을 통해 살펴볼 것이다.

(85) 예컨대 죽은 희재언니의 '인기척'을 느끼면서 '나'가 대화 아닌 대화를 하는 도중에 언니가 주문하는 바가 그것이다. (외딴방) '명사+대명사+이다'

→ 그것이 예컨대 죽은 희재언니의 '인기척'을 느끼면서 '나'가 대화 아닌 대화를 하는 도중에 언니가 주문하는 바이다.

(86) 이 소설의 삶이란 화두에 주목하게 된 것은 두 가지 이유에서다. (살아간다는 것) '명사+조사+이다'

→ 두 가지 이유에서 이 소설의 삶이란 화두에 주목하게 된 것이다.

(87) 내가 당신 앞에 나서거나 더 이상 전화하기를 주저하는 것은 나의 사랑이 부족해서가 아니라 당신이 부담을 느낄까봐 두려워해서입니다. (국화꽃향기) '명사+연결어미+이다'

→ 나의 사랑이 부족해서가 아니라 당신이 부담을 느낄까봐 두려워해서 내가 당신 앞에 나서거나 더 이상 전화하기를 주저하는 것이다.

(88) 내 말은 가진에게 아주 효과적이었네. (살아간다는 것) '명사+~적+이다'

→ 가진에게 아주 효과적인 내 말이다.

(89) 성호는 멍청이일 뿐만 아니라 고집불통예요. (가시고기) '명사+사자성어+이다'

→ 멍청이일 뿐만 아니라 고집불통인 성호이다.

(90) 오늘은 기분이 그만이다. (가시고기) '명사+부사+이다'

→ *기분이 그만인 오늘이다.

(91) 我女儿家珍是城里米行老板的女儿。(活着) '명사+是+대명사'

→ 城里米行老板的女儿是我女儿家珍。

(92) 下次的目标是两个。(刺鱼) '명사+是+수사'

→ 两个是下次的目标。

(93) 长期以来, 我的作品是源出于和现实的那一层紧张关系。(活着) '명사+是
+介宾结构'

　　→ 长期以来, 源出于和现实的那一层紧张关系是我的作品。

(94) 祥子是闭口无言。(骆驼祥子) '명사+是+사자성어'

　　→ 闭口无言是祥子。

(95) 从那以后, 我是再没穿过绸衣了。(活着) '명사+是+动宾结构'

　　→ *从那以后, 再没穿过绸衣了是我。

(96) 更多的人是噎住了, 都抬着脑袋对天空直瞪眼, 身体一动不动。(活着) '명
사+是+动补结构'

　　→ *噎住了是更多的人, 都抬着脑袋对天空直瞪眼, 身体一动不动。

(97) 凤霞是累, 可她心里高兴。(活着) '명사+是+형용사'

　　→ *累是凤霞, 可她心里高兴。

(98) 我丈人还以为是国军来了, 赶紧闪到一旁。(活着) '명사+是+주술결구'

　　→ *国军来了是我丈人以为, 赶紧闪到一旁。

(99) 女人刚刚是把儿子送进棺材般的放疗室, 成浩大概正在那小屋大声喊喊着
妈妈。(刺鱼) '명사+是+把字句'

　　→ *把儿子送进棺材般的放疗室是女人, 成浩大概正在那小屋大声喊喊着
妈妈。

　　→ 把儿子送进棺材般的放疗室是那个女人, 成浩大概正在那小屋大声喊喊
着妈妈。

(100) 早晚是被父母出卖, "享福去"!。(骆驼祥子) '명사+是+被字句'

　　→ *被父母出卖是早晚, "享福去"!

　　→ 被父母出卖是早晚的事, "享福去"!

위의 예문을 통해 알 수 있듯이 한국어의 경우 예문 (85)~(87) 즉 NP₂가

'대명사, 조사, 연결어미'일 경우에는 NP₁과 NP₂의 자리를 바꿀 수 있으며 예문 (88)~(89)처럼 NP₂가 '~적' 명사 또는 사자성어일 경우에는 NP₁과 NP₂의 자리를 바꿀 수 있지만 이때 NP₂는 NP₁을 수식하는 성분으로 바뀐다. 마지막으로 예문 (90)에서처럼 NP₂가 부사일 경우 NP₁과 NP₂의 자리는 바꿀 수 없다. 중국어의 경우 예문 (91)~(94)처럼 NP₂가 '대명사, 수사, 介宾结构, 사자성어'일 경우에는 NP₁과 NP₂의 자리를 바꿀 수 있지만 NP₂가 '动宾结构, 动补结构, 형용사, 주술결구'일 경우에는 NP₁과 NP₂의 자리를 바꿀 수 없으며 NP₂가 '把字句, 被字句'일 경우에는 NP₁을 한정하여 주는 지시대명사나 다른 품사를 첨가할 경우 NP₁과 NP₂의 자리를 바꿀 수 있다.

2.1.2.3. NP₁이 대명사일 경우

한국어 '이다' 구문과 중국어 '是' 구문에서 NP₁은 모두 대명사이지만 NP₂에 대명사가 아닌 다른 종류가 올 경우 NP₁과 NP₂의 자리를 바꿀 수 있는지 예문을 통해 살펴볼 것이다.

(101) 이것이 연필이다. (네이버사전) '대명사+명사+이다'

  → 연필이 이것이다.

(102) 이분이 내가 말한 그분이다. '대명사+대명사+이다'

  → 내가 말한 그분이 이분이다.

(103) 许静岚小姐, 我是尹敏珠。(菊花香) '대명사+是+명사'

  → 许静岚小姐, 尹敏珠是我。

(104) 那是为了生存而四处流浪的岁月。(刺鱼) '대명사+是+介宾结构'

  → *为了生存而四处流浪的岁月是那。

(105) 这是我第一次到大海里游泳。(单人房) '대명사+是+主谓结构'

  → *我第一次到大海里游泳是这。

(106) 她是那么美丽。(单人房) '대명사+是+형용사'

　　　→ *那么美丽是她。

(107) 我是想让他们高兴，就像爸爸向传道士露出微笑一样。(刺鱼) '대명사+
是+动宾结构'

　　　→ *想让他们高兴是我，就像爸爸向传道士露出微笑一样。

(108) 他是孑然一身，可妻子那边却有许多亲戚。(刺鱼) '대명사+是+사자성
어'

　　　→ *孑然一身是他，可妻子那边却有许多亲戚。

　위의 예문을 통해 알 수 있듯이 한국어의 경우 NP$_2$가 '명사, 대명사'일
경우 NP$_1$과 NP$_2$의 자리를 바꿀 수 있지만 중국어의 경우에는 조금 다르다.
예문 (103)에서처럼 NP$_2$가 '대명사'일 경우에는 NP$_1$과 NP$_2$의 자리를 바꿀
수 있지만 NP$_2$가 대명사가 아닌 '介宾结构, 主谓结构, 형용사, 动宾结构, 사자
성어'일 경우에는 NP$_1$과 NP$_2$의 자리를 바꿀 수 없다. 마찬가지로 NP$_1$과
NP$_2$가 모두 명사이거나 대명사일 경우에만 NP$_1$과 NP$_2$의 자리를 바꿀 수
있으며 NP$_1$과 NP$_2$ 중 하나는 명사 또는 대명사이지만 다른 하나는 명사
또는 대명사가 아닐 경우 NP$_1$과 NP$_2$의 자리는 바꿀 수 없다. 가끔 '명사+是+
介宾结构'에서 NP$_1$과 NP$_2$의 자리를 바꿀 수 있지만 모두 이런 것은 아니기
에 이것은 하나의 특이 사항으로 적어둔다. 따라서 NP$_1$이 '부사, 连词, 동사/
동사결구, 형용사, 介宾结构'일 경우 NP$_1$과 NP$_2$의 자리는 바꿀 수 없기에
이에 대해 더 설명하지 않기로 한다.

2.1.3. 주어를 표제명사로 하는 관계 관형화 가능성

　한 문장에서 대체로 문장의 주어는 관계 관형절의 표제명사가 될 수 있다.

아래 한국어 '이다' 구문과 중국어 '是' 구문에서 NP₁이 NP₂의 표제명사로 될 수 있는지 그 예문을 통해 살펴볼 것이다.

2.1.3.1. NP₁과 NP₂가 모두 명사일 경우

한국어 '이다' 구문과 중국어 '是' 구문에서 NP₁과 NP₂가 모두 명사일 경우 NP₁이 NP₂의 표제명사로 될 수 있는지 그 예문을 통해 살펴볼 것이다.

(109) 엄마는 운동장에서 오렌지빛 얼룩이다. (외딴방) '명사+일반명사+이다'

→ 운동장에서 오렌지빛 얼룩인 엄마.

(110) 상점문을 받은 아버지는 이제 농사일에 열심이다. (외딴방) '명사+행위명사+이다'

→ 이제 농사일에 열심인 상점문을 닫은 아버지.

(111) 도시로 돌아가는 기차시간은 6시 40분이었다. (외딴방) '명사+시간명사+이다'

→ *6시 40분인 도시로 돌아가는 기차시간

(112) 전쟁이 터질 때마다 가장 당황하는 것은 돈 깨나 있는 자들이다. (낙타샹즈) '명사+복수명사+이다'

→ *돈 깨나 있는 자들인 전쟁이 터질 때마다 가장 당황하는 것.

(113) 하지만 이 정체는 두려움이다. (국화꽃향기) '명사+형용사형 명사+이다'

→ *두려움인 이 정체.

(114) 脸上是宽双脸千层底青布鞋。(骆驼祥子)'명사+是+명사'

→ *宽双脸千层底青布鞋的脸上。

(115) 时间是下午两点多一点儿。(菊花香)'명사+是+시간명사'

→ *下午两天点多一点儿的时间。

위의 예문을 통해 알 수 있듯이 한국어의 경우 NP₂가 일반명사, 행위명사
일 경우에는 NP₁이 NP₂의 표제명사로 될 수 있지만 NP₂가 '시간명사, 복수
명사, 형용사형 명사'일 경우에는 NP₁이 NP₂의 표제명사로 될 수 없다. 중국
어의 경우에도 NP₁이 NP₂의 표제명사로 될 수 없다. 즉 'NP₁+是+NP₂'를
'NP₂+的+NP₁'로 바꿀 수 없다.

2.1.3.2. NP₁은 명사이지만 NP₂가 명사가 아닐 경우

한국어 '이다' 구문과 중국어 '是' 구문에서 NP₁은 모두 명사이지만 NP₂
에 명사가 아닌 다른 종류가 올 경우 NP₁이 NP₂의 표제명사로 될 수 있는지
예문을 통해 살펴볼 것이다.

> (116) 갈림길과 막다른 궁지가 그것이다. (외딴방) '명사+대명사+이다'
>   → *그것인 갈림길과 막다른 궁지.
> (117) 열여섯의 내가 갑자기 서른이나 서른둘이 돼버린 것은 그날 그 식당에
>   서였다. (외딴방) '명사+조사+이다'
>   → *그날 그 식당에서인 열여섯의 내가 갑자기 서른이나 서른둘이 돼
>   버린 것.
> (118) 나는 거기가 편해서가 아니라 폼을 잡기 위해서였다. (낙타샹즈) '명사
>   +연결어미+이다'
>   → 거기가 편해서가 아니라 폼을 잡기 위해서인 나.
> (119) 의사의 그 한마디는 가히 내 목숨이 왔다갔다할 만큼 충격적이었다네.
>   (살아간다는 것) '명사+~적+이다'
>   → 내 목숨이 왔다갔다할 만큼 충격적인 의사의 그 한마디.

(120) 진행 속도는 사람에 따라 천차만별이다. (국화꽃향기) '명사+사자성어
+이다'

→ 사람에 따라 천차만별인 진행 속도.

(121) 그 녀석의 횡포는 무례하기 짝이 없고 정해진 시간이 없었으며 강도도
제멋대로였다. (국화꽃향기) '명사+부사+이다'

→ 무례하기 짝이 없고 정해진 시간이 없었으며 강도도 제멋대로인
그 녀석의 횡포.

(122) 他以为祥子是贫嘴恶舌。(骆驼祥子) '명사+是+사자성어'

→ 贫嘴恶舌的祥子。

(123) 祥子是想逃命。(骆驼祥子) '명사+是+动宾结构'

→ 想逃命的祥子。

(124) 我女儿家珍是城里米行老板的女儿。(活着) '명사+是+대명사'

→ *城里米行老板的女儿的我女儿家珍。

(125) 下次的目标是两个。(刺鱼) '명사+是+수사'

→ *两个的下次的目标。

(126) 长期以来，我的作品是源出于和现实的那一层紧张关系。(活着) '명사+
是+介宾结构'

→ *长期以来，源出于和现实的那一层紧张关系的我的作品。

(127) 钱是丢不了，在刘四爷手里，不过总有点不放心。(骆驼祥子) '명사+是+
动补结构'

→ *丢不了的钱，在刘四爷手里，不过总有点不放心。

(128) 凤霞是累，可她心里高兴。(活着) '명사+是+형용사'

→ *累的凤霞，可她心里高兴。

(129) 我丈人还以为是国军来了，赶紧闪到一旁。(活着) '명사+是+주술결구'

→ *国军来了的我丈人以为，赶紧闪到一旁。

(130) 这一阵寒气仿佛是一盆冷水把他浇醒。(骆驼祥子) '명사+是+把字句'

    → *一盆冷水把他浇醒的这一阵寒气。

(131) 早晚是被父母出卖, "享福去"!。(骆驼祥子) '명사+是+被字句'

    → *被父母出卖的早晚, "享福去"!

위의 예문을 통해 알 수 있듯이 한국어의 경우 예문 (116)~(117)처럼 NP$_2$가 '대명사, 조사'일 경우에는 NP$_1$이 NP$_2$의 표제명사로 될 수 없다. 하지만 명사항의 자리 바꿈과 달리 예문 (118)~(121)처럼 NP$_2$가 '연결어미, ~적 명사, 사자성어, 부사'일 경우에는 NP$_1$이 NP$_2$의 표제명사로 될 수 있다. 중국어의 경우 예문 (122)~(123)처럼 NP$_2$가 '사자성어, 动宾结构'일 경우에는 NP$_1$이 NP$_2$의 표제명사로 될 수 있지만 NP$_2$가 '대명사, 수사, 介宾结构, 动宾结构, 형용사, 주술결구, 把字句, 被字句'일 경우에는 NP$_1$이 NP$_2$의 표제명사로 될 수 없다.

2.1.3.3. NP$_1$이 대명사일 경우

한국어 '이다' 구문과 중국어 '是' 구문에서 NP$_1$은 모두 대명사이지만 NP$_2$에 대명사가 아닌 다른 종류가 올 경우 NP$_1$이 NP$_2$의 표제명사로 될 수 있는지 예문을 통해 살펴볼 것이다.

(132) 이것이 연필이다. (네이버사전) '대명사+명사+이다'

    → *연필인 이것.

(133) 이분이 내가 말한 그분이다. '대명사+대명사+이다'

    → *내가 말한 그분인 이분.

(134) 许静岚小姐, 我是尹敏珠。(菊花香) '대명사+是+명사'

    → *许静岚小姐, 尹敏珠的我。

(135) 那是为了生存而四处流浪的岁月。(刺鱼) '대명사+是+介宾结构'

→ *为了生存而四处流浪的岁月的那。

(136) 这是我第一次到大海里游泳。(单人房) '대명사+是+主谓结构'

→ *我第一次到大海里游泳的这。

(137) 她是那么美丽。(单人房) '대명사+是+형용사'

→ 那么美丽的她。

(138) 我是想让他们高兴, 就像爸爸向传道士露出微笑一样。(刺鱼) '대명사+是+动宾结构'

→ 想让他们高兴的我, 就像爸爸向传道士露出微笑一样。

(139) 他是孑然一身, 可妻子那边却有许多亲戚。(刺鱼) '대명사+是+사자성어'

→ 孑然一身的他, 可妻子那边却有许多亲戚。

위의 예문을 통해 알 수 있듯이 한국어의 경우 NP₂가 '명사, 대명사'일 경우 NP₁이 NP₂의 표제명사로 될 수 없다. 중국어의 경우에는 예문 (134)~(136)에서처럼 NP₂가 '명사, 介宾结构, 主谓结构'일 경우에는 NP₁이 NP₂의 표제명사로 될 수 없지만 예문 (137)~(139)에서처럼 NP₂가 '형용사, 动宾结构, 사자성어'일 경우에는 NP₁이 NP₂의 표제명사로 될 수 있다.

2.1.3.4. NP₁이 부사일 경우

중국어 '是' 구문에서 NP₁은 부사이지만 NP₂에 다른 종류가 올 경우 NP₁이 NP₂의 표제명사로 될 수 있는지 그 예문을 살펴볼 것이다.

(140) 当然是坏蛋, 海盗船的船长嘛。(刺鱼) '부사+是+명사'

→ *坏蛋的当然,海盗船的船长嘛。

(141) 几乎是过度的小心。(骆驼祥子) '부사+是+형용사'

　　→ *过度的小心的几乎。

(142) 不过据说是认识许多的字, 还挺讲理。(骆驼祥子) '부사+是+动宾结构'

　　→ *认识许多的字的不过据说, 还挺讲理。

(143) 看看路旁的柳枝, 的确是微微的动了两下。(骆驼祥子) '부사+是+动补结构'

　　→ *看看路旁的柳枝, 微微的动了两下的的确。

(144) 也许是这样的工作太过卑贱, 所以有些厌倦。(单人房) '부사+是+主谓结构'

　　→ *这样的工作太过卑贱的也许, 所以有些厌倦。

(145) 也许是在用动物的本能一天天苦撑着。(刺鱼) '부사+是+介宾结构'

　　→ *在用动物的本能一天天苦撑着的也许。

(146) 可能是被房间地面磨坏了。(单人房) '부사+是+被字句'

　　→ *被房间地面磨坏了的可能。

(147) 不过是把喜棚改作白棚而已, 棺材前没有儿孙们穿孝跪灵, 只有些不相干的人们打麻将守夜!(骆驼祥子) '부사+是+把字句'

　　→ *把喜棚改作白棚而已的不过, 棺材前没有儿孙们穿孝跪灵, 只有些不相干的人们打麻将守夜!

위의 예문을 통해 알 수 있듯이 NP₁이 부사이고 NP₂가 다른 종류일 경우 NP₁은 NP₂의 표제명사로 될 수 없다. 왜냐하면 'NP₂+的+NP₁'에서 NP₁의 자리에 부사가 오는 경우는 없기 때문이다.

2.1.3.5. NP₁이 连词일 경우

중국어 '是' 구문에서 NP₁은 连词이지만 NP₂에 다른 종류가 올 경우 NP₁

이 NP₂의 표제명사로 될 수 있는지 그 예문을 살펴볼 것이다.

(148) 无论是怎样的记忆, 他都严格地遵循不温不火, 不增不减的原则, 淡淡而如实地讲给儿子听。(刺鱼) '连词+是+명사'

→ *怎样的记忆的无论, 他都严格地遵循不温不火, 不增不减的原则, 淡淡而如实地讲给儿子听。

(149) 虎妞愿意借给她地方, 因为她自己的屋子太脏, 而虎妞的多少有个样子, 况且是两间, 大家都有个转身的地方。(骆驼祥子) '连词+是+수사'

→ *虎妞愿意借给她地方, 因为她自己的屋子太脏, 而虎妞的多少有个样子, 两间的况且, 大家都有个转身的地方。

(150) 哪怕是剩的少, 只要靠准每月能剩下个死数, 他才觉得有希望, 才能放心。(骆驼祥子) '连词+是+형용사'

→ *剩的少的哪怕, 只要靠准每月能剩下个死数, 他才觉得有希望, 才能放心。

(151) 不管是生活在地球, 还是生活在行星, 我们的净胜永远都自由。(单人房) '连词+是+动宾结构'

→ *生活在地球的不管, 还是生活在行星, 我们的净胜永远都自由。

(152) 即使是在深夜, 只要听见动静, 我的寡妇姑妈就会推开门, 大声问, 是谁啊, 然后往院子里张望。(单人房) '连词+是+介宾结构'

→ *在深夜的即使, 只要听见动静, 我的寡妇姑妈就会推开门, 大声问, 是谁啊, 然后往院子里张望。

(153) 莫非是孩子流产了?(菊花香) '连词+是+主谓结构'

→ *孩子流产了的莫非?

위의 예문을 통해 알 수 있듯이 NP₁이 连词이고 NP₂가 다른 종류일 경우

NP₁은 NP₂의 표제명사로 될 수 없다. 왜냐하면 'NP₂+的+NP₁'에서 NP₁의
자리에 连词가 오는 경우는 없기 때문이다.

2.1.3.6. NP₁이 동사/동사결구일 경우

중국어 '是' 구문에서 NP₁은 동사/동사결구이지만 NP₂에 다른 종류가 올
경우 NP₁이 NP₂의 표제명사로 될 수 있는지 그 예문을 살펴볼 것이다.

(154) 已经三十几岁了，重视的是感情的深度。(菊花香) '동사/동사결구+是+
명사'

→ *已经三十几岁了，感情的深度的重视的。

(155) 反正握着方向盘的是你，你就随便吧。(菊花香) '동사/동사결구+是+대
명사'

→ *你的反正握着方向盘，你就随便吧。

(156) 维持自己和残疾孩子的生活是多么艰难，才破例允许他们继续使用的。

(菊花香) '동사/동사결구+是+형용사'

→ 多么艰难的维持自己和残疾孩子的生活，才破例允许他们继续使用
的。

(157) 我知道她是舍不得花钱治病。(活着) '동사/동사결구+是+动宾结构'

→ *舍不得花钱治病的我知道他。

(158) 我还以为是他饿晕了，扭头一看他半个脑袋没了。(活着) '동사/동사결구
+是+动补结构'

→ *他饿晕了的我还以为，扭头一看他半个脑袋没了。

(159) 设立澡堂的目的是为了用热水缓解残疾人身体肌肉的僵硬，并供他们清洁
身体，具有双重功用。(菊花香) '동사/동사결구+是+介宾结构'

→ *为了用热水缓解残疾人身体肌肉的僵硬的设立澡堂的目的，并供他们

清洁身体, 具有双重功用。

(160) 那天我一直在树荫里坐到夕阳西下, 我没有离开是因为福贵的讲述还没有
结束。(活着) '동사/동사결구+是+主谓结构'

→ *那天我一直在树荫里坐到夕阳西下, 因为福贵的讲述还没有结束的
我没有离开。

(161) 仿佛是把王二交给了老程, 他拾起自己的铺盖卷来。(骆驼祥子) '동사/동
사결구+是+把字句'

→ *把王二交给了老程的仿佛, 他拾起自己的铺盖卷来。

(162) 今天看爸爸是被揍在地上, 胆子大了些。(骆驼祥子) '동사/동사결구+是
+被字句'

→ *被揍在地上的今天看爸爸, 胆子大了些。

위의 예문을 통해 알 수 있듯이 NP₁이 동사/동사결구이고 NP₂가 형용사일
경우 즉 예문 (156)은 NP₁이 NP₂의 표제명사로 될 수 있다. 이것은 NP₂인
형용사가 NP₁인 동사/동사결구를 수식하는 성분으로 나타나기 때문에 가능
한 것이다. 중국어에서 형용사는 동사를 수식하는 경우가 있기 때문이다.
나머지 경우 즉 NP₂가 '명사, 대명사, 动宾结构, 动补结构, 介宾结构, 主谓结
构, 把字句, 被字句'일 경우에는 NP₁이 NP₂의 표제명사로 될 수 없다. 왜냐하
면 중국어에서 '명사, 대명사, 动宾结构, 动补结构, 介宾结构, 主谓结构, 把字
句, 被字句'가 동사/동사결구를 수식하는 경우는 없기 때문이다.

2.1.3.7. NP₁이 형용사일 경우

중국어 '是' 구문에서 NP₁은 형용사이지만 NP₂에 다른 종류가 올 경우
NP₁이 NP₂의 표제명사로 될 수 있는지 그 예문을 살펴볼 것이다.

(163) 重要的是金制作人的想法。(菊花香) '형용사+是+명사'

    → *金制作人的想法的重要的。

(164) 可好看了，更美丽的是她。(刺鱼) '형용사+是+대명사'

    → *可好看了，她的更美丽的。

(165) 处处又是那么清洁，永远是那么安静，使他觉得舒服安定。(骆驼祥子)

    '형용사+是+형용사'

    → *那么清洁的处处，那么安静的永远，使他觉得舒服安定。

(166) 特别是坐在车上，至老实的也比猴子多着两手儿。(骆驼祥子) '형용사+是+动补结构'

    → *坐在车上的特别，至老实的也比猴子多着两手儿。

(167) 幸运的是美珠的身体很顽强，子宫很健康。(菊花香) '형용사+是+主谓结构'

    → *美珠的身体很顽强，子宫很健康的幸运的。

(168) 特别是对于那些老弱残兵。(骆驼祥子) '형용사+是+介宾结构'

    → *对于那些老弱残兵的特别

위의 예문을 통해 알 수 있듯이 NP_1이 형용사이고 NP_2가 다른 종류일 경우 NP_1은 NP_2의 표제명사로 될 수 없다. 왜냐하면 'NP_2+的+NP_1'에서 NP_1의 자리에 형용사가 오는 경우는 없기 때문이다.

2.1.3.8. NP_1이 介宾结构일 경우

중국어 '是' 구문에서 NP_1은 介宾结构이지만 NP_2에 다른 종류가 올 경우 NP_1이 NP_2의 표제명사로 될 수 있는지 그 예문을 살펴볼 것이다.

(169) 对我来说那是非常重要的时期。(单人房) '介宾结构+是+명사'

→ *非常重要的时期的对我来说。

(170) 跟美珠在一起的时间是多么珍贵，虽然悲伤但灵魂得到净化。(菊花香)
‘介宾结构+是+형용사’

→ 多么珍贵的跟美珠在一起的时间，虽然悲伤但灵魂得到净化。

(171) 跟承宇是同事的郑制作人走了出来，他跟英恩交谈了一两句之后放下心来。(菊花香) ‘介宾结构+是+动宾结构’

→ *同事的郑制作人走了出来的跟承宇，他跟英恩交谈了一两句之后放下心来。

위의 예문을 통해 알 수 있듯이 NP1이 介宾结构이고 NP2가 다른 종류일 경우 예문 (170)은 NP1이 NP2의 표제명사로 될 수 있다. 이것은 중국어에서 介宾结构가 형용사의 수식을 받을 수 있기 때문이다. 나머지 경우 즉 NP2가 ‘명사, 动宾结构’일 경우에는 NP1이 NP2의 표제명사로 될 수 없다.

2.1.4. 부정의 가능성

한국어 ‘이다’ 구문과 중국어 ‘是’ 구문은 부정의 가능성을 통해 그 통사적 특징을 살펴볼 수 있다. 즉 한국어 ‘이다’ 구문과 중국어 ‘是’ 구문을 ‘아니다’ 구문혹은 ‘不是’ 구문으로 고칠 경우 문장이 계속 가능한지를 살펴보는 것이다.

2.1.4.1. NP1과 NP2가 모두 명사일 경우

한국어 ‘이다’ 구문과 중국어 ‘是’ 구문에서 NP1과 NP2가 모두 명사일 경우 한국어 ‘이다’ 구문과 중국어 ‘是’ 구문을 ‘아니다’ 구문 혹은 ‘不是’ 구문으로 고칠 수 있는지 예문을 통해 살펴볼 것이다.

(172) 하계숙의 그 전화가 그 시절 사람들로부터 내게 걸려온 첫 전화였다.

   (외딴방) '명사+일반명사+이다'

   → 하계숙의 그 전화가 그 시절 사람들로부터 내게 걸려온 첫 전화가

   아니었다.

(173) 도시로 돌아가는 기차시간은 6시 40분이었다. (외딴방) '명사+시간명

   사+이다'

   → 도시로 돌아가는 기차시간은 6시 40분이 아니었다.

(174) 봄 내내 여름 내내 그것의 반복이었다. (외딴방) '명사+행위명사+이다'

   → 봄 내내 여름 내내 그것의 반복이 아니었다.

(175) 일행이 모두 야단들이었다. (국화꽃향기) '명사+복수명사+이다'

   → 일행이 모두 야단들이 아니었다.

(176) 하늘의 높이와 넓이는 외로움이고 쓸쓸함이다. (국화꽃향기) '명사+형

   용사형 명사+이다'

   → 하늘의 높이와 넓이는 외로움이 아니고 쓸쓸함이 아니다.

(177) 我爹是很有身份的人，可他拉屎时就像个穷人了。(活着) '명사+是+명

   사'

   → 我爹不是很有身份的人，可他拉屎时就像个穷人了。

(178) 时间是下午两点多一点儿。(菊花香) '명사+是+시간명사'

   → 时间不是下午两点多一点儿。

예문을 통해 알 수 있듯이 예문 (172)~(178)에서 한국어의 경우든 중국어
의 경우든 '이다' 구문 또는 '是' 구문을 부정문인 '아니다' 구문 또는 '不是'
구문으로 고치여도 그 문장의 뜻은 변하지 않는다. 다만 긍정을 나타내든
문장이 부정을 나타내고 있을 뿐이다.

2.1.4.2. NP₁은 명사이지만 NP₂가 명사가 아닐 경우

한국어 '이다' 구문과 중국어 '是' 구문에서 NP₁은 모두 명사이지만 NP₂에 명사가 아닌 다른 종류가 올 경우 한국어 '이다' 구문과 중국어 '是' 구문을 '아니다' 구문 혹은 '不是' 구문으로 고칠 수 있는지 예문을 통해 살펴볼 것이다.

> (179) 그것으로부터 가장 멀리 떠나온 곳이 도시며 그 주인공들이 우리다.
>
> (외딴방) '명사+대명사+이다'
>
> → 그것으로부터 가장 멀리 떠나온 곳이 도시며 그 주인공들이 우리가 아니다.
>
> (180) 흰 마늘과 쌀을 썩어 만든 닭죽이 역시 내 대접에 가득이다. (국화꽃향기) '명사+부사+이다'
>
> → 흰 마늘과 쌀을 썩어 만든 닭죽이 역시 내 대접에 가득이 아니다.
>
> (181) 까오마의 말은 어떤 일이든 자신의 감정과 뒤섞여 있기 때문에 어딘가 복잡하면서 또한 감동적이었다. (낙타샹즈) '명사+~적+이다'
>
> → 까오마의 말은 어떤 일이든 자신의 감정과 뒤섞여 있기 때문에 어딘가 복잡하면서 또한 감동적이 아니었다.
>
> (182) 열여섯의 내가 갑자기 서른이나 서른둘이 돼버린 것은 그날 그 식당에 서였다. (외딴방) '명사+조사+이다'
>
> → 열여섯의 내가 갑자기 서른이나 서른둘이 돼버린 것은 그날 그 식당에서가 아니었다.
>
> (183) 학생들의 이탈을 막는 방법도 회사마다 가지각색이다. (외딴방) '명사+사자성어+이다'
>
> → 학생들의 이탈을 막는 방법도 회사마다 가지각색이 아니다.
>
> (184) 내가 당신 앞에 나서거나 더 이상 전화하기를 주저하는 것은 나의

사랑이 부족해서가 아니라 당신이 부담을 느낄까봐 두려워해서입니다. (국화꽃향기) '명사+연결어미+이다'

→ 내가 당신 앞에 나서거나 더 이상 전화하기를 주저하는 것은 나의 사랑이 부족해서가 아니라 당신이 부담을 느낄까봐 두려워해서도 아니다.

(185) 然开这些药和结算的负责人是我。(菊花香) '명사+是+대명사'

　　→ 然开这些药和结算的负责人不是我。

(186) 下次的目标是两个。(刺鱼) '명사+是+수사'

　　→ 下次的目标不是两个。

(187) 当时我就知道他是要接家珍回去。(活着) '명사+是+动宾结构'

　　→ 当时我就知道他不是要接家珍回去。

(188) 可这几天,我越来越没信心了, 我想我是战胜不了它了。(刺鱼) '명사+是+动补结构'

　　→ *可这几天, 我越来越没信心了, 我想我不是战胜不了它了。

(189) 他的样子是那么诚实, 脸上是那么简单可爱。(骆驼祥子) '명사+是+형용사'

　　→ 他的样子不是那么诚实, 脸上不是那么简单可爱。

(190) 自当是我委屈了你, 别再磨烦了!(骆驼祥子) '명사+是+주술결구'

　　→ 自当不是我委屈了你, 别再磨烦了!

(191) 他们整个是在地狱里。(骆驼祥子) '명사+是+介宾结构'

　　→ 他们整个不是在地狱里。

(192) 早晚是被父母出卖, "享福去"!(骆驼祥子) '명사+是+被字句'

　　→ *早晚不是被父母出卖, "享福去"!

(193) 女人刚刚是把儿子送进棺材般的放疗室吧, 成浩大概正在那小屋大声哭喊着妈妈。(刺鱼) '명사+是+把字句'

→ 女人刚刚不是把儿子送进棺材般的放疗室吧, 成浩大概正在那小屋大
声哭喊着妈妈。

(194) 祥子是闭口无言。(骆驼祥子) '명사+是+사자성어'

→ *祥子不是闭口无言。

위의 예문을 통해 알 수 있듯이 한국어의 경우 한국어 '이다' 구문을 부정
인 '아니다' 구문으로 고칠 수 있다. 다만 예문 (184)의 경우 문장의 부정
앞에 포함의 뜻을 나타내는 '-도'가 와야 전체 문장이 순조로워 보인다. 그것
은 앞에서 이미 하나를 부정하였기에 뒤에 것을 또 부정할 경우 포함의 뜻을
나타내는 조사가 와야 하기 때문이다. 중국어의 경우 대부분 '是' 구문을
부정인 '不是' 구문으로 고칠 수 있지만 예문 (188), (192), (194)는 부정문으
로 고칠 수 없다. 그것은 (188)의 경우 문장 전체에 이미 부정을 나타내는
'战胜不了'가 부정을 나타내고 있기에 여기에 또 부정이 올 경우 긍정으로
되므로 문장이 어색하다. 예문 (192)의 경우 '언젠가는 부모님께 배신당할
것이라는 것'을 긍정하고 있기에 여기에 부정이 첨가되면 문장이 어색해진
다. 마찬가지로 (194)의 경우에도 '샹즈가 말을 하지 않고 있다는 것'을 나타
내고 있기에 여기에 부정이 올 경우 문장이 어색해진다.

2.1.4.3. NP₁이 대명사일 경우

한국어 '이다' 구문과 중국어 '是' 구문에서 NP₁은 모두 대명사이지만 NP₂
에 대명사가 아닌 다른 종류가 올 경우 한국어 '이다' 구문과 중국어 '是'
구문을 '아니다' 구문과 '不是' 구문으로 고칠 수 있는지 예문을 통해 살펴볼
것이다.

(195) 이것이 연필이다. (네이버사전) '대명사+명사+이다'

→ 이것이 연필이 아니다.

(196) 이분이 내가 말한 그분이다. '대명사+대명사+이다'

→ 이분이 내가 말한 그분이 아니다.

(197) 许静岚小姐, 我是尹敏珠。(菊花香) '대명사+是+명사'

→ 许静岚小姐, 我不是尹敏珠。

(198) 那是为了生存而四处流浪的岁月。(刺鱼) '대명사+是+介宾结构'

→ 那不是为了生存而四处流浪的岁月。

(199) 这是我第一次到大海里游泳。(单人房) '대명사+是+主谓结构'

→ 这不是我第一次到大海里游泳。

(200) 她是那么美丽。(单人房) '대명사+是+형용사'

→ 她不是那么美丽。

(201) 我是想让他们高兴, 就像爸爸向传道士露出微笑一样。(刺鱼) '대명사+是+动宾结构'

→ ?我不是想让他们高兴, 就像爸爸向传道士露出微笑一样。

(202) 他是子然一身, 可妻子那边却有许多亲戚。(刺鱼) '대명사+是+사자성어'

→ ?他不是子然一身, 可妻子那边却有许多亲戚。

위의 예문을 통해 알 수 있듯이 한국어의 경우에는 '이다' 구문을 부정인 '아니다' 구문으로 고쳐도 별문제가 없다. 하지만 중국어의 경우 예문 (201) 과 (202)에서처럼 단문이 아닌 복문일 경우 문장 앞뒤의 논리 때문에 앞의 단문을 부정문으로 고칠 경우 전체 문장의 논리가 맞지 않을 수 있다. 즉 (201)에서 나타내고자 하는 것은 '내가 그 사람들을 기쁘게 하려는 것이다. 마치 아빠가 전도사에게 보낸 미소마냥'이며 (202)의 경우에는 转折(전환)의 뜻을 나타내는 '可'가 있기에 앞의 단문은 긍정을 나타내는 것이 와야 문장 이 순조롭다. 따라서 여기에서 앞의 단문을 부정으로 고치면 문장 전체가 논리에 부합되지 않는다.

2.1.4.4. NP₁이 없고 NP₂만 있는 경우

한국어 '이다' 구문에서 NP₁이 나타나지 않고 NP₂만 오는 경우가 있다. 중국어 '是' 구문에도 이런 경우가 있다. 이때 한국어 '이다' 구문과 중국어 '是' 구문을 '아니다' 구문과 '不是' 구문으로 고칠 수 있는지 예문을 통해 살펴볼 것이다.

(203) 허여멀건 젊디젊은 사내 녀석이 비틀거리는 할머니를 앞에 두고 일어 나지 않는 것에 대한 비난의 눈빛이었다. (국화꽃향기) '일반명사'
   → 허여멀건 젊디젊은 사내 녀석이 비틀거리는 할머니를 앞에 두고 일어나지 않는 것에 대한 비난의 눈빛이 아니었다.

(204) 집을 떠나 글을 써보기는 처음이다. (외딴방) '시간명사'
   → 집을 떠나 글을 써보기는 처음이 아니다.

(205) 바로 미주가 좋아하는 타입의 남자들이었다. (국화꽃향기) '명사 복수형'
   → 바로 미주가 좋아하는 타입의 남자들이 아니었다.

(206) 참담한 떠남이었다. (가시고기) '동사의 명사형'
   → 참담한 떠남이 아니었다.

(207) 재빨리 외면했지만 달리 시선 둘 곳이 없는 그였다. (가시고기) '대명사'
   → 재빨리 외면했지만 달리 시선 둘 곳이 없는 그가 아니었다.

(208) 그냥 자신이 지불한 몸값대로 즐기다 가면 그만이었다. (낙타샹즈) '부사'
   → 그냥 자신이 지불한 몸값대로 즐기다 가면 그만이 아니었다.

(209) 그거 정말 신비하고 매력적이거든. (국화꽃향기) '~적'

→ 그거 정말 신비하고 매력적이 아니거든.

(210) 열여섯의 내가 갑자기 서른이나 서른둘이 돼버린 건 그날 그 식당에서였다. (외딴방) '조사'

→ 열여섯의 내가 갑자기 서른이나 서른둘이 돼버린 건 그날 그 식당에서가 아니었다.

(211) 나는 어려서부터 구제불능이었어. (살아간다는 것) '사자성어'

→ 나는 어려서부터 구제불능이 아니었어.

(212) 是一起在儿科二零一病房陪住的女人, 一个孩子的母亲, 身材纤弱, 却有着大大的眼睛。(刺鱼) '명사'

→ *不是一起在儿科二零一病房陪住的女人, 一个孩子的母亲, 身材纤弱, 却有着大大的眼睛。

(213) 是癌细胞要命, 怪不得医院。(刺鱼) '主谓结构'

→ *不是癌细胞要命,怪不得医院。

(214) 是为表达信心, 消除他的不安。(刺鱼) '介宾结构'

→ *不是为表达信心, 消除他的不安。

위의 예문을 통해 알 수 있듯이 한국어의 경우 예문 (203)~(211)처럼 '이다' 구문을 부정인 '아니다' 구문으로 고쳐도 별문제가 없지만 중국어의 경우에는 '是' 구문을 부정인 '不是' 구문으로 고칠 경우 모두 비문법적인 문장이 된다. 이것은 문장에서 '是'가 긍정의 뜻을 나타내면서 문장 전체의 뜻을 나타내고 있기에 여기에 부정을 나타내는 '不是'가 올 경우 문장은 허용되지 않는다.

2.1.4.5. NP₁이 부사일 경우

중국어 '是' 구문에서 NP₁은 부사이지만 NP₂에 다른 종류가 올 경우 한국어 '이다' 구문과 중국어 '是' 구문을 '아니다' 구문과 '不是' 구문으로 고칠 수 있는지 예문을 통해 살펴볼 것이다.

> (215) 当然是坏蛋，海盗船的船长嘛。(刺鱼) '부사+是+명사'
>
>   → ?当然不是坏蛋，海盗船的船长嘛。
>
> (216) 几乎是过度的小心。(骆驼祥子) '부사+是+형용사'
>
>   → *几乎不是过度的小心。
>
> (217) 不过据说是认识许多的字，还挺讲理。(骆驼祥子) '부사+是+动宾结构'
>
>   → *不过据说不是认识许多的字，还挺讲理。
>
> (218) 看看路旁的柳枝，的确是微微的动了两下。(骆驼祥子) '부사+是+动补结构'
>
>   → *看看路旁的柳枝，的确不是微微的动了两下。
>
> (219) 也许是这样的工作太过卑贱，所以有些厌倦。(单人房) '부사+是+主谓结构'
>
>   → *也许不是这样的工作太过卑贱，所以有些厌倦。
>
> (220) 也许是在用动物的本能一天天苦撑着。(刺鱼) '부사+是+介宾结构'
>
>   → 也许不是在用动物的本能一天天苦撑着。
>
> (221) 可能是被房间地面磨坏了。(单人房) '부사+是+被字句'
>
>   → 可能不是被房间地面磨坏了。
>
> (222) 不过是把喜棚改作白棚而已，棺材前没有儿孙们穿孝跪灵，只有些不相干的人们打麻将守夜!(骆驼祥子) '부사+是+把字句'
>
>   → *不过不是把喜棚改作白棚而已，棺材前没有儿孙们穿孝跪灵，只有些不相干的人们打麻将守夜!

위의 예문을 통해 알 수 있듯이 NP$_1$이 부사이고 NP$_2$가 다른 종류일 경우 어떤 것은 부정인 '不是' 구문으로 고칠 수 있지만 어떤 것은 부정인 '不是' 구문으로 고칠 수 없다. 그것은 NP$_1$의 자리에 오는 부사와 밀접한 연관이 있다. 즉 NP$_1$의 자리에 '当然, 几乎, 的确, 不过'와 같은 확실성을 나타내는 부사가 올 경우 부정인 '不是' 구문으로 고칠 수 없으며 확실성을 나타내지 않는 부사가 올 경우에는 부정인 '不是' 구문으로 고칠 수 있다. 하지만 예문 (219)가 비문이 된 것은 뒤에 오는 단문을 보면 앞의 단문은 긍정을 나타내야 하는데 부정을 나타나고 있기 때문이다.

2.1.4.6. NP$_1$이 连词일 경우

중국어 '是' 구문에서 NP$_1$은 连词이지만 NP$_2$에 다른 종류가 올 경우 한국어 '이다' 구문과 중국어 '是' 구문을 '아니다' 구문과 '不是' 구문으로 고칠 수 있는지 예문을 통해 살펴볼 것이다.

(223) 无论是怎样的记忆, 他都严格地遵循不温不火, 不增不减的原则, 淡淡而如实地讲给儿子听。(刺鱼) '连词+是+명사'

→ *无论不是怎样的记忆, 他都严格地遵循不温不火, 不增不减的原则, 淡淡而如实地讲给儿子听。

(224) 虎妞愿意借给她地方, 因为她自己的屋子太脏, 而虎妞的多少有个样子, 况且是两间, 大家都有个转身的地方。(骆驼祥子) '连词+是+수사'

→ *虎妞愿意借给她地方, 因为她自己的屋子太脏, 而虎妞的多少有个样子, 况且不是两间, 大家都有个转身的地方。

(225) 哪怕是剩的少, 只要靠准每月能剩下个死数, 他才觉得有希望, 才能放心。(骆驼祥子) '连词+是+형용사'

→ *哪怕不是剩的少, 只要靠准每月能剩下个死数, 他才觉得有希望, 才

能放心。

(226) 不管是生活在地球, 还是生活在行星, 我们的净胜永远都自由。(单人房)

‘连词+是+动宾结构’

→ *不管不是生活在地球, 还是生活在行星, 我们的净胜永远都自由。

(227) 即使是在深夜, 只要听见动静, 我的寡妇姑妈就会推开门, 大声问, 是谁啊, 然后往院子里张望。(单人房) ‘连词+是+介宾结构’

→ 即使不是在深夜, 只要听见动静, 我的寡妇姑妈就会推开门, 大声问, 是谁啊, 然后往院子里张望。

(228) 莫非是孩子流产了?(菊花香) ‘连词+是+主谓结构’

→ *莫非不是孩子流产了?

위의 예문을 통해 알 수 있듯이 NP_1은 连词이고 NP_2가 다른 종류일 경우 대부분의 중국어 ‘是’ 구문은 부정인 ‘不是’ 구문으로 고칠 수 없다. 이것은 위에 부사와 마찬가지로 NP_1의 자리에 오는 连词와 밀접한 연관이 있다. NP_1의 자리에 ‘无论, 况且, 不管, 莫非’와 같은 连词가 올 경우에는 부정인 ‘不是’ 구문으로 고칠 수 없지만 NP_1의 자리에 ‘即使’와 같은 连词가 올 경우에는 부정인 ‘不是’ 구문으로 고칠 수 있다. 다만 예문 (225)에서처럼 NP_1의 자리에 ‘哪怕’와 같은 连词가 올 경우에는 조금 다르다. ‘哪怕’ 뒤에 긍정이 올 경우에는 부정적인 단어들이 와야 하며 부정이 올 경우에는 긍정적인 단어들이 와야 한다. 즉 예문 (225)를 ‘哪怕是剩的少’를 ‘哪怕不是剩的多’로 고칠 경우에는 문장이 문법적인 문장으로 된다.

2.1.4.7. NP_1이 동사/동사결구일 경우

중국어 ‘是’ 구문에서 NP_1은 동사/동사결구이지만 NP_2에 다른 종류가 올 경우 한국어 ‘이다’ 구문과 중국어 ‘是’ 구문을 ‘아니다’ 구문과 ‘不是’ 구문으로 고칠 수 있는지 예문을 통해 살펴볼 것이다.

(229) 已经三十几岁了，重视的是感情的深度。(菊花香) '동사/동사결구+是+
명사'

→ 已经三十几岁了，重视的不是感情的深度。

(230) 反正握着方向盘的是你，你就随便吧。(菊花香) '동사/동사결구+是+대
명사'

→ *反正握着方向盘的不是你，你就随便吧。

(231) 维持自己和残疾孩子的生活是多么艰难，才破例允许他们继续使用的。
(菊花香) '동사/동사결구+是+형용사'

→ *维持自己和残疾孩子的生活不是多么艰难，才破例允许他们继续使
用的。

(232) 我知道她是舍不得花钱治病。(活着) '동사/동사결구+是+动宾结构'

→ 我知道她不是舍不得花钱治病。

(233) 我还以为是他饿晕了，扭头一看他半个脑袋没了。(活着) '동사/동사결구
+是+动补结构'

→ *我还以为不是他饿晕了，扭头一看他半个脑袋没了。

(234) 设立澡堂的目的是为了用热水缓解残疾人身体肌肉的僵硬，并供他们清洁
身体，具有双重功用。(菊花香) '동사/동사결구+是+介宾结构'

→ *设立澡堂的目的不是为了用热水缓解残疾人身体肌肉的僵硬，并供
他们清洁身体，具有双重功用。

(235) 那天我一直在树荫里坐到夕阳西下，我没有离开是因为福贵的讲述还没有
结束。(活着) '동사/동사결구+是+主谓结构'

→ 那天我一直在树荫里坐到夕阳西下，我没有离开不是因为福贵的讲述
还没有结束。

(236) 仿佛是把王二交给了老程, 他拾起自己的铺盖卷来。(骆驼祥子) '동사/동사결구+是+把字句'

　　→ *仿佛不是把王二交给了老程, 他拾起自己的铺盖卷来。

(237) 今天看爸爸是被揍在地上, 胆子大了些。(骆驼祥子) '동사/동사결구+是+被字句'

　　→ *今天看爸爸不是被揍在地上, 胆子大了些。

　　위의 예문을 통해 알 수 있듯이 NP₁이 동사/동사결구이고 NP₂가 다른 종류일 경우 단문에서는 중국어 '是' 구문을 부정인 '不是' 구문으로 고쳐도 별문제가 없지만 복문에서는 전체 문장의 논리적 뜻으로 인해 '是' 구문을 부정인 '不是' 구문으로 고칠 경우 비문법적인 문장이 될 경우가 있다. 즉 예문 (231), (234)가 비문법적인 문장이 되는 것은 뒤에 오는 단문으로 인해 앞의 단문이 긍정을 나타내야 하는 제한을 받고 있기 때문이다. 반면 예문 (230), (233), (236), (237)의 경우에는 비록 같은 복문이지만 뒤에 오는 단문과 상관없이 앞의 단문에서 이미 긍정의 뜻을 나타내고 있기에 이것을 부정으로 고칠 경우 문장이 비문법적인 문장으로 되기 마련이다.

2.1.4.8. NP₁이 형용사일 경우

　　중국어 '是' 구문에서 NP₁은 형용사이지만 NP₂에 다른 종류가 올 경우 한국어 '이다' 구문과 중국어 '是' 구문을 '아니다' 구문과 '不是' 구문으로 고칠 수 있는지 예문을 통해 살펴볼 것이다.

(238) 重要的是金制作人的想法。(菊花香) '형용사+是+명사'

　　→ 重要的不是金制作人的想法。

(239) 可好看了, 更美丽的是她的心。(刺鱼) '형용사+是+대명사'

→ *可好看了，更美丽的不是她。

(240) 处处又是那么清洁，永远是那么安静，使他觉得舒服安定。(骆驼祥子) '형용사+是+형용사'

→ *处处又不是那么清洁，永远是不那么安静，使他觉得舒服安定。

(241) 特别是坐在车上，至老实的也比猴子多着两手儿。(骆驼祥子) '형용사+是+动补结构'

→ *特别不是坐在车上，至老实的也比猴子多着两手儿。

(242) 幸运的是美珠的身体很顽强，子宫很健康。(菊花香) '형용사+是+主谓结构'

→ *幸运的不是美珠的身体很顽强，子宫很健康。

(243) 特别是对于那些老弱残兵。(骆驼祥子) '형용사+是+介宾结构'

→ *特别不是对于那些老弱残兵。

위의 예문을 통해 알 수 있듯이 NP₁이 형용사이고 NP₂가 명사일 경우에만 중국어 '是' 구문을 부정인 '不是' 구문으로 고칠 수 있으며 NP₂가 명사가 아닌 다른 종류일 경우에는 '是' 구문을 부정인 '不是' 구문으로 고칠 수 없다. 예문 (239)의 경우에는 앞에서 긍정을 나타내는 '可好看了'가 오고 뒤에 강조를 나타내는 '更'이 왔기에 여기에는 무조건 긍정문이어야 한다. 예문 (240)과 (242)도 같은 원인으로 뒤의 단문에서 긍정을 나타내기에 앞의 단문도 긍정문이어야 한다. 다만 예문 (241)과 (243)은 NP₁의 자리에 오는 형용사인 '特别'이 강조의 뜻을 나타내기에 뒤에는 반드시 긍정의 뜻을 나타내는 긍정문이 와야 한다.

2.1.4.9. NP₁이 介宾结构일 경우

중국어 '是' 구문에서 NP₁은 介宾结构이지만 NP₂에 다른 종류가 올 경우 한국어 '이다' 구문과 중국어 '是' 구문을 '아니다' 구문과 '不是' 구문으로 고칠 수 있는지 예문을 통해 살펴볼 것이다.

> (244) 对我来说那是非常重要的时期。(单人房) '介宾结构+是+명사'
>
> → 对我来说那不是非常重要的时期。
>
> (245) 跟美珠在一起的时间是多么珍贵，虽然悲伤但灵魂得到净化。(菊花香)
>
> '介宾结构+是+형용사'
>
> → *跟美珠在一起的时间不是多么珍贵，虽然悲伤但灵魂得到净化。
>
> (246) 跟承宇是同事的郑制作人走了出来，他跟英恩交谈了一两句之后放下心
>
> 来。(菊花香) '介宾结构+是+动宾结构'
>
> → 跟承宇不是同事的郑制作人走了出来，他跟英恩交谈了一两句之后放
>
> 下心来。

위의 예문을 통해 알 수 있듯이 NP$_1$이 介宾结构이고 NP$_2$가 다른 종류일 경우 대부분 중국어 '是' 구문을 부정인 '不是' 구문으로 고칠 수 있다. 예문 (245)가 비문법적인 문장으로 된 것은 뒤에 오는 단문의 앞에 转折의 뜻을 나타내는 '虽然'이 왔기 때문이다. 이런 경우, 앞의 단문은 반드시 긍정문이어야 하는 제한이 있다. 따라서 예문 (245)의 앞에 오는 단문을 부정으로 고칠 경우 전체 문장이 비문법적인 문장으로 된다.

2.1.5. 수식어의 수식 가능성

수식어의 수식 가능성이란 한국어 '이다' 구문과 중국어 '是' 구문에서 NP$_2$가 수식어의 수식을 받을 수 있는지 살펴보는 것이다. 즉 한국어의 경우에는 관형사[3]가 명사 또는 명사구를 수식하고 부사[4]가 동사, 형용사, 부사를 수식한다. 중국어의 경우에는 형용사가 명사, 명사구, 동사를 수식하며 부사가 동사와 형용사를 수식한다. 여기에서 관형사, 부사, 형용사를 수식어라 할 수 있다.

2.1.5.1. NP₂가 모두 명사일 경우

한국어 '이다' 구문과 중국어 '是' 구문에서 NP₁과 상관없이 NP₂가 모두 명사일 경우 한국어 '이다' 구문과 중국어 '是' 구문에서 NP₂가 수식어의 수식을 받을 수 있는지 예문을 통해 살펴볼 것이다.

(247) 그것을 알게 한 것은 다름아닌 내가 외경스러워했던 글쓰기였다. (외딴방) '명사+일반명사+이다'

→ 그것을 알게 한 것은 다름아닌 내가 <u>외경스러워했던</u> 글쓰기였다. (관형사)

(248) 그는 요놈의 보배를 강북출신의 발이 커다란 장마에게 건네 줄 생각이다. (낙타샹즈) '명사+행위명사+이다'

→ 그는 요놈의 보배를 강북출신의 발이 커다란 장마에게 <u>건네 줄</u> 생각이다. (관형사)

(249) 바로 미주가 좋아하는 타입의 남자들이었다. (국화꽃향기) '명사+복수명사+이다'

→ 바로 미주가 좋아하는 <u>타입의</u> 남자들이었다. (관형사)

---

3 한국어의 관형사는 그 수가 한정된 특이한 품사인데 대체로 '이, 그, 저, 요, 고, 조, 갖은, 딴, 무슨, 다른, 몇, 별, 어느, 여느, 여러, 온, 온갖, 웬, 새, 헌, 옛, 맨, 각, 순, 전, 총, 한, 두, 세, 서, 석, 너, 네, 넉' 등이 있다. (이익섭, 채완:2008:128)

4 한국어의 부사는 성분부사와 문장부사로 나눌 수 있는데 이 책에서는 하나의 성분을 수식하는 성분부사의 수식 가능성에 대해 논의할 것이다.

(250) 풍경을 적시며 오는 고요한 강물은 슬픔이었다. (국화꽃향기) '명사+
형용사형 명사+이다'

→ 풍경을 적시며 오는 고요한 강물은 <u>무한한</u> 슬픔이었다. (관형사)

(251) 이것이 연필이다. (네이버사전) '대명사+명사+이다'

→ 이것이 <u>당연히</u> 연필이다. (부사)

(252) 도시로 돌아가는 기차시간은 6시 40분이었다. (외딴방) '명사+시간명
사+이다'

→ 도시로 돌아가는 기차시간은 <u>마침</u> 6시 40분이었다. (부사)

(253) 时间是下午两点多一点儿。(菊花香)'명사+是+시간명사'

→ 时间是<u>刚好</u>下午两点多一点儿。(副词)

(254) 我爹是很有身份的人, 可他拉屎时就像个穷人了。(活着)'명사+是+명사'

→ 我爹是<u>很有身份</u>的人, 可他拉屎时就像个穷人了。(形容词)

(255) 当然是坏蛋, 海盗船的船长嘛。(刺鱼) '부사+是+명사'

→ 当然是<u>那个</u>坏蛋, 海盗船的船长嘛。(形容词)

(256) 无论是怎样的记忆, 他都严格地遵循不温不火, 不增不减的原则, 淡淡而
如实地讲给儿子听。(刺鱼) '连词+是+명사'

→ 无论是<u>怎样</u>的记忆, 他都严格地遵循不温不火, 不增不减的原则, 淡淡
而如实地讲给儿子听。(形容词)

(257) 已经三十几岁了, 重视的是感情的深度。(菊花香) '동사/동사결구+是+
명사'

→ 已经三十几岁了, 重视的是<u>感情</u>的深度。(形容词)

(258) 重要的是金制作人的想法。(菊花香) '형용사+是+명사'

→ 重要的是金制作人的<u>个人</u>的想法。(形容词)

(259) 对我来说那是非常重要的时期。(单人房) '介宾结构+是+명사'

→ 对我来说那是<u>非常重要</u>的时期。(形容词)

위의 예문을 통해 알 수 있듯이 NP$_2$가 명사일 경우 한국어는 관형사의 수식을 받는다. 즉 예문 (247)~(251)은 모두 관형사의 수식을 받지만 예문 (251)의 경우 NP$_2$가 명사이지만 부사의 수식을 받고 있다. 이것은 제한된 조건에서 명사도 부사의 수식을 받을 수 있기 때문이다. 그리고 예문 (252)의 경우 NP$_2$가 시간명사일 경우에는 관형사가 아닌 부사의 수식을 받고 있다. 중국어의 경우에도 NP$_1$의 자리에 어떤 품사가 오든 간에 NP$_2$의 자리에 명사가 올 경우 모두 형용사의 수식을 받지만 예문 (253)처럼 NP$_2$가 시간명사일 경우에는 형용사가 아닌 부사의 수식을 받고 있다.

2.1.5.2. NP$_2$가 대명사일 경우

한국어 '이다' 구문과 중국어 '是' 구문에서 NP$_1$은 다른 종류이지만 NP$_2$가 대명사일 경우 한국어 '이다' 구문과 중국어 '是' 구문에서 NP$_2$가 수식어의 수식을 받을 수 있는지 예문을 통해 살펴볼 것이다.

> (260) 삼십대 초반의 경험 없는 의사가 섣부르게 간암을 선고한 것이라고 단정한 그였다. (가시고기) '명사+대명사+이다'
> → 삼십대 초반의 경험 없는 의사가 섣부르게 간암을 선고한 것이라고 <u>단정한</u> 그였다. (관형사)
> (261) 이분이 내가 말한 그분이다. '대명사+대명사+이다'
> → 이분이 <u>내가 말한</u> 그분이다. (관형사)
> (262) 反正<u>握着方向盘</u>的是你, 你就随便吧。(菊花香) '동사/동사결구+是+대명사'
> (263) 可好看了, <u>更美丽</u>的是她。(刺鱼) '형용사+是+대명사'
> (264) 她依然是<u>善良的那个</u>她。(菊花香) '명사+是+대명사'

위의 예문을 통해 알 수 있듯이 한국어의 경우 NP₁은 다른 종류이지만 NP₂가 대명사일 경우에는 부사 또는 관형사의 수식을 받을 수 있으며 중국어의 경우에도 형용사의 수식을 받을 수 있다.

2.1.5.3. NP2가 수사일 경우

한국어 '이다' 구문과 중국어 '是' 구문에서 NP₁은 다른 종류이지만 NP₂가 수사일 경우 한국어 '이다' 구문과 중국어 '是' 구문에서 NP₂가 수식어의 수식을 받을 수 있는지 예문을 통해 살펴볼 것이다.

(265) 그때 승우는 열여섯 살이었고 영희은 <u>열다섯</u> 살이었다. (국화꽃향기)
　　　 '명사+수사+이다'
　　　 → 그때 승우는 열여섯 살이었고 영희은 <u>마침</u> 열다섯 살이었다. (부사)
(266) 下次的目标是两个。(刺鱼) '명사+是+수사'
(267) 虎妞愿意借给她地方，因为她自己的屋子太脏，而虎妞的多少有个样子，况且是两间，大家都有个转身的地方。(骆驼祥子) '连词+是+수사'

위의 예문을 통해 알 수 있듯이 NP₁은 다른 종류이지만 NP₂가 수사일 경우 한국어는 부사의 수식을 받을 수 있지만 중국어의 경우에는 수식어의 수식을 받지 못한다.

2.1.5.4. NP2가 사자성어일 경우

한국어 'NP+이다' 구문에서 NP가 사자성어인 경우도 꽤 있다. 이럴 경우 NP₂가 수식어의 수식을 받는지 예문을 통해 살펴볼 것이다.

(268) 태어나서부터 일곱 살 누나의 어린 등에서 거북이처럼 붙어 자란 동생

은 언제나 누나가 어디 갈까봐 전전긍긍이다. (외딴방)

→ 태어나서부터 일곱 살 누나의 어린 등에서 거북이처럼 붙어 자란 동생은 언제나 누나가 어디 갈까봐 <u>아주</u> 전전긍긍이다. (부사)

(269) 사람들의 말씨나 억양, 내용 등은 각기 달랐지만 대부분 불평분만이었다. (낙타샹즈)

→ 사람들의 말씨나 억양, 내용 등은 각기 달랐지만 <u>대부분</u> 불평분만이었다. (부사)

(270) 진행 속도가 사람에 따라 천차만별이다. (국화꽃향기)

→ 진행 속도가 사람에 따라 <u>아주</u> 천차만별이다. (부사)

(271) 학생들의 이탈을 막는 방법도 회사마다 가지각색이다. (외딴방)

→ 학생들의 이탈을 막는 방법도 회사마다 <u>아주</u> 가지각색이다. (부사)

(272) 그렇기에 그와 샤오푸즈는 천생배필이다. (낙타샹즈)

→ 그렇기에 그와 샤오푸즈는 <u>참으로</u> 천생배필이다. (부사)

(273) 나는 어려서부터 구제불능이었어. (살아간다는 것)

→ 나는 어려서부터 <u>진짜</u> 구제불능이었어. (부사)

(274) 祥子是闭口无言。(骆驼祥子) '명사+是+사자성어'

→ 祥子是<u>真的</u>闭口无言。(形容词)

(275) 他是孑然一身，可妻子那边却有许多亲戚。(刺鱼) '대명사+是+사자성어'

→ 他是<u>真的</u>孑然一身，可妻子那边却有许多亲戚。(形容词)

위의 예문을 통해 알 수 있듯이 한국어의 경우 NP2의 자리에 사자성어가 올 경우 부사의 수식을 받을 수 있으며 중국어의 경우에는 부사의 수식을 받는다.

2.1.5.5. NP₂가 부사일 경우

NP₂가 부사일 경우 한국어 '이다' 구문과 중국어 '是' 구문에서 NP₂가 수식어의 수식을 받을 수 있는지 예문을 통해 살펴볼 것이다.

(276) 다른 업체들은 이곳보다는 조금씩 근로조건이 떨어지지만 토요일 3시까지 근무하는 곳이 대부분입니다. (외딴방)

→ 다른 업체들은 이곳보다는 조금씩 근로조건이 떨어지지만 토요일 3시까지 근무하는 곳이 <u>거의</u> 대부분입니다. (부사)

(277) 오빠는 내가 두 번째 책을 내고 사람들에게 회자되자 싱글벙글이다. (외딴방)

→ 오빠는 내가 두 번째 책을 내고 사람들에게 회자되자 <u>연신</u> 싱글벙글이다. (부사)

(278) 저녁밥을 그녀 것까지 지어 쟁반에 담아들고 갔을 때도 그녀는 그대로다. (외딴방)

→ 저녁밥을 그녀 것까지 지어 쟁반에 담아들고 갔을 때도 그녀는 <u>그냥</u> 그대로다. (부사)

(279) 흰 마늘과 쌀을 썩어 만든 닭죽이 역시 내 대접에 가득이다. (외딴방)

→ 흰 마늘과 쌀을 썩어 만든 닭죽이 역시 내 대접에 <u>아주</u> 가득이다. (부사)

(280) 천교의 웃음소리에 그의 몫은 사라진지 오래다. (낙타샹즈)

→ 천교의 웃음소리에 그의 몫은 사라진지 <u>아주</u> 오래다. (부사)

(281) 오늘은 기분이 그만입니다. (가시고기)

→ 오늘은 기분이 <u>진짜</u> 그만입니다. (부사)

위의 예문을 통해 알 수 있듯이 한국어 '이다' 구문에서 NP₂가 부사일 경우 부사의 수식을 받고 있다. 하지만 중국어 '是' 구문에서 NP₂가 부사인 경우는 없다.

2.1.5.6. NP₂가 '~적'일 경우

NP₂가 '~적'일 경우 한국어 '이다' 구문과 중국어 '是' 구문에서 NP₂가 수식어의 수식을 받을 수 있는지 예문을 통해 살펴볼 것이다.

> (282) 그거 정말 신비하고 매력적이다. (국화꽃향기)
> → 그거 정말 신비하고 <u>아주</u> 매력적이다. (부사)
>
> (283) 위로든 아래로든 피를 쏟는 일은 없었느냐는 뜻입니다. 없었습니다. 그건 고무적이군요. (국화꽃향기)
> → 위로든 아래로든 피를 쏟는 일은 없었느냐는 뜻입니다. 없었습니다. 그건 <u>참으로</u> 고무적이군요. (부사)
>
> (284) 물감으로 들여도 그런 색은 안 나올 만큼 원색적이었다. (외딴방)
> → 물감으로 들여도 그런 색은 안 나올 만큼 <u>아주</u> 원색적이었다. (부사)
>
> (285) 까오마의 말은 어떤 일이든 자신의 감정과 뒤섞여 있기 때문에 어딘가 복잡하면서 또한 감동적이었다. (낙타샹즈)
> → 까오마의 말은 어떤 일이든 자신의 감정과 뒤섞여 있기 때문에 어딘가 복잡하면서 또한 <u>너무</u> 감동적이었다.
>
> (286) 의사의 그 한마디는 가히 내 목숨이 왔다갔다할 만큼 충격적이었다네. (살아간다는 것)
> → 의사의 그 한마디는 가히 내 목숨이 왔다갔다할 만큼 <u>매우</u> 충격적이었다네.

위의 예문을 통해 알 수 있듯이 NP₂의 자리에 '~적'이 올 경우 이들은 모두 부사의 수식을 받고 있다. 하지만 중국어 '是' 구문에는 NP₂의 자리에 '~적'이 오는 경우가 없다.

2.1.5.7. NP₂가 조사일 경우

한국어 'NP+이다' 구문에서 NP₂의 자리 끝에 조사가 온다는 것은 아주 희귀한 상황이지만 NP₂의 끝자리에 조사가 오고 직접 '이다'가 붙는 경우가 꽤 있다. 이럴 경우 NP₂가 수식어의 수식을 받는지 예문을 통해 살펴볼 것이다.

> (287) 미주가 마음 놓고 술을 마신 것은 정란과 첫 통화를 하고 부터였다. (국화꽃향기)
>
> → 미주가 마음 놓고 술을 마신 것은 정란과 첫 통화를 하고 부터였다. (관형사)
>
> (288) 열여섯의 내가 갑자기 서른이나 서른둘이 돼버린 건 그날 그 식당에서였다. (외딴방)
>
> → 열여섯의 내가 갑자기 서른이나 서른둘이 돼버린 건 그날 그 식당에서였다. (관형사)
>
> (289) 대통령의 아내가 총에 맞았다는 소식을 들은 건 한낮의 무더위 속에서였다. (외딴방)
>
> → 대통령의 아내가 총에 맞았다는 소식을 들은 건 한낮의 무더위 속에서였다. (관형사)
>
> (290) 춘생, 내 아들은 죽었고, 아들은 하나뿐이었네. (살아간다는 것)
>
> → 춘생, 내 아들은 죽었고, 아들은 단 하나뿐이었네. (부사)

위의 예문을 통해 알 수 있듯이 NP₂의 자리 끝에 조사가 올 경우 앞에 나타나는 품사의 종류에 따라 관형사와 부사의 수식을 받을 수 있다. 즉 조사 앞에 오는 품사가 명사일 경우에는 관형사의 수식을 받고 조사 앞에 오는 품사가 수사일 경우에는 부사의 수식을 받는다. 하지만 중국어 '是' 구문에는 NP2의 자리 끝에 조사가 오는 경우가 없다.

2.1.5.8. NP2가 연결어미일 경우

한국어 'NP+이다' 구문에서 NP2의 자리에 연결어미가 나타나는 경우가 2개 있다. 이럴 경우 NP2가 수식어의 수식을 받는지 예문을 통해 살펴볼 것이다.

> (291) 내가 당신 앞에 나서거나 더 이상 전화하기를 주저하는 것은 나의
> 사랑이 부족해서가 아니라 당신이 부담을 느낄까봐 <u>두려워해서</u>입니
> 다. (국화꽃향기)
> (292) 거기가 편해서가 아니라 폼을 잡기 <u>위해서</u>였다. (낙타샹즈)

위의 예문을 통해 알 수 있듯이 NP2의 자리에 연결어미가 올 경우 한국어 는 수식어의 수식을 받지 못한다. 하지만 중국어 '是' 구문에는 NP2의 자리 에 연결어미가 오는 경우가 없다.

2.1.5.9. NP2가 형용사일 경우

중국어 '是' 구문에서 NP1는 서로 다른 종류이지만 NP2가 형용사일 경우 NP2가 수식어의 수식을 받을 수 있는지 예문을 통해 살펴볼 것이다.

> (293) 他的样子是那么诚实, 脸上是那么简单可爱。(骆驼祥子) '명사+是+형용
> 사'

→ 他的样子是那么诚实，脸上是那么简单可爱。(副词)

(294) 她是那么美丽。(单人房) '대명사+是+형용사'

　　　→ 她是那么美丽。(副词)

(295) 几乎是过度的小心。(骆驼祥子) '부사+是+형용사'

　　　→ 几乎是过度的小心。(形容词)

(296) 处处又是那么清洁，永远是那么安静，使他觉得舒服安定。(骆驼祥子)

'형용사+是+형용사'

　　　→ 处处又是那么清洁，永远是那么安静，使他觉得舒服安定。(副词)

(297) 哪怕是剩的少，只要靠准每月能剩下个死数，他才觉得有希望，才能放
　　心。(骆驼祥子) '连词+是+형용사'

　　　→ 哪怕是剩的少，只要靠准每月能剩下个死数，他才觉得有希望，才能放
　　心。(形容词)

(298) 跟美珠在一起的时间是多么珍贵，虽然悲伤但灵魂得到净化。(菊花香)

'介宾结构+是+형용사'

　　　→ 跟美珠在一起的时间是多么珍贵，虽然悲伤但灵魂得到净化。(副词)

(299) 维持自己和残疾孩子的生活是多么艰难，才破例允许他们继续使用的。

(菊花香) '동사/동사결구+是+형용사'

　　　→ 维持自己和残疾孩子的生活是多么艰难，才破例允许他们继续使用
　　的。(副词)

　　위의 예문을 통해 알 수 있듯이 NP1는 서로 다른 종류이지만 NP2가 형용
사일 경우 한국어 '이다' 구문에는 NP2가 형용사인 예문이 없다. 중국어의
경우에는 부사의 수식을 받는 경우도 있고 형용사의 수식을 받는 경우도
있다.

2.1.5.10. NP2가 动宾结构일 경우

중국어 '是' 구문에서 NP₁은 서로 다른 종류이지만 NP₂가 动宾结构일 경우 NP₂가 수식어의 수식을 받을 수 있는지 예문을 통해 살펴볼 것이다.

(300) 当时我就知道他是要接家珍回去。(活着) '명사+是+动宾结构'

→ 当时我就知道他是急着要接家珍回去。(形容词)

(301) 我是想让他们高兴，就像爸爸向传道士露出微笑一样。(刺鱼) '대명사+是+动宾结构'

→ 我是特别想让他们高兴，就像爸爸向传道士露出微笑一样。(形容词)

(302) 不过据说是认识许多的字，还挺讲理。(骆驼祥子) '부사+是+动宾结构'

→ 不过据说是的确认识许多的字，还挺讲理。(副词)

(303) 不论是怎样的逗弄激发，他低着头一声也不出，依旧不快不慢的跑着。(骆驼祥子) '连词+是+动宾结构'

→ 不论是怎样的逗弄激发，他低着头一声也不出，依旧不快不慢的跑着。(形容词)

(304) 我知道她是舍不得花钱治病。(活着) '동사/동사결구+是+动宾结构'

→ 我知道她是确实舍不得花钱治病。

(305) 如果不是关系亲密，对于女高时代的故事我是绝口不提。(单人房) '介宾结构+是+动宾结构'

→ 如果不是关系亲密，对于女高时代的故事我是根本绝口不提。(形容词)

위의 예문을 통해 알 수 있듯이 NP₂가 动宾结构일 경우 중국어의 경우에는 형용사나 부사의 수식을 받는다. 하지만 여기에서 형용사가 动宾结构을 수식하는 것은 부사의 용법과 비슷한 역할을 하고 있다. 한국어의 경우에는 이런 유형의 예문이 없다.

2.1.5.11. NP$_2$가 动补结构일 경우

중국어 '是' 구문에서 NP$_1$은 서로 다른 종류이지만 NP$_2$가 动补结构일 경우 NP$_2$가 수식어의 수식을 받을 수 있는지 예문을 통해 살펴볼 것이다.

> (306) 可这几天，我越来越没信心了，我想我是战胜不了它了。(刺鱼) '명사+是+动补结构'
>
> → 这几天，我越来越没信心了，我想我是<u>根本</u>战胜不了它了。(形容词)
>
> (307) 看看路旁的柳枝，的确是微微的动了两下。(骆驼祥子) '부사+是+动补结构'
>
> → 看看路旁的柳枝，的确是<u>微微的</u>动了两下。(形容词)
>
> (308) 特别是坐在车上，至老实的也比猴子多着两手儿。(骆驼祥子) '형용사+是+动补结构'
>
> (309) 我还以为是他饿晕了，扭头一看他半个脑袋没了。(活着) '동사/동사결구+是+动补结构'

위의 예문을 통해 알 수 있듯이 NP$_2$가 动补结构일 경우 예문 (306)~(307)은 형용사의 수식을 받을 수 있지만 예문 (308)~(309)는 수식어의 수식을 받을 수 없다. 이 문제에 대한 연구는 좀 더 깊이 할 필요가 있다. 한국어의 경우에는 이런 유형의 예문이 없다.

2.1.5.12. NP$_2$가 介宾结构일 경우

중국어 '是' 구문에서 NP$_1$은 서로 다른 종류이지만 NP$_2$가 介宾结构일 경우 NP$_2$가 수식어의 수식을 받을 수 있는지 예문을 통해 살펴볼 것이다.

(310) 他们整个是在地狱里。(骆驼祥子) '명사+是+介宾结构'

(311) 那是为了生存而四处流浪的岁月。(刺鱼) '대명사+是+介宾结构'

(312) 也许是在用动物的本能一天天苦撑着。(刺鱼) '부사+是+介宾结构'

(313) 即使是在深夜, 只要听见动静, 我的寡妇姑妈就会推开门, 大声问, 是谁啊, 然后往院子里张望。(单人房) '연사+是+介宾结构'

(314) 特别是对于那些老弱残兵。(骆驼祥子) '형용사+是+介宾结构'

(315) 设立澡堂的目的是为了用热水缓解残疾人身体肌肉的僵硬, 并供他们清洁身体, 具有双重功用。(菊花香) '동사/동사결구+是+介宾结构'

위의 예문을 통해 알 수 있듯이 NP$_2$가 介宾结构일 경우 예문 (310)~(315)는 수식어의 수식을 받을 수 없다. 이것은 중국어의 경우 형용사는 명사 또는 동사를 수식할 수 있고 부사는 형용사 또는 동사를 수식할 수 있지만 수식어인 형용사와 부사가 介宾结构를 수식할 수 없는 것과 연관이 있다.

2.1.5.13. NP$_2$가 主谓结构일 경우

중국어 '是' 구문에서 NP$_1$은 서로 다른 종류이지만 NP$_2$가 主谓结构일 경우 NP$_2$가 수식어의 수식을 받을 수 있는지 예문을 통해 살펴볼 것이다.

(316) 自当是我委屈了你, 别再麻烦了! (骆驼祥子) '명사+是+主谓结构'

(317) 也许是这样的工作太过卑贱, 所以有些厌倦。(单人房) '부사+是+主谓结构'

(318) 这是我第一次到大海里游泳。(单人房) '대명사+是+主谓结构'

(319) 莫非是孩子流产了? (菊花香) '연사+是+主谓结构'

(320) 幸运的是美珠的身体很顽强, 子宫很健康。(菊花香) '형용사+是+主谓结构'

(321) 那天我一直在树荫里坐到夕阳西下, 我没有离开是因为福贵的讲述还没有

结束。(活着) '동사/동사결구+是+主谓结构'

위의 예문을 통해 알 수 있듯이 NP₂가 主谓结构일 경우 NP₂는 수식어의
수식을 받을 수 없다. 이것은 중국어의 수식어인 형용사와 부사가 명사, 동
사, 형용사 이외의 품사를 수식할 수 없는 것과 연관이 있다. 한국어의 경우
에는 이런 유형의 예문이 없다. 왜냐하면 主谓结构가 문장에서 품사노릇을
하는 것은 중국어 특유의 특징이기 때문이다.

2.1.5.14. NP₂가 被字句일 경우

중국어 '是' 구문에서 NP₁은 서로 다른 종류이지만 NP₂가 被字句일 경우
NP₂가 수식어의 수식을 받을 수 있는지 예문을 통해 살펴볼 것이다.

(322) 早晚是被父母出卖, "享福去"! (骆驼祥子) '명사+是+被字句'

(323) 可能是被房间地面磨坏了。(单人房) '부사+是+被字句'

(324) 今天看爸爸是被揍在地上, 胆子大了些。(骆驼祥子) '동사/동사결구+是
+被字句'

위의 예문을 통해 알 수 있듯이 NP₂가 被字句일 경우 NP₂는 수식어의
수식을 받을 수 없다. 이것은 중국어의 수식어인 형용사와 부사가 명사, 동
사, 형용사 이외의 품사를 수식할 수 없는 것과 연관이 있다. 한국어의 경우
에는 이런 유형의 예문이 없다.

2.1.5.15. NP₂가 把字句일 경우

중국어 '是' 구문에서 NP₁은 서로 다른 종류이지만 NP₂가 把字句일 경우

NP₂가 수식어의 수식을 받을 수 있는지 예문을 통해 살펴볼 것이다.

> (325) 女人刚刚是把儿子送进棺材般的放疗室吧, 成浩大概正在那小屋大声哭喊
> 着妈妈。(刺鱼) '명사+是+把字句'
>
> (326) 不过是把喜棚改作白棚而已, 棺材前没有儿孙们穿孝跪灵, 只有些不相干
> 的人们打麻将守夜! (骆驼祥子) '부사+是+把字句'
>
> (327) 仿佛是把王二交给了老程, 他拾起自己的铺盖卷来。(骆驼祥子) '동사/동
> 사결구+是+把字句'

위의 예문을 통해 알 수 있듯이 NP₂가 把字句일 경우 NP₂는 수식어의 수식을 받을 수 없다. 이것은 중국어의 수식어인 형용사와 부사가 명사, 동사, 형용사 이외의 품사를 수식할 수 없는 것과 연관이 있다. 한국어의 경우에는 이런 유형의 예문이 없다.

2.1.6. 서법 제약

서법[5] 제약이라는 것은 문말어미로 실현되는 문장 유형이 평서문, 의문문, 명령문, 청유문, 감탄문에 대해 요구가 있는지 살펴보는 것이다. 중국어의

---

5   민현식(1999:157)에 의하면 서법은 세 가지 개념으로 정리하였다.
   (1) 종결어미 즉 문말어미로 실현되는 평서법, 의문법, 명령법, 청유법, 감탄법과 같은
      문말서법의 서법이 그것이다.
   (2) 전술한 대로 다양한 방식과 형태로 실현되는 필연, 당위, 확인, 확신, 가정, 추측,
      명령, 간구, 평가, 강조 등과 같은 양태서법이 그것이다.
   (3) 시상과 서법을 포괄하는 논의, 즉 시제 포괄적 서법론이 그것이다.
   따라서 이 책에서 말하는 서법은 민현식(1999)에서 말하는 첫 번째 서법을 놓고 말하는
   것이다.

경우에는 한국어와 달리 문말어미로 실현되는 문장 유형이 평서문, 의문문, 명령문, 감탄문이 있으며 청유문이 빠지게 된다.

2.1.6.1. NP₁과 NP₂가 모두 명사일 경우

한국어 '이다' 구문과 중국어 '是' 구문에서 NP₁과 NP₂가 모두 명사일 경우 문장이 평서문, 의문문, 명령문, 청유문, 감탄문으로 끝맺을 수 있는지 그 예문을 통해 살펴볼 것이다.

(328) 수원행 전철이 통과하는 전철역이 그 동네의 시작이다. (외딴방) '명사 +일반명사+이다'

→ 수원행 전철이 통과하는 전철역이 그 동네의 시작인가? (의문문)

→ 수원행 전철이 통과하는 전철역이 그 동네의 시작이로구나! (감탄 문)

(329) 도시로 돌아가는 기차시간은 6시 40분이었다. (외딴방) '명사+시간명 사+이다'

→ 도시로 돌아가는 기차시간은 6시 40분이었는가? (의문문)

→ 도시로 돌아가는 기차시간은 6시 40분이었구나! (감탄문)

(330) 애기를 살려달라는 것이 산모 부탁이다. (국화꽃향기) '명사+행위명사 +이다'

→ 애기를 살려달라는 것이 산모 부탁인가? (의문문)

→ 애기를 살려달라는 것이 산모 부탁이구나! (감탄문)

(331) 제일 고생스러운 것은 노인네와 부녀자들이었다. (낙타샹즈) '명사+복 수명사+이다'

→ 제일 고생스러운 것은 노인네와 부녀자들이었겠지? (의문문)

→ 제일 고생스러운 것은 노인네와 부녀자들이었구나! (감탄문)

(332) 하지만 이 정체는 두려움이다. (국화꽃향기) '명사+형용사형 명사+이
다'

→ 하지만 이 정체는 두려움인가? (의문문)

→ 하지만 이 정체는 두려움이구나! (감탄문)

(333) 我爹是很有身份的人, 可他拉屎时就像个穷人了。(活着) '명사+是+명사'

→ 我爹是很有身份的人, 可他拉屎时就像个穷人哪!(感叹句)

→ 我爹是很有身份的人, 可他拉屎时就像个穷人吗?(疑问句)

(334) 时间是下午两点多一点儿。(菊花香) '명사+是+시간명사'

→ 时间是下午两点多一点儿啊!(感叹句)

→ 时间是下午两点多一点儿吗?(疑问句)

위의 예문을 통해 알 수 있듯이 한국어의 경우 NP₁과 NP₂가 모두 명사일
경우 한국어 '이다' 구문은 평서문, 의문문, 감탄문으로 바꿀 수 있으며 중국
어의 경우에도 평서문, 의문문, 감탄문으로 바꿀 수 있다.

2.1.6.2. NP₁은 명사이지만 NP₂가 명사가 아닐 경우

한국어 '이다' 구문과 중국어 '是' 구문에서 NP₁은 모두 명사이지만 NP₂
에 명사가 아닌 다른 종류가 올 경우 문장이 평서문, 의문문, 명령문, 청유문,
감탄문으로 끝맺을 수 있는지 그 예문을 통해 살펴볼 것이다.

(335) 예컨대 죽은 희재언니의 '인기척'을 느끼면서 '나'가 대화 아닌 대화를
하는 도중에 언니가 주문하는 바가 그것이다. (외딴방) '명사+대명사+
이다'

→ 예컨대 죽은 희재언니의 '인기척'을 느끼면서 '나'가 대화 아닌 대
화를 하는 도중에 언니가 주문하는 바가 그것인가? (의문문)

→ 예컨대 죽은 희재언니의 '인기척'을 느끼면서 '나'가 대화 아닌 대화를 하는 도중에 언니가 주문하는 바가 그것이구나! (감탄문)

(336) 이 소설의 삶이란 화두에 주목하게 된 것은 두 가지 이유에서다. (살아간다는 것) '명사+조사+이다'

→ 이 소설의 삶이란 화두에 주목하게 된 것은 두 가지 이유에서인가? (의문문)

→ 이 소설의 삶이란 화두에 주목하게 된 것은 두 가지 이유에서이구나. (감탄문)

(337) 내 말은 가진에게 아주 효과적이었네. (살아간다는 것) '명사+~적+이다'

→ 내 말은 가진에게 아주 효과적이었는가? (의문문)

→ 내 말은 가진에게 아주 효과적이었구나! (감탄문)

(338) 성호는 멍청이일 뿐만 아니라 고집불통예요. (가시고기) '명사+사자성어+이다'

→ 성호는 멍청이일 뿐만 아니라 고집불통이구나! (감탄문)

(339) 외딴방으로 들어가는 골목에서 외사촌은 싱글벙글이다. (외딴방) '명사+부사+이다'

→ 외딴방으로 들어가는 골목에서 외사촌은 싱글벙글이구나! (감탄문)

(340) 내가 당신 앞에 나서거나 더 이상 전화하기를 주저하는 것은 나의 사랑이 부족해서가 아니라 당신이 부담을 느낄까봐 두려워해서입니다. (국화꽃향기) '명사+연결어미+이다'

(341) 我女儿家珍是城里米行老板的女儿。(活着) '명사+是+대명사'

→ 我女儿家珍是城里米行老板的女儿哪!(感叹句)

(342) 凤霞是累, 可她心里高兴。(活着) '명사+是+형용사'

→ 凤霞是累, 可她心里高兴呀!(感叹句)

(343) 从那以后，我是再没穿过绸衣了。(活着) '명사+是+동빈구조'

  → 从那以后，我是再没穿过绸衣了哪!(感叹句)

(344) 更多的人是噎住了，都抬着脑袋对天空直瞪眼，身体一动不动。(活着)
  '명사+是+동보구조'

  → 更多的人是噎住了，都抬着脑袋对天空直瞪眼，身体一动不动哪!(感
  叹句)

(345) 长期以来，我的作品是源出于和现实的那一层紧张关系。(活着) '명사+
  是+개빈구조'

  → 长期以来，我的作品是源出于和现实的那一层紧张关系哪!(感叹句)

(346) 我丈人还以为是国军来了，赶紧闪到一旁。(活着) '명사+是+주위구조'

  → 我丈人还以为是国军来了，赶紧闪到一旁哪!(感叹句)

(347) 女人刚刚是把儿子送进棺材般的放疗室，成浩大概正在那小屋大声喊着
  妈妈。(刺鱼) '명사+是+把字句'

  → 女人刚刚是把儿子送进棺材般的放疗室，成浩大概正在那小屋大声哭
  喊着妈妈哪!(感叹句)

(348) 祥子是闭口无言。(骆驼祥子) '명사+是+사자성어'

  → 祥子是闭口无言吗?(疑问句)

  → 祥子是闭口无言哪!(感叹句)

(349) 下次的目标是两个。(刺鱼) '명사+是+수사'

  → 下次的目标是两个!(命令句)

  → 下次的目标是两个呀!(感叹句)

(350) 早晚是被父母出卖，"享福去"!(骆驼祥子) '명사+是+被字句'

  → 早晚是被父母出卖，"享福去"!(命令句)

위의 예문을 통해 알 수 있듯이 한국어의 경우 예문 (335)~(337)처럼 NP₂

가 '대명사, 조사, ~적'일 경우에는 문장을 모두 의문문과 감탄문으로 고칠 수 있다. NP₂가 '사자성어, 부사'일 경우에는 감탄문으로 고칠 수 있지만 NP₂가 '연결어미'일 경우에는 어떤 문장 유형으로도 고칠 수 없다. 중국어의 경우에는 예문 (341)~(347)처럼 NP₂가 '대명사, 형용사, 动宾结构, 动补结构, 介宾结构, 主谓结构, 把字句'일 경우에는 문장을 감탄문으로 고칠 수 있으며 예문 (348)~(349)처럼 NP₂가 '사자성어'일 경우에는 의문문, 감탄문으로 고칠 수 있고 NP₂가 '수사'일 경우에는 명령문, 감탄문으로 고칠 수 있으며 예문 (350)처럼 NP₂가 '被字句'일 경우에는 명령문으로 고칠 수 있다. 하지만 예문 (350)은 말하는 억양에 따라 평서문이 될 수도 있으며 명령문이 될 수도 있다.

2.1.6.3. NP₁이 대명사일 경우

한국어 '이다' 구문과 중국어 '是' 구문에서 NP₁은 모두 대명사이지만 NP₂에 대명사가 아닌 다른 종류가 올 경우 문장이 평서문, 의문문, 명령문, 청유문, 감탄문으로 끝맺을 수 있는지 그 예문을 통해 살펴볼 것이다.

(351) 이것이 연필이다. (네이버사전) '대명사+명사+이다'

→ 이것이 연필인가? (의문문)

→ 이것이 연필이구나! (감탄문)

(352) 이분이 내가 말한 그분이다. '대명사+대명사+이다'

→ 이분이 내가 말한 그분인가? (의문문)

→ 이분이 내가 말한 그분이구나! (감탄문)

(353) 许静岚小姐, 我是尹敏珠。(菊花香) '대명사+是+명사'

(354) 那是为了生存而四处流浪的岁月。(刺鱼) '대명사+是+介宾结构'

→ 那是为了生存而四处流浪的岁月吗?(疑问句)

→ 那是为了生存而四处流浪的岁月哪!(感叹句)

(355) 这是我第一次到大海里游泳。(单人房) '대명사+是+主谓结构'

→ 这是我第一次到大海里游泳哪!(感叹句)

(356) 她是那么美丽。(单人房) '대명사+是+형용사'

→ 她是那么美丽哪!(感叹句)

(357) 我是想让他们高兴，就像爸爸向传道士露出微笑一样。(刺鱼) '대명사+是+动宾结构'

→ 我是想让他们高兴，就像爸爸向传道士露出微笑一样哪!(感叹句)

(358) 他是孑然一身，可妻子那边却有许多亲戚。(刺鱼) '대명사+是+사자성어'

→ 他是孑然一身，可妻子那边却有许多亲戚哪!(感叹句)

위의 예문을 통해 알 수 있듯이 한국어의 경우 예문 (351)~(352)처럼 문장을 의문문과 감탄문으로 고칠 수 있다. 중국어의 경우에는 대부분 감탄문으로 고칠 수 있지만 예문 (353)은 어떤 문장 유형으로도 고칠 수 없으며 예문 (354)은 감탄문 뿐만 아니라 의문문으로도 고칠 수 있다. 이것은 NP₁의 위치에 오는 대명사가 의문문으로 고칠 수 있는 '那'가 왔기 때문이다.

2.1.6.4. NP₁이 부사일 경우

중국어 '是' 구문에서 NP₁은 부사이지만 NP₂에 다른 종류가 올 경우 문장이 평서문, 의문문, 명령문, 청유문, 감탄문으로 끝맺을 수 있는지 그 예문을 통해 살펴볼 것이다.

(359) 当然是坏蛋，海盗船的船长。(刺鱼) '부사+是+명사'

→ 当然是坏蛋，海盗船的船长嘛!(感叹句)

(360) 几乎是过度的小心。(骆驼祥子) '부사+是+형용사'

→ 几乎是过度的小心哪!(感叹句)

(361) 不过据说是认识许多的字, 还挺讲理。(骆驼祥子) '부사+是+动宾结构'

　　→ 不过据说是认识许多的字, 还挺讲理哪!(感叹句)

(362) 看看路旁的柳枝, 的确是微微的动了两下。(骆驼祥子) '부사+是+动补结构'

　　→ 看看路旁的柳枝, 的确是微微的动了两下哪!(感叹句)

(363) 也许是这样的工作太过卑贱, 所以有些厌倦。(单人房) '부사+是+主谓结构'

　　→ 也许是这样的工作太过卑贱, 所以有些厌倦哪!(感叹句)

(364) 也许是在用动物的本能一天天苦撑着。(刺鱼) '부사+是+介宾结构'

　　→ 也许是在用动物的本能一天天苦撑着哪!(感叹句)

(365) 可能是被房间地面磨坏了。(单人房) '부사+是+被字句'

　　→ 可能是被房间地面磨坏了哪!(感叹句)

(366) 不过是把喜棚改作白棚而已, 棺材前没有儿孙们穿孝跪灵, 只有些不相干的人们打麻将守夜!(骆驼祥子) '부사+是+把字句'

　　→ 不过是把喜棚改作白棚而已, 棺材前没有儿孙们穿孝跪灵, 只有些不相干的人们打麻将守夜!(感叹句)

위의 예문을 통해 알 수 있듯이 예문 (359)~(366)은 모두 감탄문으로 고칠 수 있다. 다만 특이한 점이라면 예문 (366)은 말하는 사람의 억양에 따라 평서문으로 이해될 수도 있고 감탄문으로 이해될 수도 있다.

2.1.6.5. NP₁이 连词일 경우

중국어 '是' 구문에서 NP₁은 连词이지만 NP₂에 다른 종류가 올 경우 문장이 평서문, 의문문, 명령문, 청유문, 감탄문으로 끝맺을 수 있는지 그 예문을 통해 살펴볼 것이다.

(367) 无论是怎样的记忆, 他都严格地遵循不温不火, 不增不减的原则, 淡淡而
如实地讲给儿子听。(刺鱼) '连词+是+명사'

→ 无论是怎样的记忆, 他都严格地遵循不温不火, 不增不减的原则, 淡淡
而如实地讲给儿子听哪!(感叹句)

(368) 虎妞愿意借给她地方, 因为她自己的屋子太脏, 而虎妞的多少有个样子,
况且是两间, 大家都有个转身的地方。(骆驼祥子) '连词+是+수사'

→ 虎妞愿意借给她地方, 因为她自己的屋子太脏, 而虎妞的多少有个样
子, 况且是两间, 大家都有个转身的地方嘛!(感叹句)

(369) 哪怕是剩的少, 只要靠准每月能剩下个死数, 他才觉得有希望, 才能放
心。(骆驼祥子) '连词+是+형용사'

→ 哪怕是剩的少, 只要靠准每月能剩下个死数, 他才觉得有希望, 才能放
心哪!(感叹句)

(370) 不管是生活在地球, 还是生活在行星, 我们的精神永远都自由。(单人房)
'连词+是+动宾结构'

→ 不管是生活在地球, 还是生活在行星, 我们的精神永远都自由哪!(感叹
句)

(371) 即使是在深夜, 只要听见动静, 我的寡妇姑妈就会推开门, 大声问, 是谁啊,
然后往院子里张望。(单人房) '连词+是+介宾结构'

→ 即使是在深夜, 只要听见动静, 我的寡妇姑妈就会推开门, 大声问, 是
谁啊, 然后往院子里张望哪!(感叹句)

(372) 莫非是孩子流产了?(菊花香) '连词+是+主谓结构'

→ 莫非是孩子流产了!(感叹句)

위의 예문을 통해 알 수 있듯이 예문 (367)~(372)는 모두 감탄문으로 고칠 수 있다. 다만 특이한 점이라면 예문 (372)의 경우 평서문이 불가능하다. 이것은 앞에 오는 '连词'인 '莫非'가 반문의문문을 요구하기 때문이다. 하지만 이 예문 역시 말하는 사람의 억양에 따라 감탄문으로 이해할 수 있다.

2.1.6.6. NP₁이 동사/동사결구일 경우

중국어 '是' 구문에서 NP₁은 동사/동사결구이지만 NP₂에 다른 종류가 올 경우 문장이 평서문, 의문문, 명령문, 청유문, 감탄문으로 끝맺을 수 있는지 그 예문을 통해 살펴볼 것이다.

(373) 反正握着方向盘的是你，你就随便吧。(菊花香) '동사/동사결구+是+대명사'

→ 反正握着方向盘的是你，你就随便吧!(祈使句)

(374) 已经三十几岁了，重视的是感情的深度。(菊花香) '동사/동사결구+是+명사'

→ 已经三十几岁了，重视的是感情的深度哪!(感叹句)

(375) 维持自己和残疾孩子的生活是多么艰难，才破例允许他们继续使用的。
(菊花香) '동사/동사결구+是+형용사'

→ 维持自己和残疾孩子的生活是多么艰难，才破例允许他们继续使用的哪!(感叹句)

(376) 我知道她是舍不得花钱治病。(活着) '동사/동사결구+是+动宾结构'

→ 我知道她是舍不得花钱治病哪!(感叹句)

(377) 我还以为是他饿晕了，扭头一看他半个脑袋没了。(活着) '동사/동사결구+是+动补结构'

→ 我还以为是他饿晕了，扭头一看他半个脑袋没了哪!(感叹句)

(378) 设立澡堂的目的是为了用热水缓解残疾人身体肌肉的僵硬, 并供他们清洁身体, 具有双重功用。(菊花香) '동사/동사결구+是+介宾结构'

→ 设立澡堂的目的是为了用热水缓解残疾人身体肌肉的僵硬, 并供他们清洁身体, 具有双重功用哪!(感叹句)

(379) 那天我一直在树荫里坐到夕阳西下, 我没有离开是因为福贵的讲述还没有结束。(活着) '동사/동사결구+是+主谓结构'

→ 那天我一直在树荫里坐到夕阳西下, 我没有离开是因为福贵的讲述还没有结束哪!(感叹句)

(380) 仿佛是把王二交给了老程, 他拾起自己的铺盖卷来。(骆驼祥子) '동사/동사결구+是+把字句'

→ 仿佛是把王二交给了老程, 他拾起自己的铺盖卷来哪!(感叹句)

(381) 今天看爸爸是被揍在地上, 胆子大了些。(骆驼祥子) '동사/동사결구+是+被字句'

→ 今天看爸爸是被揍在地上, 胆子大了些哪!(感叹句)

위의 예문을 통해 알 수 있듯이 예문 (373)를 뺀 나머지 예문은 모두 감탄문으로 고칠 수 있다. 단 예문 (373)은 감탄문이 아닌 명령문으로 고칠 수 있는데 이것을 한국어로 번역하면 이해하기가 더욱 쉽다. 즉 '핸들을 네가 갖고 있으니 네가 알아서 해라!'라는 뜻이다.

2.1.6.7. NP₁이 형용사일 경우

중국어 '是' 구문에서 NP₁은 형용사이지만 NP₂에 다른 종류가 올 경우 문장이 평서문, 의문문, 명령문, 청유문, 감탄문으로 끝맺을 수 있는지 그 예문을 통해 살펴볼 것이다.

(382) 重要的是金制作人的想法。(菊花香) '형용사+是+명사'

　　→ 重要的是金制作人的想法哪!(感叹句)

(383) 可好看了，更美丽的是她。(刺鱼) '형용사+是+대명사'

　　→ 可好看了，更美丽的是她哪!(感叹句)

(384) 处处又是那么清洁，永远是那么安静，使他觉得舒服安定。(骆驼祥子)
　　'형용사+是+형용사'

　　→ 处处又是那么清洁，永远是那么安静，使他觉得舒服安定哪!(感叹句)

(385) 特别是坐在车上，至老实的也比猴子多着两手儿。(骆驼祥子) '형용사+
　　是+动补结构'

　　→ 特别是坐在车上，至老实的也比猴子多着两手儿哪!(感叹句)

(386) 幸运的是美珠的身体很顽强，子宫很健康。(菊花香) '형용사+是+主谓结
　　构'

　　→ 幸运的是美珠的身体很顽强，子宫很健康哪!(感叹句)

(387) 特别是对于那些老弱残兵。(骆驼祥子) '형용사+是+介宾结构'

　　→特别是对于那些老弱残兵哪!(感叹句)

위의 예문을 통해 알 수 있듯이 예문 (382)~(387)은 모두 감탄문으로 고칠 수 있다. 하지만 기타 명령문, 의문문, 청유문으로는 바꿀 수 없다.

2.1.6.8. NP₁이 介宾结构일 경우

중국어 '是' 구문에서 NP₁은 介宾结构이지만 NP₂에 다른 종류가 올 경우 문장이 평서문, 의문문, 명령문, 청유문, 감탄문으로 끝맺을 수 있는지 그 예문을 통해 살펴볼 것이다.

(388) 对我来说那是非常重要的时期。(单人房) '介宾结构+是+명사'

→ 对我来说那是非常重要的时期哪!(感叹句)

(389) 跟美珠在一起的时间是多么珍贵，虽然悲伤但灵魂得到净化。(菊花香)
‘介宾结构+是+형용사’

→ 跟美珠在一起的时间是多么珍贵, 虽然悲伤但灵魂得到净化哪!(感叹句)

(390) 跟承宇是同事的郑制作人走了出来，他跟英恩交谈了一两句之后放下心来。(菊花香) ‘介宾结构+是+动宾结构’

→ 跟承宇是同事的郑制作人走了出来, 他跟英恩交谈了一两句之后放下心来了呢。(感叹句)

위의 예문을 통해 알 수 있듯이 예문 (388)~(390)은 모두 감탄문으로 고칠 수 있다. 하지만 기타 명령문, 의문문, 청유문으로는 바꿀 수 없다.

2.2. 'NP+이다' 구문과 '是' 구문의 의미적 특징

한국어 '이다' 구문과 중국어 '是' 구문의 의미적 특징에 대한 연구는 주로 아래의 집합 소속관계, 동일관계, 분류관계, 존재관계, 소유관계, 처소 서술관계, 제시관계, 시간관계, 수량관계, 분열문, 관련성, 진술/해석관계, 강조관계, 은유관계에 대해 살펴볼 것이다.

2.2.1. 집합 소속관계

집합 소속관계는 NP_2가 나타내는 사태(속성, 상태, 사건, 행위 등)가 NP_1이 가리키는 대상에게 성립됨을 나타내는 것이다. 예문을 살펴보면 아래와 같다.

(400) 그는 학생이다.

→ *학생이 그이다.

(401) 셋째오빠는 마라톤 선수였다. (외딴방)

→ *마라톤 선수는 셋째오빠다.

(402) 샹즈, 그는 '낙타'라는 별명과 이전까지만 해도 비교적 자유로운 인력
거꾼이었다. (낙타샹즈)

→ *자유로운 인력거꾼은 샹즈다.

(403) 아버지와 나는 꽤 먼 곳까지 호방하기로 소문난 부자였다. (살아간다
는 것)

→ *호방하기로 소문난 부자는 아버지와 나이다.

(404) '드래곤 볼'은 아주 긴 만화책이에요. (가시고기)

→ *아주 긴 만화책은 '드래곤 볼'이다.

(405) 가시고기는 이상한 물고기입니다. (가시고기)

→ *이상한 물고기는 가시고기다.

(406) 小王是北京大学中文系的学生。

→ *北京大学中文系的学生是小王。

(407) 杨先生是上海人, 杨太太是天津人, 杨二太太是苏州人。(骆驼祥子)

→ *上海人是杨先生, 天津人是杨太太, 苏州人是杨二太太。

(408) "生力"是菲律宾产的著名的品牌。(菊花香)

→ *菲律宾产的著名的品牌是"生力"。

(409) 我爹是很有身份的人, 可他拉屎时就像个穷人了。(活着)

→ *很有身份的人是我爹, 可他拉屎时就像个穷人了。

(410) 宋圣一是摔跤运动员, 癌细胞已经吞噬了他的身体, 他却全然不知。(单人
房)

→ *摔跤运动员是宋圣一, 癌细胞已经吞噬了他的身体, 他却全然不知。

(411) 刘承俊是正走红的青春偶像派歌星。(刺鱼)

→ *正走红的青春偶像派歌星是刘承俊。

위의 예문을 통해 알 수 있듯이 NP$_1$과 NP$_2$가 집합 소속관계를 이룰 경우 NP$_1$과 NP$_2$의 위치를 바꾸면 문장이 비문법적인 문장이 되는 것이다. 왜냐 하면 집합 소속관계를 분류관계라고도 할 수 있는데 즉 NP$_1$의 개념이 NP$_2$의 개념에 포함되는 한 부분, 즉 하나의 원소임을 나타낸다. 다시 말하면 관념적 으로 NP$_1$과 NP$_2$의 범위가 서로 다른 것으로 구성되어진 구문으로 집합기호 로 NP$_1$∈NP$_2$의 꼴로 설명될 수 있다. 즉 예문 (400)에서 그는 학생이라는 부류의 일원이며, 예문 (401)에서 셋째오빠는 마라톤 선수 중의 한 사람이고, 예문 (402)에서 샹즈는 자유로운 인력거꾼 중의 한 사람이다. 그리고 예문 (403)은 아버지와 나는 소문난 부자 중의 한 사람이고, 예문 (404)에서 '드래 곤 볼'도 아주 긴 만화책 중의 하나이며, 예문 (405)에서 가시고기는 물고기 중의 하나일 뿐이다. 따라서 이들의 위치를 바꾸면 비문법적인 문장이 되는 것이다. 중국어의 경우에도 마찬가지로 예문 (406)에서 小王은 북경대학 중 문학부의 한 학생이고, 예문 (407)처럼 상해 사람이 모두 양씨인 것이 아니라 양씨가 상해 사람 중의 한 사람이며, 예문 (408)에서 '生力'는 필리핀 유명 브랜드 중의 하나이고, 예문 (409)에서 아빠는 신분 있는 사람 중의 한 사람 이다. 예문 (410)에서 송승일은 씨름 선수 중의 한 사람이고, 예문 (411)에서 유승준은 지금 핫한 청춘 우상 가수 중의 한 사람일 뿐이다.

2.2.2. 동일관계

동일관계란 NP$_1$이 가리키는 대상과 NP$_2$가 가리키는 대상이 동일함을 나 타내는 것이다. 예문을 살펴보면 아래와 같다.

(412) 이 사람이 철수이다.

    → 철수가 이 사람이다.

(413) 전철로 수원을 가는 도중이라면 그 전철역은 서울의 마지막 전철역이
다. (외딴방)

    → 전철로 수원을 가는 도중이라면 서울의 마지막 전철역이 그 전철역
이다.

(414) 창은 시골집 신작로 끝집에 사는 남학생이다. (외딴방)

    → 시골집 신작로 끝집에 사는 남학생은 창이다.

(415) 부모 형제도 없고 집안 친척도 없는 그에게 단 하나밖에 없는 친구는
바로 북평성이었다. (낙타샹즈)

    → 부모 형제도 없고 집안 친척도 없는 그에게 북평성은 단 하나밖에
없는 친구이다.

(416) 미주는 부모님 두 분 모두 교사인 집안의 둘째 딸이었다. (국화꽃향기)

    → 부모님 두 분 모두 교사인 집안의 둘째 딸은 미주이다.

(417) 《阿Q正传》的作者是鲁迅。

    → 鲁迅是《阿Q正传》的作者。

(418) 她是三十二三岁的寡妇, 干净, 爽快, 做事麻利又仔细。(骆驼祥子)

    → 三十二三岁的寡妇是她, 干净, 爽快, 做事麻利又仔细。

(419) 剧本的题目是《逃离地球》, 咋一听跟富兰克林导演的《逃离星球》挺像的。
(菊花香)

    → 《逃离地球》是剧本的题目, 咋一听跟富兰克林导演的《逃离星球》挺像
的。

(420) 我丈人是城里商会的会长。(活着)

    → 城里商会的会长是我丈人。

(421) 我的同桌是制果公司的左撇子, 安香淑。(单人房)

→ 制果公司的左撇子, 安香淑是我的同桌。

(422) 我告诉他, 独眼龙船长是海盗船上的老大, 为了指挥部下他得站在船头。

(刺鱼)

→ 我告诉他, 海盗船上的老大是独眼龙船长, 为了指挥部下他得站在船头。

위의 예문을 통해 알 수 있듯이 NP$_1$과 NP$_2$가 동일관계를 이룰 경우 집합 소속관계를 이루는 경우와 달리 NP$_1$과 NP$_2$의 위치를 바꾸어도 문장은 문법적이다. 이것은 NP$_1$의 개념과 NP$_2$의 개념이 동일하다는 것을 나타낸다. 다시 말하면 관념적으로 NP$_1$과 NP$_2$의 범위가 같은 것으로 구성되어진 구문으로 집합기호로 NP$_1$=NP$_2$의 꼴로 설명될 수 있다. 즉 예문 (412)에서 이 사람과 철수는 같은 사람이며, 예문 (413)에서 그 전철역과 서울의 마지막 전철역은 같은 전철역이고, 예문 (414)에서 시골집 신작로 끝에 사는 남학생이 바로 창이며, 예문 (415)에서 그에게 단 하나밖에 없는 친구는 북평성이고, 예문 (416)에서 부모님 두 분 모두 교사인 집안의 둘째 딸은 미주라는 것이다. 그리고 중국어의 경우 예문 (417)에서 로신이 '아Q정전'의 작가이며, 예문 (418)에서 32살의 과부가 그이고, 예문 (419)에서 '逃离地球'가 극본의 제목이며, 예문 (420)에서 시내 상회의 회장이 우리 장인어른이라는 것이다. 그리고 예문 (421)에서 안향숙이 나의 옆자리 친구이며, 예문 (422)에서 해적배의 우두머리가 애꾸눈이 선장이라는 것이다.

2.2.3. 존재관계

존재관계란 NP$_1$이 가리키는 대상이 존재함을 나타내는 것이다. 예문을 살펴보면 아래와 같다.

(423) 산 위엔 온통 눈이다.

　　　→ 산 위엔 온통 눈이 있다.

(424) 사방에 온통 눈이었다. (낙타샹즈)

　　　→ 사방에 온통 눈이 있다.

(425) 마당 뒤쪽은 화장실이다. (네이버사전)

　　　→ 마당 뒤쪽에 화장실이 있다.

(426) 앞에서 좌회전하면 우체국이다.

　　　→ 앞에서 좌회전하면 우체국이 있다.

(427) 바닥은 온통 쓰레기이다.

　　　→ 바닥에 쓰레기가 있다.

(428) 村东边是一根根电线杆子, 村西边是一排排新房子。

　　　→ 村东边有一根根电线杆子, 村西边有一排排新房子。

(429) 后边是瓦房, 大门可是只拦着个木栅, 没有木门, 没有门楼。(骆驼祥子)

　　　→ 后边有瓦房, 大门可是只拦着个木栅, 没有木门, 没有门楼。

(430) 大约二十米之外是独立的一栋宿舍, 美珠和承宇就住在那里。(菊花香)

　　　→ 大约二十米之外有独立的一栋宿舍, 美珠和承宇就住在那里。

(431) 防波提里面是一片金黄的田野, 左边村庄后窄窄的山峰之间露出了三角形的蓝色大海。(菊花香)

　　　→ 防波提里面有一片金黄的田野, 左边村庄后窄窄的山峰之间露出了三角形的蓝色大海。

(432) 旅馆是一个五层的建筑物, 一层右手是生鱼片店, 五层是咖啡厅。(菊花香)

　　　→ 旅馆是一个五层的建筑物, 一层右手有生鱼片店, 五层有咖啡厅。

(433) 身旁是一口在阳光下泛黄的池塘。(活着)

　　　→ 身旁有一口在阳光下泛黄的池塘。

위의 예문을 통해 알 수 있듯이 NP$_1$과 NP$_2$가 존재관계를 나타낼 경우 한국어는 '이다'를 '있다'로 교체할 수 있으며 중국어의 경우에는 '是'를 '有'로 교체할 수 있다. 이것은 한국어의 경우 '이다'와 '있다'가 모두 존재관계를 나타낼 수 있으며 중국어의 경우 '是'와 '有'가 모두 존재관계를 나타낼 수 있기 때문이다. 이들의 차이에 대해서는 제5장에서 상세하게 다룰 것이다.

2.2.4. 소유관계

소유관계란 NP$_1$의 지시대상이 부치사구 내의 명사구의 지시대상의 소유임을 나타내는 것이다. 예문을 살펴보면 아래와 같다.

> (434) 他们是一个儿子, 一个女儿。
>
> (435) 这张桌子是四条腿。
>
> (436) 这本书是三百页

NP$_1$과 NP$_2$가 소유관계를 가질 경우 중국어는 그 예문을 찾아볼 수 있지만 한국어는 그 예문을 찾을 수 없다. 중국어의 경우 소유관계를 나타내는 '是' 구문의 내부적 의미관계는 비교적 복잡하다. 대체적으로 NP$_2$부분의 의미 특징에 따라 소유관계와 종속관계로 분류할 수 있는데 예문 (434)의 경우 소유관계라고 하기 보다는 친속관계나 사회관계를 나타내고 있다는 것이 더욱 합리하다. 즉 NP$_2$인 '아들'과 '딸'은 NP$_1$인 '他们'이 보유하고 있는 것이다. 하지만 예문 (435)과 (436)은 종속/귀속관계를 나타내는 예문이다. 즉 NP$_1$ 부분의 주요성분이 주체가 되고, NP$_2$ 부분이 NP$_1$ 부분에 종속되는 관계를 보여준다. 즉 예문 (435)에서 '腿'는 '桌子'의 일부분으로 종속되는 성분이고 예문 (436)에서 '页'는 '书'의 종속성분이다.

2.2.5. 처소 서술관계

처소 서술관계란 NP₁이 가리키는 지시대상이 NP₂임을 나타내는 것이다. 예문을 살펴보면 아래와 같다.

> (437) 여기가 국제도시 상해이다.
> (438) 나 지금 동대문이야
>
> → 나 지금 동대문에 있다.
> (439) 이곳이 내가 말한 장백산이다.

NP₁과 NP₂가 처소 서술관계를 나타낼 경우 예문 (437)은 여기가 다른 곳이아닌 상해라는 것을 가리키며 예문 (438)은 '이다'를 '있다'로 교체할 수 있다. 이것은 '나 지금 동대문이야'가 '나는 지금 동대문에 있다'를 나타내고 있기 때문이다. 그리고 예문 (439)는 예문 (437)과 마찬가지로 이곳이 장백산이라는 것을 가리키고 있다.

2.2.6. 제시관계

제시관계란 '이다' 혹은 '是'와 결합하는 명사구가 가리키는 대상을 제시한다는 것이다. 그 예문을 살펴보면 아래와 같다.

> (440) 앗, 비다.
> (441) 앗, 코피다.
> (442) 啊, 是小红啊!
> (443) 哎, 是下雨呢!

위의 예문을 통해 알 수 있듯이 NP₁과 NP₂가 제시관계를 나타낼 경우 이것은 문어문에서 나타나는 것이 아니라 구어문에서 많이 나타난다. 즉 예문 (440)은 '지금 비가 내리고 있다는 것'을 말하고 싶을 수 있으며, 예문 (441)은 '내가 지금 코피를 흘리고 있거나 다른 사람이 코피를 흘리고 있음'을 말해주는 것이다. 그리고 예문 (442)는 '소홍이 왔다는 것'을 알려주는 것일 수 있고, 예문 (443)은 '지금 비가 내리고 있음'을 알려주는 것이다. 따라서 이런 문장은 앞뒤 상황이 모두 존재하는 구어문에서 이해하기 쉽다.

2.2.7. 시간관계

시간관계란 '이다' 혹은 '是'와 결합하는 시간 명사구가 가리키는 시간임을 나타내는 것이다. 그 예문을 살펴보면 아래와 같다.

(444) 지금이 아침 8시다.

(445) 내가 희재언니를 처음 본 것은 그해 봄이었다. (외딴방)

(446) 그가 자신의 인력거를 산 것은 지난해 가을이었다. (낙타샹즈)

(447) 마쳐시간은 40분이야. (국화꽃향기)

(448) 떠날 때는 늦가을이었는데 돌아왔을 때는 초봄이었어. (살아간다는 것)

(449) 엄마와 살라며 아이의 등을 떼민, 차마 슬픔을 가눌 길 없던 그 아침이었다. (가시고기)

(450) 年节越来越近了, 一晃儿已是腊八。(骆驼祥子)

(451) 现在是上午11点左右, 已经过了上班高峰, 地铁里空荡荡的。(菊花香)

(452) 6月到12月开放, 洗澡时间是每周的星期二和星期五。(菊花香)

(453) 现在是清晨五点十五, 突然响起了漫长的门铃声。(单人房)

(454) 我们初次相见是在一九七九年。(单人房)

위의 예문을 통해 알 수 있듯이 NP₂는 NP₁이 가리키는 시간을 나타내고 있다. 즉 예문 (444)에서 지금이 아침 8시임을 나타내고, 예문 (445)에서 내가 희재언니를 본 시간이 그해 봄이며, 예문 (446)에서 그가 인력거를 산 시간이 지난해 가을이다. 예문 (457)에서 마쳐시간이 40분이며, 예문 (448)에서 떠날 때와 돌아온 시간이 각각 늦가을과 초봄이고, 예문 (449)에서 엄마와 살라며 아이의 등을 떼민 것이 아침이라는 것이다. 중국어의 경우 예문 (450)에서 이제 곧 동지가 되어온다는 것을 나타내며, 예문 (451)에서 지금이 오전 11시이고, 예문 (452)에서 샤워시간은 매주 화요일과 금요일이며, 예문 (453)에서 현재 시간이 아침 5시 15분이며, 예문 (454)에서 우리가 처음 만난 것이 1979년임을 가리키고 있다.

2.2.8. 수량관계

수량관계란 NP₁이 가리키는 대상의 수량이 NP₂가 나타내는 정도임을 나타내는 것이다. 예문을 살펴보면 아래와 같다.

(455) 우리 일행은 전부 셋이다.

(456) 스테레오과의 생산부 라인은 세 개다. (외딴방)

(457) 나와 2번인 외사촌과의 거리는 이 미터가량이다. (외딴방)

(458) 학생은 열다섯 명 뽑는다는데 지원자는 백육십 명이다. (외딴방)

(459) 大哥的工资是二十万元, 交完两万元的房租, 剩下的是生活费。(单人房)

(460) 一共是二十二粒药片, 孩子要是能活到那个数, 不多不少能迎接二十二岁
成人节, 就谢天谢地了。(刺鱼)

(461) 下次的目标是两个。(刺鱼)

위의 예문을 통해 알 수 있듯이 NP₁이 가리키는 대상의 수량이 NP₂임을 나타내고 있다. 즉 예문 (455)에서 우리의 일행 수량이 세 명이며, 예문 (456)에서 스테레오과의 생산부 라인이 세 개 있고, 예문 (457)에서 나와 외사촌의 거리가 약 이 미터가량이며, 예문 (458)에서 지원자가 모두 160명임을 나타내고 있다. 중국어의 경우에도 예문 (459)에서 큰오빠의 월급이 20만원이며, 예문 (460)에서 약이 모두 22알이고, 예문 (461)에서 다음의 목표 수량이 2개임을 나타내고 있다.

2.2.9. 분열문

분열문은 특정 문장 성분을 초점화하는 것이다. 그 예문을 살펴보면 아래와 같다.

> (462) 그를 죽인 것은 철수이다.
> (463) 열여섯의 내가 갑자기 서른이나 서른둘이 돼버린 건 그날 그 식당에서였다. (외딴방)
> (464) 내가 가장 미안하게 생각한 것은 다름 아닌 내 아들이었다네. (살아간다는 것)
> (465) 내가 도박으로 가산을 날린 이후 가장 고통을 받은 사람은 장근이었지. (살아간다는 것)
> (466) 발병을 막을 수는 없지만 초기에 발견하면 완치율이 80~90퍼센트까지 이르는 것이 위암이다. (국화꽃향기)
> (467) 당장 우리를 아프게 만드는 것은 바로 약이랍니다. (가시고기)

(468) 我们所要介绍的是祥子, 不是骆驼。(骆驼祥子)

(469) 我最擅长的是潜水, 还有专门资格证书呢。(菊花香)

(470) 抽血的是个乌龟王八蛋, 把我儿子的血差不多都抽干了。(活着)

(471) 说话的是坐在最后排的学生。(单人房)

(472) 现在住的是保证金五百万元, 月租三十万元的半地下单间。(刺鱼)

위의 예문을 통해 알 수 있듯이 NP₁은 뒤에 오는 NP₂를 초점화하는 작용을 하고 있다. 즉 예문 (462)에서는 철수를 초점화하고, 예문 (463)에서는 그날 그 식당을 초점화하며, 예문 (464)에서는 내 아들을 초점화하고 있다. 예문 (465)에서는 장근을 초점화하며 예문 (466)에서는 위암을 초점화하고, 예문 (467)에서는 약을 초점화하고 있다. 중국어의 경우에는 예문 (468)에서 '祥子'를 초점화하고, 예문 (469)에서 '潜水'를 초점화하며, 예문 (470)에서 '乌龟王八蛋'을 초점화하고 있다. 예문 (471)에서는 '最后排的学生'을 초점화하고, 예문 (472)은 '半地下单间'을 초점화하고 있다.

2.2.10. 관련성

관련성이란 NP₁이 가리키는 대상과 NP₂가 나타내는 대상 사이에 어떤 관계가 성립됨을 나타내는 것이다. 예문을 살펴보면 아래와 같다.

(473) 나는 짜장면이다.
(474) 我是黑咖啡。

위의 예문을 통해 알 수 있듯이 NP₁과 NP₂가 관련성 관계를 성립시킬 경우 어떤 상황이 주어져야 그 문장을 이해할 수 있다. 즉 예문 (473)의 경우

는 친구들이 식당에서 주문을 할 때 '나는 짜장면을 먹겠다'를 간단하게 '나
는 짜장면이다'라고 표현할 수 있으면 예문 (474)의 경우에도 커피숍에서
커피를 주문할 경우 '나는 블랙커피를 마시겠다는 것'을 간단하게 '나는 블
랙커피이다'라고 표현할 수 있다. 이런 문장은 그 당시의 상황을 알지 못한
정황에서는 문법적인 문장으로 이해하기 어렵다.

2.2.11. 진술/해석관계

NP₂가 NP₁의 성분에 대해 판단을 하는 것이 아니고, NP₁의 성분에 대해
설명과 진술을 하는 것이다. 의미적으로 볼 때 이는 분명 논리적인 판단형식
이 아니다.

(475) 동남전기주식회사의 종업원 자격 속에 열여섯의 내 나이는 미자격이
　　　 다. (외딴방)

(476) 온몸이 땀투성이다. (낙타샹즈)

(477) 유경이는 착한 아이였네. (살아간다는 것)

(478) 복귀는 괜찮은 녀석이야. (살아간다는 것)

(479) 성호는 멍청이일 뿐만 아니라 고집불통예요. (가시고기)

(480) 这孩子是黄头发。

(481) 那辆车是他的一切挣扎与困苦的总结果与报酬。(骆驼祥子)

(482) 这是承宇在《午夜流行世界》的最后一天。(菊花香)

(483) 慈爱院是无家可归的无依无靠的老人们寄居的地方。(菊花香)

(484) 最风光的那次是小日本投降后，国军准备进城收复失地。(活着)

위의 예문을 통해 알 수 있듯이 NP₂는 NP₁의 성분에 대해 진술, 설명하는

것이다. 즉 예문 (475)에서 종업원 자격으로서 열여섯 살인 나는 미자격임을 설명하고 있으며, 예문 (476)에서 무엇을 함으로 인해 온몸이 현재 땀투성이임을 진술하고 있고, 예문 (477)에서는 유경이가 착한 아이라는 것을 설명하고 있다. 예문 (478)에서는 복귀가 괜찮은 녀석임을 진술하고 있으며, 예문 (479)에서는 성호가 멍청이일 뿐만 아니라 고집불통이라는 것을 진술하고 있다. 중국어의 경우에도 예문 (480)에서는 이 아이가 노랑머리임을 설명하고 있으며, 예문 (480)에서는 그 차가 그의 노고가 담겨있는 차임을 설명하고 있고, 예문 (482)에서는 오늘이 승우가 '午夜流星世界'을 책임지는 마지막 날임을 설명하고 있다. 예문 (483)은 '慈爱院'에 대해 설명하고 있으며 예문 (484)에서는 제일 품위 있는 날이 언제임을 설명하고 있다.

2.2.12. 은유관계

은유[6]란 자신이 전달하고자 하는 대상을 효과적으로 표현하기 위해 그와 동일하거나 유사한 성질을 가진 다른 사물을 빗대어 그 대상을 묘사하는 수사 기법을 말하는 것이다. 바꾸어 말하면, 원관념(topic)을 지칭하기 위해 보조관념(vehicle)을 지칭하는데 이를 위해 바탕(ground)을 활용한다고 할 수 있다. 그 예문을 살펴보면 아래와 같다.

(485) 밥상은 상추밭이다. (외딴방)
(486) 류쓰예는 둥글고 큰 두 눈에 커다란 주먹코, 네모진 입에 큼지막한 송곳니, 입만 벌리면 영락없는 호랑이였다. (낙타샹즈)

---

6   은유란 비유의 일종으로 직유(simile)와는 다르게 'A is as⋯as B', 'A is like B' 등과 같이 비교형식에 의하지 않고, 직접 'A is B'처럼 표현함으로써 B가 나타내는 의미내용을 A에 부가하는 표현방식이다. <영어학사전>(1990:718~719) 참조.

(487) 집에 있는 것은 마누라가 아니라 사람의 피를 뽑아먹는 요물이다. (낙타샹즈)

(488) 남자들이란 다 게걸스런 고양이란다. (살아간다는 것)

(489) 지금 생각하면 가슴이 아프지만 젊은 시절의 난 정말 개같은 놈이었다네. (살아간다는 것)

(490) 少年儿童是祖国的花朵。

(491) 鲁迅的杂文是匕首,投枪。

(492) 虎妞是会拿枕头和他变戏法的女怪!(骆驼祥子)

(493) 那你是狗鼻子啦。(菊花香)

(494) 我是一棵树, 只有扎根在你那里才能活下去。(菊花香)

(495) 二姐是小黑猫!(单人房)

(496) 白血病是会夺去我性命的恶魔, 要是待在沙砾沟, 我说不定会死。(刺鱼)

위의 예문을 통해 알 수 있듯이 NP$_1$과 NP$_2$가 은유관계를 이룬다는 것은 NP$_1$을 NP$_2$에 비유한다고 이해할 수도 있다. 즉 예문 (485)는 밥상을 상추밭에 비유한 것은 밥상에 고기반찬이 하나도 없고 야채뿐임을 비유하고 있다. 예문 (486)은 류쓰예가 호랑이처럼 무섭게 생겼음을 설명하며, 예문 (487)은 마누라가 요물처럼 무섭다는 것을 나타내고 있다. 예문 (488)은 남자들을 게걸스런 고양이에 비유하고, 예문 (489)는 젊은 시절의 나에 대해 후회하면서 그때의 나를 개에 비유하고 있다. 중국어의 경우 예문 (490)은 어린이를 조국의 꽃봉우리에 비유하고, 예문 (491)은 로신의 작품을 칼과 총에 비유하고 있다. 예문 (492)는 '虎妞'를 요물에 비유하며, 예문 (493)은 그가 코가 영민하다는 것을 개코에 비유하고, 예문 (494)는 자신을 나무로 의인화하여 너의 곁에서만이 살아갈 수 있음을 설명하고 있으며, 예문 (495)는 둘째 언니가 검은 고양이처럼 검다는 것을 비유하고, 예문 (496)은 백혈병을 악마에 비유하고 있다.

2.3. 'NP+이다' 구문과 '是' 구문의 의지미도

한국어 'NP+이다' 구문과 중국어 '是' 구문의 의미지도를 그리려면 우선
모두 계사에 속하는 '이다'와 '是'의 개념공간을 그려야 한다. 하지만 개념공
간은 마디와 마디의 연결로 이루어진 것이다. 마디라는 것은 의미적 특징
혹은 범주를 나타내며 연결한 선은 의미적 특징간의 직접적인 연관을 설명
하고 있다. 따라서 개념공간을 그리려면 3개 절차를 거쳐야 한다. 즉 마디의
선택, 마디의 순서배열, 마디의 연결 작업이다. 하지만 계사의 개념공간에
대한 연구는 비교적 많이 진행되었는데 박진호(2012)에서는 '계사'의 개념공
간을 아래와 같이 제시하였다.

박진호(2012)에서 정리한 계사 및 관련 요소의 개념공간을 이루는 범주들
을 정리하면 아래와 같다.

① 집합 속속: 예: 철수는 학생이다.

② 동일: 예: 이 사람이 (바로) 철수이다. / 이 사람이 내 동생이다.

③ 처소 서술: 예: 너 지금 어디니? / 나 지금 동대문이야.

④ 존재: 예: 산 위엔 온통 눈이다.

⑤ 제시: 예: 앗, 비다. / 앗, 코피다.

⑥ 시간: 예: 8시다. / 와, 점심시간이다.

⑦ 수량: 예: 우리 일행은 (전부/모두) 셋이다.

⑧ 부사적(사격, 부치사구) 서술: 예: He is from Korea.

⑨ 술어적 소유: 예: Ce livre est à Moi.(프랑스어)

⑩ 처소 소유: 예: 나에게 차가 있다.

⑪ 주제 소유: 예: 나는 차가 있다.

⑫ With 소유: 예: Ngon î kc kìya 'The child has a knife' child is with
knife. (Mbay)

⑬ 형용사 서술: 예: She is pretty.

⑭ 동사 서술: 예: ne bɛ taa 'I am leaving' 1SG COP leave. (Bambara)

⑮ 분열문: 예: 어제 철수가 만난 것은 영희이다.

⑯ 관련성: 예: 우리 각자 좋아하는 여자 연예인 얘기해 보자. -나는 이나영
이다.

이 범주들이 이루는 개념공간의 모습을 박진호(2012)에서는 다음과 같은
개념공간으로 표현하였다.

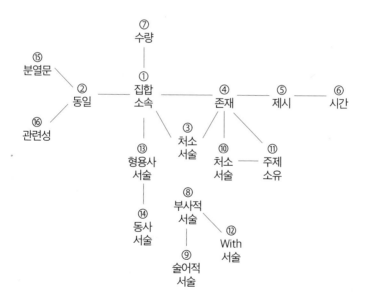

2.3.1. '이다' 구문의 개념공간 및 의미지도

그럼 아래 박진호(2012)의 개념공간의 모습을 기초로 하여 한국어 '이다' 구문의 개념공간을 그려보고자 한다. 개념공간을 그릴 때에는 각 의미적 특징 사이의 연결관계에 따라 그려내야 한다. 한국어 '이다' 구문의 의미적 특징은 '집합 소속관계, 동일관계, 존재관계, 소유관계, 처소 서술관계, 제시관계, 시간관계, 수량관계, 분열문, 관련성, 진술/해석관계, 은유관계'가 있다.

1. 계사 구문에서 집합 소속관계와 동일관계는 밀접한 연관을 갖고 있다. 집합 소속관계를 분류관계라고도 할 수 있는데 즉 NP_1의 개념이 NP_2의 개념에 포함되는 한 부분, 즉 하나의 원소임을 나타낸다. 다시 말하면 관념적으로 NP_1과 NP_2의 범위가 서로 다른 것으로 구성되어진 구문으로 집합기호로 $NP_1 \in NP_2$의 꼴로 설명될 수 있다. 하지만 동일관계는 집합 소속관계의 기초에서 $NP_1 = NP_2$의 특징을 나타내기에 계사의 개념공간을 그림에 있어서 집합 소속관계와 동일관계를 가까이 할 수 있다고 본다.

동일 ── 집합 소속

2. 집합 소속관계, 동일관계, 관련성에 있어서 이들의 배열을 살펴보면 관련성은 동일관계와 더욱 밀접한 관계를 갖고 있다. 즉 통사적 특징에서 살펴보면 동일관계와 관련성의 두 논항은 서로 자리바꿈을 할 수 있다는 동일한 특징을 공유하고 있다. 따라서 집합 소속관계, 동일관계, 관련성의 배열을 아래와 같이 할 수 있다고 본다.

관련성 ── 동일 ── 집합 소속

3. 집합 소속관계, 동일관계, 관련성, 분열문에 있어서 이들의 배열을 살펴 보면 분열문은 전제 부분과 초점 사이의 관련성을 언명한다는 점에 있어서 관련성의 인접 범주로 간주하는 것이 옳다고 생각된다. 따라서 이들의 배열 을 아래와 같이 할 수 있다고 본다.

분열문 —— 관련성 —— 동일 —— 집합 소속

4. 집합 소속관계, 동일관계, 관련성, 분열문, 은유관계에 있어서 이들의 배열을 살펴보면 은유관계는 동일관계와 비슷한 의미 기능을 갖고 있다. 즉 은유관계는 동일관계를 전제로 하여 말하는 이가 두 사물 혹은 사람 사이 에 비슷한 점이 있다고 느끼는 심리적 생각을 갖고 있기에 동일관계와 은유 관계를 연결시켜야 본다고 생각한다. 따라서 이들의 배열을 아래와 같이 할 수 있다고 본다.

은유
|
분열문 —— 관련성 —— 동일 —— 집합 소속

5. 집합 소속관계, 동일관계, 관련성, 분열문, 은유관계, 진술/해석관계에 있어서 이들의 배열을 살펴보면 진술/해석관계는 분열문과 비슷한 의미기능 을 갖고 있다고 생각된다. 분열문이 전제 부분과 초점 사이의 관련성을 언명 한다면 진술/해석관계는 NP_1에 대해 NP_2가 해석, 설명하는 기능을 하고 있 기에 이런 점에서 살펴보면 분열문의 의미 기능과 비슷하다. 따라서 이들의 배열을 아래와 같이 할 수 있다고 본다.

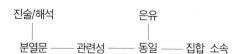

진술/해석   은유
| |
분열문 —— 관련성 —— 동일 —— 집합 소속

6. 집합 소속관계, 동일관계, 관련성, 분열문, 은유관계, 진술/해석관계, 수량관계, 형용사 서술, 동사 서술에 있어서 이들의 배열을 살펴보면 수량관계는 집합 소속관계와 비슷한 의미 기능을 갖고 있다. 얼핏 보면 수량관계와 동일관계도 비슷한 의미 기능을 하는 것 같지만 통사적 특징을 살펴보면 수량관계는 집합 소속관계와 마찬가지로 NP$_1$과 NP$_2$의 자리바꿈이 자유롭지 못하다는 공통한 통사적 특징을 공유하고 있다. 그리고 비록 한국어 '이다' 구문에는 형용사 서술과 동사 서술이 없지만 언어의 보편적 특징을 고려하여 이들도 같이 한국어 '이다'의 개념공간에 넣어주기로 한다. 따라서 이들의 배열을 아래와 같이 할 수 있다.

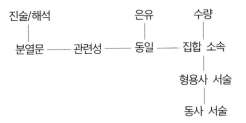

7. 집합 소속관계, 동일관계, 관련성, 분열문, 은유관계, 진술/해석관계, 수량관계, 형용사 서술, 동사 서술, 처소 서술관계에 있어서 이들의 배열을 살펴보면 처소 서술관계는 집합 소속관계와 밀접한 연관을 갖고 있다. 통사적 특징을 살펴보면 처소 서술관계는 집합 소속관계와 마찬가지로 NP$_1$과 NP$_2$의 자리바꿈이 자유롭지 못하다는 공통한 통사적 특징을 공유하고 있다. 따라서 이들의 배열을 아래와 같이 할 수 있다.

8. 집합 소속관계, 동일관계, 관련성, 분열문, 은유관계, 진술/해석관계, 수량관계, 형용사 서술, 동사 서술, 처소 서술관계, 존재관계에 있어서 이들의 배열을 살펴보면 존재관계는 처소 서술관계와 밀접한 연관을 갖고 있다. 즉 존재관계와 처소 서술관계는 모두 '말하는 이가 어디에 있음'을 나나태고 있다. 따라서 이들의 배열을 아래와 같이 할 수 있다.

9. 집합 소속관계, 동일관계, 관련성, 분열문, 은유관계, 진술/해석관계, 수량관계, 형용사 서술, 동사 서술, 처소 서술관계, 존재관계, 소유관계에 있어서 이들의 배열을 살펴보면 소유관계는 존재관계와 비슷한 의미 기능을 갖고 있다. 하지만 한국어 '이다' 구문은 소유관계를 나타내지 못하며 한국어에서는 '있다'가 처소 서술관계, 존재관계, 소유관계를 나타내고 있다. 따라서 이들의 배열을 아래와 같이 할 수 있다.

10. 집합 소속관계, 동일관계, 관련성, 분열문, 은유관계, 진술/해석관계, 수량관계, 형용사 서술, 동사 서술, 처소 서술관계, 존재관계, 소유관계, 제시

관계에 있어서 이들의 배열을 살펴보면 제시관계는 존재관계와 밀접한 연관을 갖고 있다. 즉 존재관계를 나타내는 '산 위엔 온통 눈이다'와 제시관계를 나타내는 '앗, 도둑이다'가 모두 '무엇이다'라는 물음에 대답할 수 있다. 따라서 이들의 배열을 아래와 같이 할 수 있다.

11. 집합 소속관계, 동일관계, 관련성, 분열문, 은유관계, 진술/해석관계, 수량관계, 형용사 서술, 동사 서술, 처소 서술관계, 존재관계, 소유관계, 제시관계, 시간관계에 있어서 이들의 배열을 살펴보면 시간관계는 제시관계와 비슷한 의미 기능을 갖고 있다. 즉 제시관계의 '앗, 코피다'와 시간관계의 '지금은 아침 8시다'는 모두 무엇임을 나타내고 있다. 따라서 이들의 배열을 아래와 같이 할 수 있다.

한국어 '이다' 및 관련요소들이 이 개념공간을 분할하고 있는 양상을 의미지도로 그리면 아래와 같다.

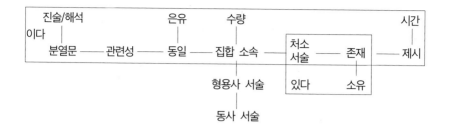

2.3.2. '是' 구문의 개념공간 및 의미지도

중국어의 '是' 구문의 의미적 특징은 '집합 소속관계, 동일관계, 존재관계, 소유관계, 제시관계, 시간관계, 수량관계, 분열문, 관련성, 진술/해석관계, 은유관계'가 있다. 하지만 중국어의 개념공간은 한국어의 개념공간과 앞부분은 비슷하지만 처소 서술관계의 처리에서 조금 수정해야 할지도 모른다. 중국어의 계사 '是'에는 '처소 서술관계'의 용법이 없기 때문이다. 중국어에서 '처소 서술관계'를 '在'가 담당하고 있으며 '존재'와 '소유'는 '有'가 담당하고 있다. 따라서 중국어의 '是'의 개념공간을 한국어 '이다'의 기초 하에 아래와 같이 수정할 수 있다.

중국어 '是' 및 관련요소들이 이 개념공간을 분할하고 있는 양상을 의미지도로 그리면 아래와 같다.

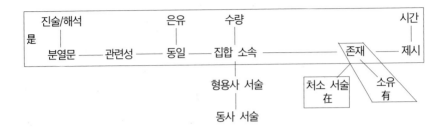

2.4. 소결

제2장에서는 한국어 '이다' 구문과 중국어 '是' 구문의 통사적 특징과 의미적 특징에 대해 살펴보았다.

통사적 특징에 대해서는 지시적 동일성, 명사항의 자리바꿈 가능성, 주어를 표제명사로 하는 관계 관형화 가능성, 부정의 가능성, 수식어의 수식 가능성, 서법 제약에 대해 살펴보았다. 결과를 살펴보면 지시적 동일성에서 한국어의 경우 NP₁과 NP₂가 모두 명사일 경우에는 지시적 동일성을 이루며 NP₁은 명사이고, NP₂가 대명사일 경우에도 이루지만 NP₁은 명사이고 NP₂가 명사 혹은 대명사가 아닐 경우에는 지시적 동일성을 이루지 못한다. 지시적 동일성에서 중국어도 한국어와 같은 경향을 나타내고 있다. 명사항의 자리바꿈 가능성에서는 한국어의 경우 두 명사항이 모두 명사일 경우, NP₁이 명사이고 NP₂가 대명사일 경우, 혹은 NP₁이 대명사 이고 NP₂가 명사일 경우 자리바꿈이 자유로우며 NP₁이 명사이고 NP₂가 명사가 아닌 경우도 자유롭지만 NP₂의 자리에 부사가 올 때 자리바꿈이 부자연스럽다. 중국어의 경우에는 NP₁이 명사이고 NP₂가 대명사, 수사, 介宾结构, 사자성어일 경우, NP₁이 대명사 NP₂가 명사일 경우에는 자리바꿈이 자연스럽지만 기타 경우에는 자리바꿈이 부자연스럽다. 주어를 표제명사로 하는 관계 관형화 가능성에서는 한국어와 중국어의 경우 표제명사로 관계 관형화를 이룰 수 있는 경우가 비교적 적으며 부정의 가능성에서 한국어의 경우에는 대부분 부정문으로 고칠 수 있고 중국어의 경우에도 NP$_1$이 명사, 대명사일 경우에는 부정문으로 고칠 수 있지만 NP$_1$이 기타 품사일 경우에는 부정문으로 고치는 것이 자유롭지 못하다. 수식어의 수식 가능성에서 한국어의 경우는 수식어의 수식이 가능하지만 중국어의 경우 NP$_1$의 자리에 介宾结构, 主谓结构, 把字句, 被字句가 올 경우에는 수식어의 수식이 불가능하다. 서법제약에서 한국어의 경우에는 평서문, 의문문, 감탄문 세 가지가 가능하며 중국어는 평서문과 감탄문 두 가지는 가능하지만 경우에 따라 의문문도 가능한 것이 있다.

한국어 '이다' 구문과 중국어 '是' 구문의 의미적 특징을 살펴본 결과 모두 '집합 소속관계, 동일관계, 존재관계, 제시관계, 시간관계, 수량관계, 분열문, 관련성, 진술/해석관계, 은유관계'를 갖고 있으며 단지 '소유관계, 처소 서술관계'에 있어서 차이점을 보이고 있다. 한국어의 경우에는 '있다'가 '이다'와 함께 '존재관계, 소유관계, 처소 서술관계'의 의미적 특징을 나타내지만 중국어의 경우에는 '有'가 '是'와 함께 '존재관계, 소유관계'를 나타내고 '在'가 '처소 서술관계'를 나타내고 있다.

제3장 '의존명사+이다' 구문과 '是……的' 구문의 통사·의미적 특징

3.1. '의존명사+이다' 구문의 통사적 특징

한국어 '의존명사+이다' 구문에 대한 통사적 특징을 부정의 가능성, 주어를 표제명사로 하는 관계 관형화, NP₂ 앞에 나타나는 관형어미의 유형 및 판단 동사 구문의 '-를, -로'의 소절 구성 가능성[1]으로 살펴볼 것이다.

3.1.1. 부정의 가능성

한국어 '의존명사+이다' 구문은 부정의 가능성을 통해 그 통사적 특징을 살펴볼 수 있다. 즉 한국어 '의존명사+이다' 구문을 '의존명사+아니다' 구문으로 고칠 수 있는지 살펴보는 것이다.

---

[1] 한국어 '의존명사+이다' 구문과 중국어 '是……的' 구문의 통사적 특징에 대한 연구에서는 이에 사용된 예문을 될수록 같은 것으로 사용하여 그 특징을 좀 더 두드러지게 표현하려고 하였다.

3.1.1.1. 의존명사의 기능만 갖고 있는 것

한국어 '의존명사+이다' 구문의 의존명사 자리에 나타나는 의존명사들은 바로 '~것, ~때문, ~따름, ~나름, ~망정, ~뿐이다' 등 단어들이다. 즉 '~것이다', '~때문이다', '~따름이다', '~나름이다', '~망정이다'를 부정인 '아니다'로 고칠 수 있는지 예문을 통해 살펴볼 것이다.

(1) 시골집의 살강에는 내 밥그릇과 국그릇이 엎어져 있을 <u>것이다</u>. (외딴방)

→ 시골집의 살강에는 내 밥그릇과 국그릇이 엎어져 있을 것이 아니다.

(2) 그것은 선배가 단기간에 이루려는 의욕이 앞서<u>기 때문이다</u>. (국화꽃향기)

→ 그것은 선배가 단기간에 이루려는 의욕이 앞서기 때문이 아니다.

(3) 자괴감과 분노만이 우글우글한 <u>따름이었다</u>. (가시고기)

→ *자괴감과 분노만이 우글우글한 따름이 아니었다.

(4) 문학도 문학 <u>나름이다</u>. (외딴방)

→ *문학도 문학 나름이 아니다.

(5) 그 집은 마침 네 눈에 띄었<u>기에 망정이다</u>. (표준국어대사전)

→ *그 집은 마침 네 눈에 띄었기에 망정이 아니다.

(6) 그러나 그 하인이 무슨 말을 하든 소용이 없었고, 되려 중대장을 귀찮게 할 <u>뿐이었네</u>. (살아간다는 것)

→ *그러나 그 하인이 무슨 말을 하든 소용이 없었고, 되려 중대장을 귀찮게 할 뿐이 아니었네.

위의 예문을 통해 알 수 있듯이 예문 (1)과 예문 (2)는 부정으로 고칠 수 있지만 예문 (3)~(6)은 부정으로 고칠 수 없다. 이것은 '~것이다'와 '~때문이다'는 말하는 사람의 판단이 개입되어 있지 않은 의존명사이지만 '~따름이다' 같은 경우는 말하는 사람의 판단이 개입되어 이것이 유일하다는 것을 나타내고 있으며 '~나름이다'는 각자가 가지고 있는 고유의 방식 또는 그 자체를 나타내는 말이기에 이에 대한 부정은 불가능한 것이다. 그리고 '~망정이다'는 괜찮거나 잘된 일이라는 것을 나타내는 말이기에 이 또한 부정이 불가능하며 '~뿐이다'는 어떤 일에 대한 한정을 나타내기에 부정으로 고칠 수 없다.

3.1.1.2. 명사와 의존명사의 기능을 동시에 갖고 있는 것

한국어 '의존명사+이다' 구문의 의존명사 자리에 명사 또는 의존명사이지만 의존명사의 역할을 하는 단어들이 있다. 이것은 바로 '~마련, ~셈, ~편, ~터, ~채, ~지경, ~바, ~판, ~모양, ~참, ~법, ~식, ~격, ~마당, ~양' 등 단어들이다. 표준국어대사전에서 검색한 결과 이들은 명사 또는 의존명사로서의 기능만 갖고 있는 단어들이지만 한국어 '의존명사+이다' 구문에서 의존명사 역할을 하는 경우를 찾아볼 수 있다. 이것은 이런 단어들이 명사의 기능을 점차 상실하고 의존명사로 그 자리매김을 한 것 같다. 아래 이런 '의존명사+이다' 구문을 부정인 '아니다' 구문으로 고칠 수 있는지 그 예문을 살펴볼 것이다.

(7) 어느 집단이나 품격이 모자라는 인간들이 한두 명은 있<u>기 마련이다.</u> (외딴방)

→ *어느 집단이나 품격이 모자라는 인간들이 한두 명은 있기 마련이 아니다.

(8) 소원대로 아이의 말을 듣게 <u>된 셈이었다.</u> (가시고기)

→ *소원대로 아이의 말을 듣게 된 셈이 아니었다.

(9) 그의 체격과 근육은 나이에 비해 훨씬 성숙<u>한 편이었다.</u> (낙타샹즈)

→ *그의 체격과 근육은 나이에 비해 훨씬 성숙한 편이 아니었다.

(10) 그럼에도 그 하나가 모든 것과 같은 의미라는 걸 여자 역시 익히 알고

있을 터였다. (가시고기)

→ *그럼에도 그 하나가 모든 것과 같은 의미라는 걸 여자 역시 익히

알고 있을 터가 아니었다.

(11) 하지만 아빠 자신은 흠뻑 비에 젖은 채입니다. (가시고기)

→ *하지만 아빠 자신은 흠뻑 비에 젖은 채가 아닙니다.

(12) 이곳의 백모래는 결이 너무 고와 딴딴할 지경이다. (외딴방)

→ *이곳의 백모래는 결이 너무 고와 딴딴할 지경이 아니다.

(13) 설령 아내가 처음부터 작심하고 이야기를 꺼냈다 해도 진작에 결정난

바였다. (가시고기)

→ *설령 아내가 처음부터 작심하고 이야기를 꺼냈다 해도 진작에 결정

난 바가 아니었다.

(14) 그러니 땅에 떨어진 삼노끈 한 오라기라도 달갑게 주워야 할 판이었다.

(낙타샹즈)

→ *그러니 땅에 떨어진 삼노끈 한 오라기라도 달갑게 주워야 할 판이

아니었다.

(15) 어딘가를 한참 헤매다가 돌아온 모양이었다. (가시고기)

→ *어딘가를 한참 헤매다가 돌아온 모양이 아니었다.

(16) 그렇게 서먹해진 우리는 어쩌다 신작로에서 마주쳐도 서로 외면한다.

그러다가 나는 다시 도시로 와버린 참이다. (외딴방)

→ *그렇게 서먹해진 우리는 어쩌다 신작로에서 마주쳐도 서로 외면한

다. 그러다가 나는 다시 도시로 와버린 참이 아니다.

(17) 돈이란 것은 반지와 같아서 언제든지 자기 손에 있어야 좋은 법이다.

(낙타샹즈)

→ *?돈이란 것은 반지와 같아서 언제든지 자기 손에 있어야 좋은 법이

→ 作别的苦工，收入是有限的，还是无限的?

→ 作别的苦工，收入是怎样的?

(198) 他说，生活是美丽的。(单人房)

　　→ 生活是美丽的吗?

　　→ 生活是不是美丽的?

　　→ 生活是美丽的，还是残酷的?

　　→ 生活是怎样啊?

(199) 我先告诉您，骨髓移植的治疗费是相当昂贵的。(刺鱼)

　　→ 骨髓移植的治疗费是相当昂贵的吗?

　　→ 骨髓移植的治疗费是不是相当昂贵?

　　→ 骨髓移植的治疗费是相当昂贵的，还是相当便宜的?

　　→ 骨髓移植的治疗费是怎么样的?

(200) 踩在黄色银杏树叶上的心情是很奇妙的，好像站在舞池里一样。(菊花香)

　　→ 踩在黄色银杏树叶上的心情是很奇妙的吗?

　　→ 踩在黄色银杏树叶上的心情是不是很奇妙?

　　→ 踩在黄色银杏树叶上的心情是很奇妙的，还是很奇怪的?

　　→ 踩在黄色银杏树叶上的心情是怎样的?

위의 예문을 통해 알 수 있듯이 '是……的' 구문에서 '是'와 '的' 사이에 형용사가 올 경우 예문 (197)~(200)의 경우 일반의문문, 선택의문문, 특지의 문문으로의 수정은 아무 문제가 없다. 다만 정반의문문으로 고칠 경우 예문 (197)~(198)처럼 형용사 앞에 수식성분이 없을 경우에는 직접 '是不是'로 정반의문문을 만들 수 있지만 예문 (199)~(200)처럼 형용사 앞에 수식성분 이 있을 경우에는 제일 뒤에 오는 '的'을 삭제하는 것이 문장이 더욱 자연스 럽다.

3.2.2.3. '是'와 '的' 사이가 동사/동사결구일 경우

중국어 '是……的' 구문에서 '是'와 '的' 사이에 동사/동사결구가 오는 경우가 있다. 여기의 동사결구에는 동사, 动宾结构, 动补结构를 포함하고 있다. 이때 이들을 어떤 유형의 의문문으로 고칠 수 있는지 예문을 통해 살펴볼 것이다.

(201) 中午的时候，我到大厅吃饭，汤好像是昨天煮的，有点酸。(单人房)动词

　　→ 汤是昨天煮的吗?

　　→ 汤是不是昨天煮的?

　　→ 汤是昨天煮的，还是今天煮的?

　　→ 汤是什么时候煮的?

(202) 我们是听队长的，队长是听上面的。(活着)动宾结构

　　→ 我们是听队长的吗?

　　→ 我们是不是听队长的?

　　→ 我们是听队长的，还是听上面领导的?

　　→ 我们是听谁的?

(203) 他和骆驼是逃出来的，就都该活着。(骆驼祥子)动补结构

　　→ 他和骆驼是逃出来的吗?

　　→ 他和骆驼是不是逃出来的?

　　→ 他和骆驼是逃出来的，还是放出来的?

　　→ 他和骆驼是怎么出来的?

(204) 白得来的骆驼是不能放手的。(骆驼祥子)动词

　　→ 白得来的骆驼是不能放手的吗?

　　→ 白得来的骆驼是不是不能放手?

　　→ 白得来的骆驼是不能放手，还是能放手?

→ 白得来的骆驼是不能怎样的?

(205) 这件事是永远洗不清的，像肉上的一块黑癜。(骆驼祥子)动补结构

→ 这件事是永远洗不清的吗?

→ 这件事是不是永远洗不清?

→ 这件事是永远洗不清的, 还是能洗清的?

→ 这件事是怎样的?

(206) 以我的个头是能转进那个窟窿里去的。(菊花香)动宾结构

→ 以我的个头是不能转进那个窟窿里去的吗?

→ 以我的个头是不是不能转进那个窟窿里去?

→ 以我的个头是不能转进那个窟窿里去的, 还是能转进那个窟窿里去的?

→ 以我的个头是不能怎么样的?

위의 예문을 통해 알 수 있듯이 '是……的' 구문에서 '是'와 '的' 사이에 동사/동사결구 올 경우 예문 (201)~(206)은 일반의문문, 선택의문문, 특지의문문으로의 수정을 아주 자연스럽다. 다만 정반의문문에서 예문 (201)~(203)은 직접 '是不是'로 정반의문문을 만들 수 있지만 예문 (204)~(206)은 정반의문문으로 고칠 경우 반드시 뒤에 오는 '的'을 삭제하여야 문장이 자연스럽다. 이런 원인에 대해서는 아직 찾아내지 못했다. 향후의 논의에서 더 살펴봐야 할 점이다.

3.2.2.4. '是'와 '的' 사이가 主谓结构일 경우

중국어 '是……的' 구문에서 '是'와 '的' 사이에 主谓结构가 오는 경우가 있다. 이때 이들을 어떤 유형의 의문문으로 고칠 수 있는지 예문을 통해 살펴볼 것이다.

(207) 他的妻子是幼儿教育专业毕业的, 为人非常好, 也特别喜欢诔美。(菊花香)

　　→ 他的妻子是幼儿教育专业毕业的吗?

　　→ 他的妻子是不是幼儿教育专业毕业的?

　　→ 他的妻子是幼儿教育专业毕业的, 还是其他专业毕业的?

　　→ 他的妻子是什么专业毕业的?

(208) 这个是老婆给买的, 可是慢慢的攒钱, 自己还能再买车。(骆驼祥子)

　　→ 这个是老婆给买的吗?

　　→ 这个是不是老婆给买的?

　　→ 这个是老婆给买的, 还是岳丈给买的?

　　→ 这个是谁给买的?

(209) 穿长衫的私塾先生叫我念一段书, 是我最高兴的。(活着)

　　→ 是我最高兴的吗?

　　→ 是不是我最高兴的?

　　→ 是我最高兴的, 还是最不高兴的?

　　→ 是谁最高兴的?

(210) 不管和谁交往, 我都感觉应该告诉那个人, 她的房门是我锁上的。(单人房)

　　→ 她的房门是我锁上的吗?

　　→ 她的房门是不是我锁上的?

　　→ 她的房门是我锁上的, 还是别人锁上的?

　　→ 她的房门是谁锁上的?

(211) 日头再毒也不怕, 我有棒球帽, 是爸爸作为出院纪念给买的。(刺鱼)

　　→ 是爸爸作为出院纪念给买的吗?

　　→ 是不是爸爸作为出院纪念给买的?

　　→ 是爸爸作为出院纪念给买的, 还是妈妈给买的?

　　→ 是谁作为出院纪念给买的?

위의 예문을 통해 알 수 있듯이 '是……的' 구문에서 '是'와 '的' 사이에 主谓结构가 올 경우 예문 (207)~(211)은 의문문의 네 가지 형식인 일반의문문, 정반의문문, 선택의문문, 특지의문문으로의 수정이 비교적 자연스럽다.

3.2.2.5. '是'와 '的' 사이가 介宾结构일 경우

중국어 '是……的' 구문에서 '是'와 '的' 사이에 介宾结构가 오는 경우가 있다. 이때 이들을 어떤 유형의 의문문으로 고칠 수 있는지 예문을 통해 살펴볼 것이다.

(212) 自己是属于树木科的。(菊花香)

　　→ 自己是属于树木科的吗?

　　→ 自己是不是属于树木科的?

　　→ 自己是属于树木科的, 还是属于其他科的?

　　→ 自己是属于哪里的?

(213) 他们是属于另一行业的。(骆驼祥子)

　　→ 他们是属于另一行业的吗?

　　→ 他们是不是属于另一行业的?

　　→ 他们是属于另一行业的, 还是这一行业的?

　　→ 他们是属于哪里的?

(214) 分手的时候, 她送给我一只七宝手镯, 是从中国带来的。(单人房)

　　→ 是从中国带来的吗?

　　→ 是不是从中国带来的?

　　→ 是从中国带来的, 还是从美国带来的?

　　→ 是从哪里带来的?

(215) 仆人是无法对主人说三道四的, 他只好垂下头等待宋主任通完话。(刺鱼)

→ 仆人是无法对主人说三道四的吗?

→ 仆人是不是无法对主人说三道四的?

→ 仆人是无法对主人说三道四的, 还是可以对主人说三道四的?

→ 仆人无法对主人怎么样的?

(216) 也不知道凤霞是从哪里去听来的。(活着)

→ 凤霞是从哪里去听来的呢?

→ 凤霞是不是从哪里去听来的?

→ 凤霞是从哪里去听来的, 还是自己知道的?

→ 凤霞是从哪里去听来的?

위의 예문을 통해 알 수 있듯이 '是……的' 구문에서 '是'와 '的' 사이에 介宾结构가 올 경우 예문 (212)~(216)은 일반의문문, 정반의문문, 선택의문문으로의 수정이 비교적 자연스럽다. 다만 정반의문문일 경우 예문 (216) 자체가 특지를 나타내는 '哪里'를 문장 내에 포함하고 있기에 이 문장은 자체적으로 특지의문문이 될 수 있다.

3.2.2.6. '是'와 '的' 사이가 给字句일 경우

중국어 '是……的' 구문에서 '是'와 '的' 사이에 给字句가 오는 경우가 있다. 하지만 이런 경우는 그렇게 많지 않다. 이때 이들을 어떤 유형의 의문문으로 고칠 수 있는지 예문을 통해 살펴볼 것이다.

(217) 这是给家珍准备的, 是给家珍以后用的。(活着)

→ 这是给家珍准备的吗?

→ 这是不是给家珍准备的?

→ 这是给家珍准备的, 还是给小美准备的?

　　　　　→ 这是给谁准备的?

(218) 这羊是给我买的? (活着)

　　　　　→ 这羊是给我买的吗?

　　　　　→ 这羊是不是给我买的?

　　　　　→ 这羊是给我买的, 还是给其他人买的?

　　　　　→ 这羊是给谁买的?

　　위의 예문을 통해 알 수 있듯이 '是……的' 구문에서 '是'와 '的' 사이에 给字句가 올 경우 예문 (217)~(218)은 의문문의 네 가지 형식인 일반의문문, 정반의문문, 선택의문문, 특지의문문으로 수정하는 것이 아주 자연스럽다.

3.2.2.7. '是'와 '的' 사이가 被字句일 경우

　　중국어 '是……的' 구문에서 '是'와 '的' 사이에 被字句가 오는 경우가 있다. 이때 이들을 어떤 유형의 의문문으로 고칠 수 있는지 예문을 통해 살펴볼 것이다.

(219) 总统夫人死了, 是被间谍开枪打死的。(单人房)

　　　　　→ 总统夫人死了, 是被间谍开枪打死的吗?

　　　　　→ 总统夫人死了, 是不是被间谍开枪打死的?

　　　　　→ 总统夫人死了, 是被间谍开枪打死的, 还是被其他人开枪打死的?

　　　　　→ 总统夫人死了, 是被谁开枪打死的?

(220) 他还以为我是被那些女人给折腾的。(活着)

　　　　　→ 我是被那些女人给折腾的吗?

　　　　　→ 我是不是被那些女人给折腾的?

　　　　　→ 我是被那些女人给折腾的, 还是被其他人给折腾的?

→ 我是被谁给折腾的?

(221) 按我们这里的习俗, 家珍是被她娘家的人硬给接走的, 也应该由她娘家的
人送回来。(活着)

→ 家珍是被她娘家的人硬给接走的吗?

→ 家珍是不是被她娘家的人硬给接走的?

→ 家珍是被她娘家的人硬给接走的, 还是她婆家人硬给接走的?

→ 家珍是被谁硬给接走的?

위의 예문을 통해 알 수 있듯이 '是……的' 구문에서 '是'와 '的' 사이에
被字句가 올 경우 예문 (219)~(221)은 의문문의 네 가지 형식인 일반의문문,
정반의문문, 선택의문문, 특지의문문으로의 수정이 비교적 자연스럽다.

3.2.2.8. '是'와 '的' 사이가 把字句일 경우

중국어 '是……的' 구문에서 '是'와 '的' 사이에 把字句가 오는 경우가 있
다. 이때 이들을 어떤 유형의 의문문으로 고칠 수 있는지 예문을 통해 살펴볼
것이다.

(222) 可不能让别人家知道, 家珍是把米藏在胸口衣服里带回来的。(活着)

→ 家珍是把米藏在胸口衣服里带回来的吗?

→ 家珍是不是把米藏在胸口衣服里带回来的?

→ 家珍是把米藏在胸口衣服里带回来的, 还是藏在其他地方带回来的?

→ 家珍是怎么把米带回来的?

(223) 我告诉你哥哥说是这个青年把我送来的, 可是没等我们道别, 就转身沿着
原路回去了。(单人房)

(224) 即使承宇不会那么做, 但毕竟是自己的妻子把事情搞成这样的。(菊花香)

위의 예문을 통해 알 수 있듯이 '是……的' 구문에서 '是'와 '的' 사이에 把字句가 올 경우 예문 (222)는 의문문의 네 가지 형식인 일반의문문, 정반의문문, 선택의문문, 특지의문문으로의 수정이 비교적 자연스럽다. 하지만 예문 (223)~(224)는 문장 자체가 긍정문이기에 이것은 의문문으로 수정할 수 없다. 따라서 의문문의 네 가지 형식으로도 수정할 수 없다.

3.2.2.9. '是'와 '的' 사이가 因果复句일 경우

중국어 '是……的' 구문에서 '是'와 '的' 사이에 因果复句가 오는 경우가 있다. 이때 이들을 어떤 유형의 의문문으로 고칠 수 있는지 예문을 통해 살펴볼 것이다.

> (225) 妈妈是因为小胡子大叔有名气才跟他结婚的。(刺鱼)
>
> → 妈妈是因为小胡子大叔有名气才跟他结婚的吗?
>
> → 妈妈是不是因为小胡子大叔有名气才跟他结婚的?
>
> → 妈妈是因为小胡子大叔有名气才跟他结婚的, 还是因为其他原因才跟他结婚的?
>
> → 妈妈是因为什么才跟他结婚的?
>
> (226) 别忘了, 孩子是你主动放弃的, 这是因为你的需要而决定的。(刺鱼)
>
> → 这是因为你的需要而决定的吗?
>
> → 这是不是因为你的需要而决定的?
>
> → 这是因为你的需要而决定的, 还是因为其他原因而决定的?
>
> → 这是因为什么而决定的?
>
> (227) 眼病是因坏病菌而生的, 那怎么能来看达云。(刺鱼)
>
> → 眼病是因坏病菌而生的吗?
>
> → 眼病是不是因坏病菌而生的?

→ 眼病是因坏病菌而生的, 还是其他原因而生的?

→ 眼病是因什么而生的?

(228) 阿古是因为把一枚两比索的硬币含在嘴里饿死的。(菊花香)

→ 阿古是因为把一枚两比索的硬币含在嘴里饿死的吗?

→ 阿古是不是因为把一枚两比索的硬币含在嘴里饿死的?

→ 阿古是因为把一枚两比索的硬币含在嘴里饿死的, 还是因为其他原因饿死的?

→ 阿古是因为什么饿死的?

위의 예문을 통해 알 수 있듯이 '是……的' 구문에서 '是'와 '的' 사이에 因果复句가 올 경우 예문 (225)~(228)은 의문문의 네 가지 형식인 일반의문문, 정반의문문, 선택의문문, 특지의문문으로의 수정이 비교적 자연스럽다.

3.2.3. 생략의 가능성

중국어 '是……的' 구문에서 '是'를 단독으로 생략할 수 있는 경우도 있고 '的'을 단독으로 생략하는 경우도 있으며 '是'와 '的'을 동시에 생략할 수 있는 경우도 있다. 아래 중국어 '是……的' 구문의 생략에 대하여 예문을 통해 살펴볼 것이다.

3.2.3.1. '是'와 '的' 사이가 체언일 경우

중국어 '是……的' 구문에서 '是'와 '的' 사이에 명사와 대명사가 오는 경우가 비교적 많은데 이들이 '是'와 '的'의 생략에서 어떤 양상을 보이는지 예문을 통해 살펴볼 것이다.

(229) 胜利是祥子的!(骆驼祥子)

(230) 他们几乎是爆发性的, 我正沿着前面的文章继续写, 事情就悄悄发生了。
(单人房)

(231) 有了自己的车, 再去拉包月或散座就没大关系了, 反正车是自己的。(骆驼
祥子)

(232) 这种行动的意思是说, 这个女人是我的, 谁也不许碰她, 恶魔也绝不能靠
近。(菊花香)

위의 예문을 통해 알 수 있듯이 '是……的' 구문에서 '是'와 '的' 사이에
명사와 대명사가 올 경우 '是' 혹은 '的'의 생략이 허용되지 않는다. 즉 예문
(229)~(232)는 '是'를 단독으로 생략할 수 없으며 '的'도 단독으로 생략할
수 없고 '是'와 '的'을 동시에 생략하는 것도 불가능하다. 이때 '是'가 문장에
서 서술어의 역할을 하고 있기에 생략하여서는 안 된다.

3.2.3.2. '是'와 '的' 사이가 형용사일 경우

중국어 '是……的' 구문에서 '是'와 '的' 사이에 형용사가 오는 경우가 있
다. 이때 이들이 '是'와 '的'의 생략에서 어떤 양상을 보이는지 예문을 통해
살펴볼 것이다.

(233) 踩在黄色银杏树叶上的心情是很奇妙的, 好像站在舞池里一样。(菊花香)

　　→ 踩在黄色银杏树叶上的心情很奇妙, 好像站在舞池里一样。

(234) 作别的苦工, 收入是有限的。(骆驼祥子)

　　→ 作别的苦工, 收入有限。

(235) 我先告诉您, 骨髓移植的治疗费是相当昂贵的。(刺鱼)

　　→ 我先告诉您, 骨髓移植的治疗费相当昂贵。

(236) 他说，生活是美丽的。(单人房)

    → 他说，生活美丽。

위의 예문을 통해 알 수 있듯이 '是……的' 구문에서 '是'와 '的' 사이에 형용사가 올 경우 '是' 혹은 '的'의 생략이 허용되지 않는다. 즉 예문 (233)~(236)은 '是'를 단독으로 생략할 수 없으며 '的'도 단독으로 생략할 수 없다. 하지만 '是'와 '的'을 동시에 생략하는 것은 가능하다. 이것은 '是'와 '的'을 동시에 생략한 다음 문장이 主谓短语를 이루기 때문이다.

3.2.3.3. '是'와 '的' 사이가 동사/동사결구일 경우

중국어 '是……的' 구문에서 '是'와 '的' 사이에 동사/동사결구가 오는 경우가 있다. 여기의 동사결구에는 동사, 动宾结构, 动补结构를 포함하고 있다. 이때 이들이 '是'와 '的'의 생략에서 어떤 양상을 보이는지 예문을 통해 살펴볼 것이다.

(237) 白得来的骆驼是不能放手的。(骆驼祥子)动词

    → 白得来的骆驼不能放手。

    → 白得来的骆驼不能放手的。

(238) 这件事是永远洗不清的，像肉上的一块黑癍。(骆驼祥子)动补结构

    → 这件事永远洗不清，像肉上的一块黑癍。

    → 这件事永远洗不清的，像肉上的一块黑癍。

(239) 其实以我的个头是能转进那个窟窿里去的。(菊花香)动宾结构

    → 其实以我的个头能转进那个窟窿里去。

    → 其实以我的个头能转进那个窟窿里去的。

(240) 他和骆驼是逃出来的，就都该活着。(骆驼祥子)动补结构

→ 他和骆驼逃出来，就都该活着。

→ 他和骆驼逃出来的，就都该活着。

(241) 中午的时候，我到大厅吃饭，汤好像是昨天煮的，有点酸。(单人房)动词

→ 中午的时候，我到大厅吃饭，汤好像昨天煮的，有点酸。

(242) 我们是听队长的，队长是听上面的。(活着)动宾结构

→ 我们听队长的，队长听上面的。

위의 예문을 통해 알 수 있듯이 '是……的' 구문에서 '是'와 '的' 사이에 동사/동사결구 올 경우 예문 (237)~(240)은 '是'의 생략과 '是'와 '的'을 동시에 생략하는 것이 허용된다. 하지만 예문 (241)~(242)는 '是'의 단독적인 생략은 가능하나 '的'의 단독적인 생략은 불가능하며 '是'와 '的'을 동시에 생략하는 것도 불가능하다.

3.2.3.4. '是'와 '的' 사이가 主谓结构일 경우

중국어 '是……的' 구문에서 '是'와 '的' 사이에 主谓结构가 오는 경우가 있다. 이때 이들이 '是'와 '的'의 생략에서 어떤 양상을 보이는지 예문을 통해 살펴볼 것이다.

(243) 他的妻子是幼儿教育专业毕业的，为人非常好，也特别喜欢诛美。(菊花香)

→ 他的妻子幼儿教育专业毕业，为人非常好，也特别喜欢诛美。

(244) 虽然是老婆给买的，可是慢慢的攒钱，自己还能再买车。(骆驼祥子)

(245) 穿长衫的私塾先生叫我念一段书，是我最高兴的。(活着)

(246) 不管和谁交往，我都感觉应该告诉那个人，她的房门是我锁上的。(单人房)

(247) 日头再毒也不怕，我有棒球帽，是爸爸作为出院纪念给买的。(刺鱼)

위의 예문을 통해 알 수 있듯이 '是……的' 구문에서 '是'와 '的' 사이에 主谓结构가 올 경우 예문 (243)은 '的'의 단독적인 생략은 가능하지만 '是'의 단독적인 생략과 '是'와 '的'를 동시에 생략하는 것은 불가능하다. 하지만 나머지 예문 (244)~(247)은 '是'를 단독으로 생략할 수 없으며 '的'도 단독으로 생략할 수 없고 '是'와 '的'을 동시에 생략하는 것도 불가능하다.

3.2.3.5. '是'와 '的' 사이가 介宾结构일 경우

중국어 '是……的' 구문에서 '是'와 '的' 사이에 介宾结构가 오는 경우가 있다. 이때 이들이 '是'와 '的'의 생략에서 어떤 양상을 보이는지 예문을 통해 살펴볼 것이다.

> (248) 自己是属于树木科的。(菊花香)
>
> → 自己是属于树木科。
>
> → 自己属于树木科的。
>
> → 自己属于树木科。
>
> (249) 他们似乎是属于另一行业的。(骆驼祥子)
>
> → 他们似乎是属于另一行业。
>
> → 他们似乎属于另一行业的。
>
> → 他们似乎属于另一行业。
>
> (250) 仆人是无法对主人说三道四的，他只好垂下头等待宋主任通完话。(刺鱼)
>
> → 仆人是无法对主人说三道四，他只好垂下头等待宋主任通完话。
>
> → 仆人无法对主人说三道四的，他只好垂下头等待宋主任通完话。
>
> → 仆人无法对主人说三道四，他只好垂下头等待宋主任通完话。
>
> (251) 分手的时候，她送给我一只七宝手镯，是从中国带来的。(单人房)
>
> → 分手的时候，她送给我一只七宝手镯，从中国带来的。

(252) 也不知道凤霞是从哪里去听来的。(活着)

　　　　→ 也不知道凤霞从哪里去听来的。

위의 예문을 통해 알 수 있듯이 '是……的' 구문에서 '是'와 '的' 사이에 介宾结构가 올 경우 예문 (248)~(250)은 '是'를 단독으로 생략할 수 있으며 '的'도 단독으로 생략할 수 있고 '是'와 '的'을 동시에 생략하는 것도 가능하다. 다만 예문 (251)~(252)는 '是'의 생략은 가능하나 '的'의 단독적 생략과 '是'와 '的'을 동시에 생략하는 것은 불가능하다.

3.2.3.6. '是'와 '的' 사이가 给字句일 경우

중국어 '是……的' 구문에서 '是'와 '的' 사이에 给字句가 오는 경우가 있다. 하지만 이런 경우는 그렇게 많지 않다. 이때 이들이 '是'와 '的'의 생략에서 어떤 양상을 보이는지 예문을 통해 살펴볼 것이다.

(253) 这是给家珍准备的, 是给家珍以后用的。(活着)

(254) 这羊是给我买的?(活着)

(255) 那是给谁做的?(单人房)

위의 예문을 통해 알 수 있듯이 '是……的' 구문에서 '是'와 '的' 사이에 给字句가 올 경우 예문 (253)~(255)는 '是'도 단독으로 생략할 수 없고 '的'도 단독으로 생략할 수 없으며 '是'와 '的'을 동시에 생략하는 것도 불가능하다.

3.2.3.7. '是'와 '的' 사이가 被字句일 경우

중국어 '是……的' 구문에서 '是'와 '的' 사이에 被字句가 오는 경우가 있다. 이때 이들이 '是'와 '的'의 생략에서 어떤 양상을 보이는지 예문을 통해 살펴볼 것이다.

> (256) 总统夫人死了, 是被间谍开枪打死的。(单人房)
>
> (257) 他还以为我是被那些女人给折腾的。(活着)
>
> (258) 按我们这里的习俗, 家珍是被她娘家的人硬给接走的, 也应该由她娘家的
>   人送回来。(活着)
>
> (259) 可能是被房间地面磨坏了。(单人房)

위의 예문을 통해 알 수 있듯이 '是……的' 구문에서 '是'와 '的' 사이에 被字句가 올 경우 예문 (256)~(259)는 '是'도 단독으로 생략할 수 없고 '的'도 단독으로 생략할 수 없으며 '是'와 '的'을 동시에 생략하는 것도 불가능하다.

3.2.3.8. '是'와 '的' 사이가 把字句일 경우

중국어 '是……的' 구문에서 '是'와 '的' 사이에 把字句가 오는 경우가 있다. 이때 이들이 '是'와 '的'의 생략에서 어떤 양상을 보이는지 예문을 통해 살펴볼 것이다.

> (260) 我问他是谁把他打成这样的?(活着)
>   → 我问他是谁把他打成这样?
>   → 我问他谁把他打成这样的?
>   → 我问他谁把他打成这样?
>
> (261) 可不能让别人家知道, 家珍是把米藏在胸口衣服里带回来的。(活着)
>   → 可不能让别人家知道, 家珍把米藏在胸口衣服里带回来的。
>
> (262) 我告诉你哥哥说是这个青年把我送来的, 可是没等我们道别, 就转身沿着
>   原路回去了。(单人房)

위의 예문을 통해 알 수 있듯이 예문 (122)~(126)은 모두 NP₂ 앞에 명사가 직접 오는 의존명사들이다. 즉 예문 (122)는 의존명사 기능을 하는 '~때문' 앞에 명사인 '생각'이 왔고, 예문 (123)은 의존명사 기능을 하는 '~나름' 앞에 명사인 '문학'이 왔다. 그리고 예문 (124)는 의존명사의 기능을 하는 '~뿐' 앞에 명사인 '태아'가 왔으며 예문 (125)는 명사와 의존명사의 기능을 동시에 갖고 있는 의존명사인 '~격' 앞에 명사인 '대장'이 왔으며 예문 (126)은 명사 기능을 하는 의존명사인 '~탓' 앞에 명사인 '방사선'이 왔다.

3.1.4. 판단 동사 구문의 '-를, -로'의 소절 구성 가능성

한국어 '의존명사+이다' 구문의 두 명사항이 판단 동사의 'NP₁을 NP₂로' 의 구문으로 변환이 가능한지 예문을 통해 살펴볼 것이다.

3.1.4.1. 의존명사의 기능만 갖고 있는 것

한국어 '의존명사+이다' 구문의 의존명사 자리에 나타나는 의존명사들은 바로 '~것, ~때문, ~따름, ~나름, ~망정, ~뿐' 등 단어들이다. 즉 '~것이다', '~때문이다', '~따름이다', '~나름이다', '~망정이다', '~뿐이다'를 판단 동사 의 'NP₁을 NP₂로'의 구문으로 변환이 가능한지 예문을 통해 살펴볼 것이다.

> (127) 시골집의 살강에는 내 밥그릇과 국그릇이 엎어져 있을 것이다. (외딴 방)
> → *나는 시골집의 살강에를 내 밥그릇과 국그릇이 엎어져 있을 것으로 생각했다.
> (128) 그것은 선배가 단기간에 이루려는 의욕이 앞서기 때문이다. (국화꽃향기)

→ *나는 그것을 선배가 단기간에 이루려는 의욕이 앞서기 때문으로
생각했다.

(129) 자괴감과 분노만이 우글우글한 <u>따름이었다.</u> (가시고기)

→ *나는 자괴감과 분노만을 우글우글한 따름으로 생각했다.

(130) 문학도 문학 <u>나름이다.</u> (외딴방)

→ *나는 문학을 문학 나름으로 생각했다.

(131) 그 집은 마침 네 눈에 띄었기에 망정이다. (표준국어대사전)

→ *그 집은 마침 네 눈에 띄었기에 망정으로 생각했다.

(132) 그러나 그 하인이 무슨 말을 하든 소용이 없었고, 되려 중대장을 귀찮
게 할 뿐이었네. (살아간다는 것)

→ *그러나 그 하인이 무슨 말을 하든 소용이 없었고, 되려 중대장을
귀찮게 할 뿐으로 생각했다.

위의 예문을 통해 알 수 있듯이 예문 (126)~(132)는 판단 동사의 'NP₁을
NP₂로'의 구문으로 변환할 수 없다. 이것은 한국어 '이다' 구문에서 NP₁과
NP₂의 관계가 동일한 개체를 지시하거나 포함관계로 해석될 경우에는 판단
동사 구문의 소절로의 변환이 가능하지만 한국어 '의존명사+이다' 구문에서
처럼 의존명사와 '이다'가 결합하여 양태적 의미를 나타낼 경우에는 판단
동사 구문의 소절로 변환이 불가능해진다.

3.1.4.2. 명사와 의존명사의 기능을 동시에 갖고 있는 것

한국어 '의존명사+이다' 구문의 의존명사 자리에 명사 또는 의존명사이지
만 의존명사의 역할을 하는 단어들이 있다. 이것은 바로 '~마련, ~셈, ~편,
~터, ~채, ~지경, ~바, ~판, ~모양, ~참, ~법, ~식, ~격, ~마당, ~양' 등 단어들
이다. 표준국어대사전에서 검색한 결과 이들은 명사 또는 의존명사로서의

기능만 갖고 있는 단어들이지만 한국어 '의존명사+이다' 구문에서 의존명사 역할을 하는 경우를 찾아볼 수 있다. 이것은 이런 단어들이 명사의 기능을 점차 상실하고 의존명사로 그 자리매김을 한 것 같다. 아래 이런 '의존명사+이다' 구문을 판단동사의 'NP₁을 NP₂로'의 구문으로 변환이 가능한지 예문을 통해 살펴볼 것이다.

(133) 어느 집단이나 품격이 모자라는 인간들이 한 두명은 있기 마련이다. (외딴방)

→ *나는 어느 집단이나 품격이 모자라는 인간들을 한 두명은 있기 마련으로 생각했다.

(134) 소원대로 아이의 말을 듣게 된 셈이었다. (가시고기)

→ *나는 소원대로 아이의 말을 듣게 된 셈으로 생각했다.

(135) 그의 체격과 근육은 나이에 비해 훨씬 성숙한 편이었다. (낙타샹즈)

→ *나는 그의 체격과 근육을 나이에 비해 훨씬 성숙한 편으로 생각했다.

(136) 그럼에도 그 하나가 모든 것과 같은 의미라는 걸 여자 역시 익히 알고 있을 터였다. (가시고기)

→ *나는 그럼에도 그 하나가 모든 것과 같은 의미라는 걸 여자 역시 익히 알고 있을 터라고 생각했다.

(137) 하지만 아빠 자신은 흠뻑 비에 젖은 채입니다. (가시고기)

→ *나는 하지만 아빠 자신을 흠뻑 비에 젖은 채로 생각했다.

(138) 이곳의 백모래는 결이 너무 고와 딴딴할 지경이다. (외딴방)

→ *나는 이곳의 백모래를 결이 너무 고와 딴딴할 지경으로 생각했다.

(139) 설령 아내가 처음부터 작심하고 이야기를 꺼냈다 해도 진작에 결정난 바였다. (가시고기)

→ *나는 설령 아내가 처음부터 작심하고 이야기를 꺼냈다 해도를 진작에 결정난 바로 생각했다.

(140) 그러니 땅에 떨어진 삼노끈 한 오라기라도 달갑게 주워야 할 판이었다. (낙타샹즈)

→ *나는 그러니 땅에 떨어진 삼노끈 한 오라기라도 달갑게 주워야 할 판으로 생각했다.

(141) 어딘가를 한참 헤매다가 돌아온 모양이었다. (가시고기)

→ *나는 그를 어딘가를 한참 헤매다가 돌아온 모양으로 생각했다.

(142) 그렇게 서먹해진 우리는 어쩌다 신작로에서 마주쳐도 서로 외면한다. 그러다가 나는 다시 도시로 와버린 참이다. (외딴방)

→ *그렇게 서먹해진 우리는 어쩌다 신작로에서 마주쳐도 서로 외면한다. 나는 그러다가 나를 다시 도시로 와버린 참으로 생각했다.

(143) 돈이란 것은 반지와 같아서 언제든지 자기 손에 있어야 좋은 법이다. (낙타샹즈)

→ *나는 돈이란 것을 반지와 같아서 언제든지 자기 손에 있어야 좋은 법으로 생각했다.

(144) 애가 우물에 가서 숭늉을 찾는 식이네. (국화꽃향기)

→ *나는 애를 우물에 가서 숭늉을 찾는 식으로 생각했다.

(145) 그 사람은 우리의 대장 격이다. (네이버사전)

→ *그 사람은 우리의 대장 격으로 생각했다.

(146) 꽤 굵직한 기관장들 이름이 거론된 마당이다. (네이버사전)

→ *나는 꽤 굵직한 기관장들 이름이 거론된 마당으로 생각했다.

(147) 어디선가 옥경이 쪼르르 달려 나오면 무슨 대단한 공이나 세운 양이다. (표준국어대사전)

→ *나는 어디선가 옥경이 쪼르르 달려 나오면 무슨 대단한 공이나

세운 양으로 생각했다.

위의 예문을 통해 알 수 있듯이 예문 (133)~(147)은 모두 판단 동사의 'NP₁을 NP₂로'의 구문으로 변환할 수 없다. 이것은 위에서 설명하였듯이 한국어 '이다' 구문에서 NP₁과 NP₂의 관계가 동일한 개체를 지시하거나 포함관계로 해석될 경우에는 판단 동사 구문의 소절로의 변환이 가능하지만 한국어 '의존명사+이다' 구문에서처럼 의존명사와 '이다'가 결합하여 양태적 의미를 나타낼 경우에는 판단 동사 구문의 소절로 변환이 불가능해진다.

3.1.4.3. 명사의 기능을 갖고 있는 것

한국어 '의존명사+이다' 구문의 의존명사 자리에 명사이지만 의존명사의 역할을 하는 단어들이 있다. 이것은 바로 '~노릇, ~탓, ~정도, ~십상, ~작정, ~탈' 등 단어들이다. 표준국어대사전에서 검색한 결과 이들은 명사로서의 기능만 갖고 있는 단어들이지만 한국어 '의존명사+이다' 구문에서 의존명사 역할을 하는 경우를 찾아볼 수 있다. 이것은 아마 명사인 이들이 문법화 과정을 그쳐 의존명사로 자리 잡은 것 같다. 아래 이런 '의존명사+이다' 구문을 판단동사의 'NP₁을 NP₂로'의 구문으로 변환이 가능한지 예문을 통해 살펴볼 것이다.

(148) 그렇다고 내색할 수 없는 노릇이었다. (가시고기)
   → *나는 이것을 그렇다고 내색할 수 없는 노릇으로 생각했다.
(149) 몇분 깜빡 잠이 들었다가도 하도 추워서 잠이 깨곤 했을 정도였다. (살아간다는 것)
   → *나는 여기를 몇분 깜빡 잠이 들었다가도 하도 추워서 잠이 깨곤 했을 정도로 생각했다.

(150) 지금 안 나오면 어중간해서 그런 것도 떼이기 <u>십상</u>이야. (외딴방)

　　　 → *나는 지금 안 나오면 어중간해서 그런 것을 떼이기 십상으로 생각
했다.

(151) 빈 지게를 지고 지나가면서 우쭐대며 사람들에게 내가 그애 아버지임
을 알릴 <u>작정이었지.</u> (살아간다는 것)

　　　 → *나는 빈 지게를 지고 지나가면서 우쭐대며 사람들에게 나를 그애
아버지임을 알릴 작정으로 생각했다.

(152) 아빠는 날 너무 믿어<u>서 탈입니다.</u> (가시고기)

　　　 → *나는 아빠를 날 너무 믿어서 탈로 생각했다.

(153) 김상중의 말을 잘못 받아들인 <u>탓이리라.</u> (가시고기)

　　　 → *나는 그를 김상중의 말을 잘못 받아들인 탓으로 생각했다.

위의 예문을 통해 알 수 있듯이 예문 (148)~(153)은 모두 판단 동사의
'NP₁을 NP₂로'의 구문으로 변환할 수 없다. 이것은 한국어 '이다' 구문에서
NP₁과 NP₂의 관계가 동일한 개체를 지시하거나 포함관계로 해석될 경우에
는 판단 동사 구문의 소절로의 변환이 가능하지만 한국어 '의존명사+이다'
구문에서처럼 의존명사와 '이다'가 결합하여 양태적 의미를 나타낼 경우에
는 판단 동사 구문의 소절로 변환이 불가능해진다.

3.2. '是……的' 구문의 통사적 특징

중국어 '是……的' 구문의 통사적 특징을 부정의 가능성, 의문문의 성립
가능성, 생략의 가능성을 통해 살펴볼 것이다.

3.2.1. 부정의 가능성

중국어 '是……的' 구문에서 부정의 가능성을 통해 그 통사적 특징을 살펴볼 수 있다. 즉 부정인 '不'가 '是……的' 구문 앞에 나타나는 경우도 있고 부정인 '不'가 '是……的' 구문 사이인 '是'와 '的' 사이에 나타나는 경우도 있다. 아래 예문을 통해 살펴볼 것이다.

3.2.1.1. '是'와 '的' 사이가 체언일 경우

중국어 '是……的' 구문에서 '是'와 '的' 사이에 명사와 대명사가 오는 경우가 비교적 많은데 이들의 부정이 어떤 양상을 나타내는지 예문을 통해 살펴볼 것이다.

(154) 胜利是祥子的!(骆驼祥子)

→ 胜利<u>不是</u>祥子的!

(155) 又是他们几乎是爆发性的, 我正沿着前面的文章继续写, 事情就悄悄发生了。(单人房)

→ 又是他们几乎<u>不是</u>爆发性的, 我正沿着前面的文章继续写, 事情就悄悄发生了。

(156) 有了自己的车, 再去拉包月或散座就没大关系了, 反正车是自己的。(骆驼祥子)

→ 有了自己的车, 再去拉包月或散座就没大关系了, 反正车<u>不是</u>自己的。

(157) 这种行动的意思是说, 这个女人是我的, 谁也不许碰她, 恶魔也绝不能靠近。(菊花香)

→ 这种行动的意思是说, 这个女人<u>不是</u>我的, 谁也不许碰她, 恶魔也绝不能靠近。

위의 예문을 통해 알 수 있듯이 '是……的' 구문에서 '是'와 '的' 사이에 명사와 대명사가 올 경우 부정인 '不'는 '是……的' 구문의 앞에 나타나게 된다. 이것은 문장에서 '是'가 판단동사의 역할을 하고 '的'이 구조조사의 역할을 하고 있기 때문이다.

3.2.1.2. '是'와 '的' 사이가 형용사일 경우

중국어 '是……的' 구문에서 '是'와 '的' 사이에 형용사가 오는 경우가 있다. 이때 이들의 부정이 어떤 양상을 나타내는지 예문을 통해 살펴볼 것이다.

(158) 踩在黄色银杏树叶上的心情是很奇妙的, 好像站在舞池里一样。(菊花香)

　　→ 踩在黄色银杏树叶上的心情<u>不是</u>很奇妙的, 好像站在舞池里一样。

(159) 作别的苦工, 收入是有限的。(骆驼祥子)

　　→ 作别的苦工, 收入<u>不是</u>有限的。

(160) 我先告诉您, 骨髓移植的治疗费是相当昂贵的。(刺鱼)

　　→ 我先告诉您, 骨髓移植的治疗费<u>不是</u>相当昂贵的。

(161) 他说, 生活是美丽的。(单人房)

　　→ 他说, 生活是<u>不</u>美丽的。

위의 예문을 통해 알 수 있듯이 '是……的' 구문에서 '是'와 '的' 사이에 형용사가 올 경우 예문 (158)~(160)은 부정인 '不'가 '是……的' 구문의 앞에 나타나게 된다. 이것은 문장에서 '是'가 판단동사의 역할을 하고 '的'이 구조조사의 역할을 하고 있기 때문이다. 하지만 예문 (161)의 경우 부정인 '不'가 '是……的' 구문의 앞이 아닌 '是'와 '的' 사이에 나타났다. 이것은 문장에서 '是'가 판단동사의 역할을 하고 있지만 '的'이 구조조사가 아닌 어기조사의 역할을 하고 있기 때문이다.

3.2.1.3. '是'와 '的' 사이가 동사/동사결구일 경우

중국어 '是……的' 구문에서 '是'와 '的' 사이에 동사/동사결구가 오는 경우가 있다. 여기의 동사결구에는 동사, 动宾结构, 动补结构를 포함하고 있다. 이때 이들의 부정이 어떤 양상을 나타내는지 예문을 통해 살펴볼 것이다.

    (162) 白得来的骆驼是不能放手的。(骆驼祥子)动词

        → 白得来的骆驼<u>不是</u>不能放手的。

    (163) 这件事是永远洗不清的, 像肉上的一块黑癜。(骆驼祥子)动补结构

        → 这件事<u>不是</u>永远洗不清的, 像肉上的一块黑癜。

    (164) 中午的时候, 我到大厅吃饭, 汤好像是昨天煮的, 有点酸。(单人房)动词

        → 中午的时候, 我到大厅吃饭, 汤好像<u>不是</u>昨天煮的, 有点酸。

    (165) 我们是听队长的, 队长是听上面的。(活着)动宾结构

        → 我们<u>不是</u>听队长的, 队长是听上面的。

    (166) 他和骆驼是逃出来的, 就都该活着。(骆驼祥子)动补结构

        → 他和骆驼<u>不是</u>逃出来的, 就都该活着。

    (167) 其实以我的个头是能转进那个窟窿里去的。(菊花香)动宾结构

        → 其实以我的个头是<u>不能</u>转进那个窟窿里去的。

위의 예문을 통해 알 수 있듯이 '是……的' 구문에서 '是'와 '的' 사이에 동사/동사결구 올 경우 예문 (162)~(166)은 부정인 '不'가 '是……的' 구문의 앞에 나타나게 된다. 이것은 문장에서 '是'가 판단동사의 역할을 하고 '的'이 구조조사의 역할을 하고 있기 때문이다. 하지만 예문 (167)의 경우 부정인 '不'가 '是……的' 구문의 앞이 아닌 '是'와 '的' 사이에 나타났다. 이것은 문장에서 '是'가 판단동사의 역할을 하고 있지만 '的'이 구조조사가 아닌 어기조사의 역할을 하고 있기 때문이다.

3.2.1.4. '是'와 '的' 사이가 主谓结构일 경우

중국어 '是……的' 구문에서 '是'와 '的' 사이에 主谓结构가 오는 경우가 있다. 이때 이들의 부정이 어떤 양상을 나타내는지 예문을 통해 살펴볼 것이다.

<blockquote>

(168) 他的妻子是幼儿教育专业毕业的, 为人非常好, 也特别喜欢诛美。(菊花香)

  → 他的妻子<u>不是</u>幼儿教育专业毕业的, 为人非常好, 也特别喜欢诛美。

(169) 虽然是老婆给买的, 可是慢慢的攒钱, 自己还能再买车。(骆驼祥子)

  → 虽然<u>不是</u>老婆给买的, 可是慢慢的攒钱, 自己还能再买车。

(170) 穿长衫的私塾先生叫我念一段书, 是我最高兴的。(活着)

  → 穿长衫的私塾先生叫我念一段书, <u>不是</u>我最高兴的。

(171) 不管和谁交往, 我都感觉应该告诉那个人, 她的房门是我锁上的。(单人房)

  → 不管和谁交往, 我都感觉应该告诉那个人, 她的房门<u>不是</u>我锁上的。

(172) 日头再毒也不怕, 我有棒球帽, 是爸爸作为出院纪念给买的。(剌鱼)

  → 日头再毒也不怕, 我有棒球帽, <u>不是</u>爸爸作为出院纪念给买的。

</blockquote>

위의 예문을 통해 알 수 있듯이 '是……的' 구문에서 '是'와 '的' 사이에 主谓结构가 올 경우 예문 (168)~(172)는 부정인 '不'가 '是……的' 구문의 앞에 나타나게 된다. 이것은 문장에서 '是'가 판단동사의 역할을 하고 '的'이 구조조사의 역할을 하고 있기 때문이다.

3.2.1.5. '是'와 '的' 사이가 介宾结构일 경우

중국어 '是……的' 구문에서 '是'와 '的' 사이에 介宾结构가 오는 경우가 있다. 이때 이들의 부정이 어떤 양상을 나타내는지 예문을 통해 살펴볼 것이다.

(173) 自己是属于树木科的。(菊花香)

　　　→ 自己<u>不是</u>属于树木科的。

　　　→ 自己<u>是不</u>属于树木科的。

(174) 他们似乎是属于另一行业的。(骆驼祥子)

　　　→ 他们似乎<u>不是</u>属于另一行业的。

　　　→ 他们似乎<u>是不</u>属于另一行业的。

(175) 分手的时候, 她送给我一只七宝手镯, 是从中国带来的。(单人房)

　　　→ 分手的时候, 她送给我一只七宝手镯, <u>不是</u>从中国带来的。

(176) 仆人是无法对主人说三道四的, 他只好垂下头等待宋主任通完话。(刺鱼)

(177) 也不知道凤霞是从哪里去听来的。(活着)

위의 예문을 통해 알 수 있듯이 '是……的' 구문에서 '是'와 '的' 사이에
介宾结构가 올 경우 예문 (173)~(174)는 부정인 '不'가 '是……的' 구문의
앞에 올 수도 있고 '是'와 '的' 사이에 올 수도 있다. 이것은 문장에서 '是'가
판단동사의 역할을 하고 '的'이 구조조사 또는 어기조사의 역할을 할 수 있
기 때문이다. 예문 (175)의 경우에는 부정인 '不'가 '是……的' 구문의 앞에
왔는데 이것은 '的'이 구조조사의 역할을 하고 있기 때문이다. 그리고 예문
(176)의 경우에는 介宾结构에 이미 부정이 왔기에 부정인 '不'가 올 수 없으
며 예문 (177)의 경우 앞에 '不知道'가 부정을 나타내고 있기에 부정이 올
수 없다.

3.2.1.6. '是'와 '的' 사이가 给字句일 경우

중국어 '是……的' 구문에서 '是'와 '的' 사이에 给字句가 오는 경우가 있
다. 하지만 이런 경우는 그렇게 많지 않다. 이때 이들의 부정이 어떤 양상을
나타내는지 예문을 통해 살펴볼 것이다.

(178) 这是给家珍准备的, 是给家珍以后用的。(活着)

　　　→ 这不是给家珍准备的, 不是给家珍以后用的。

(179) 这羊是给我买的?(活着)

　　　→ 这羊不是给我买的?

(180) 那是给谁做的?(单人房)

　위의 예문을 통해 알 수 있듯이 '是……的' 구문에서 '是'와 '的' 사이에 给字句가 올 경우 예문 (178)~(179)는 부정인 '不'가 '是……的' 구문의 앞에 나타나게 된다. 이것은 문장에서 '是'가 판단동사의 역할을 하고 '的'이 구조조사의 역할을 하고 있기 때문이다. 하지만 예문 (180)의 경우 부정인 '不'가 올 수 없다. 이것은 예문 (180) 자체가 일반의문문이기에 여기에는 부정을 나타내는 '不'가 올 수 없다.

3.2.1.7. '是'와 '的' 사이가 被字句일 경우

　중국어 '是……的' 구문에서 '是'와 '的' 사이에 被字句가 오는 경우가 있다. 이때 이들의 부정이 어떤 양상을 나타내는지 예문을 통해 살펴볼 것이다.

(181) 总统夫人死了, 是被间谍开枪打死的。(单人房)

　　　→ 总统夫人死了, 不是被间谍开枪打死的。

(182) 他还以为我是被那些女人给折腾的。(活着)

　　　→ 他还以为我不是被那些女人给折腾的。

(183) 按我们这里的习俗, 家珍是被她娘家的人硬给接走的, 也应该由她娘家的人送回来。(活着)

　　　→ 按我们这里的习俗, 家珍不是被她娘家的人硬给接走的, 也应该由她娘家的人送回来。

(184) 可能是被房间地面磨坏了。(单人房)

→ 可能不是被房间地面磨坏了。

위의 예문을 통해 알 수 있듯이 '是……的' 구문에서 '是'와 '的' 사이에 被字句가 올 경우 예문 (181)~(184)는 부정인 '不'가 '是……的' 구문의 앞에 나타나게 된다. 이것은 문장에서 '是'가 판단동사의 역할을 하고 '的'이 구조조사의 역할을 하고 있기 때문이다. 단 예문 (183)의 경우 전체 문장의 의미를 보면 부정인 '不'가 와서는 안 된다.

3.2.1.8. '是'와 '的' 사이가 把字句일 경우

중국어 '是……的' 구문에서 '是'와 '的' 사이에 把字句가 오는 경우가 있다. 이때 이들의 부정이 어떤 양상을 나타내는지 예문을 통해 살펴볼 것이다.

(185) 我问他是谁把他打成这样的?(活着)

(186) 可不能让别人家知道, 家珍是把米藏在胸口衣服里带回来的。(活着)

→ 可不能让别人家知道, 家珍不是把米藏在胸口衣服里带回来的。

(187) 我告诉你哥哥说是这个青年把我送来的, 可是没等我们道别, 就转身沿着原路回去了。(单人房)

→ 我告诉你哥哥说不是这个青年把我送来的, 可是没等我们道别, 就转身沿着原路回去了。

(188) 即使承宇不会那么做, 但毕竟是自己的妻子把事情搞成这样的。(菊花香)

→ 即使承宇不会那么做, 但毕竟不是自己的妻子把事情搞成这样的。

위의 예문을 통해 알 수 있듯이 '是……的' 구문에서 '是'와 '的' 사이에 把字句가 올 경우 예문 (186)~(188)은 부정인 '不'가 '是……的' 구문의 앞에 나타나게 된다. 이것은 문장에서 '是'가 판단동사의 역할을 하고 '的'이 구조조사의 역할을 하고 있기 때문이다. 하지만 전체 문장의 의미를 보면 부정인 '不'가 와서는 안 되는 문장들이다. 그리고 예문 (185)의 경우 부정인 '不'가 '是……的' 구문에 나타날 수 없는 것은 문장 자체가 일반의문문이기에 부정이 올 수 없는 상황이다.

3.2.1.9. '是'와 '的' 사이가 因果复句일 경우

중국어 '是……的' 구문에서 '是'와 '的' 사이에 因果复句가 오는 경우가 있다. 이때 이들의 부정이 어떤 양상을 나타내는지 예문을 통해 살펴볼 것이다.

> (189) 妈妈是因为小胡子大叔有名气才跟他结婚的。(刺鱼)
>
> → 妈妈<u>不是</u>因为小胡子大叔有名气才跟他结婚的。
>
> (190) 别忘了, 孩子是你主动放弃的, 这是因为你的需要而决定的。(刺鱼)
>
> → 别忘了, 孩子<u>不是</u>你主动放弃的, 这不是因为你的需要而决定的。
>
> (191) 眼病是因坏病菌而生的, 那怎么能来看达云。(刺鱼)
>
> → 眼病<u>不是</u>因坏病菌而生的, 那怎么能来看达云。
>
> (192) 阿古是因为把一枚两比索的硬币含在嘴里饿死的。(菊花香)
>
> → 阿古<u>不是</u>因为把一枚两比索的硬币含在嘴里饿死的。

위의 예문을 통해 알 수 있듯이 '是……的' 구문에서 '是'와 '的' 사이에 因果复句가 올 경우 예문 (189)~(192)는 부정인 '不'가 '是……的' 구문의 앞에 나타나게 된다. 이것은 문장에서 '是'가 판단동사의 역할을 하고 '的'이 구조조사의 역할을 하고 있기 때문이다. 하지만 예문 (190)과 (191)의 경우 문장의 전체 의미를 고려하면 부정문으로 고칠 수 없다.

3.2.2. 의문문의 성립 가능성

중국어 의문문에는 일반의문문(是非疑问句), 정반의문문(正反疑问句), 선택의문문, 특지의문문(特指疑问句) 등이 있다. 아래 중국어 '是……的' 구문을 위의 네 가지 의문문으로 바꿀 수 있는지 예문을 통해 살펴볼 것이다.

3.2.2.1. '是'와 '的' 사이가 체언일 경우

중국어 '是……的' 구문에서 '是'와 '的' 사이에 명사와 대명사가 오는 경우가 비교적 많은데 어떤 유형의 의문문으로 고칠 수 있는지 예문을 통해 살펴볼 것이다.

> (193) 胜利是祥子的!(骆驼祥子)
>
> → 胜利是祥子的吗?
>
> → 胜利是不是祥子的?
>
> → 胜利是祥子的, 还是别人的?
>
> → 胜利是谁取得的?
>
> (194) 他们几乎是爆发性的, 我正沿着前面的文章继续写, 事情就悄悄发生了。
>
> (单人房)
>
> → 他们几乎是爆发性的吗?
>
> → 他们几乎是不是爆发性的?
>
> → 他们几乎是爆发性的,还是非爆发性的?
>
> → 谁几乎是爆发性的?
>
> (195) 有了自己的车, 再去拉包月或散座就没大关系了, 反正车是自己的。(骆驼祥子)
>
> → 车是自己的吗?

→ 车是不是自己的?

→ 车是自己的, 还是别人的?

→ 车是谁的?

(196) 这种行动的意思是说, 这个女人是我的, 谁也不许碰她, 恶魔也绝不能靠

近。(菊花香)

→ 这个女人是我的吗?

→ 这个女人是不是我的?

→ 这个女人是我的, 还是别人的?

→ 这个女人是谁的?

위의 예문을 통해 알 수 있듯이 '是……的' 구문에서 '是'와 '的' 사이에
명사와 대명사가 올 경우 예문 (193)~(196)은 네 가지 의문문으로 고쳐도
어색하지 않다. 하지만 의문문으로 고칠 경우 문장 전체에서 수정한 것이
아니라 문장에서 '是……的'만 있는 부분을 떼어내어 의문문 형식으로 고쳤
다. 문장 전체를 네 가지 의문문으로 수정할 경우 문장의 의미로 인해 고칠
수 없는 경우도 있다.

3.2.2.2. '是'와 '的' 사이가 형용사일 경우

중국어 '是……的' 구문에서 '是'와 '的' 사이에 형용사가 오는 경우가 있
다. 이때 이들을 어떤 유형의 의문문으로 고칠 수 있는지 예문을 통해 살펴볼
것이다.

(197) 作别的苦工, 收入是有限的。(骆驼祥子)

→ 作别的苦工, 收入是有限的吗?

→ 作别的苦工, 收入是不是有限的?

→ 作别的苦工, 收入是有限的, 还是无限的?

→ 作别的苦工, 收入是怎样的?

(198) 他说, 生活是美丽的。(单人房)

　　→ 生活是美丽的吗?

　　→ 生活是不是美丽的?

　　→ 生活是美丽的, 还是残酷的?

　　→ 生活是怎样啊?

(199) 我先告诉您, 骨髓移植的治疗费是相当昂贵的。(刺鱼)

　　→ 骨髓移植的治疗费是相当昂贵的吗?

　　→ 骨髓移植的治疗费是不是相当昂贵?

　　→ 骨髓移植的治疗费是相当昂贵的, 还是相当便宜的?

　　→ 骨髓移植的治疗费是怎么样的?

(200) 踩在黄色银杏树叶上的心情是很奇妙的, 好像站在舞池里一样。(菊花香)

　　→ 踩在黄色银杏树叶上的心情是很奇妙的吗?

　　→ 踩在黄色银杏树叶上的心情是不是很奇妙?

　　→ 踩在黄色银杏树叶上的心情是很奇妙的, 还是很奇怪的?

　　→ 踩在黄色银杏树叶上的心情是怎样的?

위의 예문을 통해 알 수 있듯이 '是……的' 구문에서 '是'와 '的' 사이에 형용사가 올 경우 예문 (197)~(200)의 경우 일반의문문, 선택의문문, 특지의 문문으로의 수정은 아무 문제가 없다. 다만 정반의문문으로 고칠 경우 예문 (197)~(198)처럼 형용사 앞에 수식성분이 없을 경우에는 직접 '是不是'로 정반의문문을 만들 수 있지만 예문 (199)~(200)처럼 형용사 앞에 수식성분 이 있을 경우에는 제일 뒤에 오는 '的'을 삭제하는 것이 문장이 더욱 자연스 럽다.

3.2.2.3. '是'와 '的' 사이가 동사/동사결구일 경우

중국어 '是……的' 구문에서 '是'와 '的' 사이에 동사/동사결구가 오는 경우가 있다. 여기의 동사결구에는 동사, 动宾结构, 动补结构를 포함하고 있다. 이때 이들을 어떤 유형의 의문문으로 고칠 수 있는지 예문을 통해 살펴볼 것이다.

(201) 中午的时候, 我到大厅吃饭, 汤好像是昨天煮的, 有点酸。(单人房)动词

　　→ 汤是昨天煮的吗?

　　→ 汤是不是昨天煮的?

　　→ 汤是昨天煮的, 还是今天煮的?

　　→ 汤是什么时候煮的?

(202) 我们是听队长的, 队长是听上面的。(活着)动宾结构

　　→ 我们是听队长的吗?

　　→ 我们是不是听队长的?

　　→ 我们是听队长的, 还是听上面领导的?

　　→ 我们是听谁的?

(203) 他和骆驼是逃出来的, 就都该活着。(骆驼祥子)动补结构

　　→ 他和骆驼是逃出来的吗?

　　→ 他和骆驼是不是逃出来的?

　　→ 他和骆驼是逃出来的, 还是放出来的?

　　→ 他和骆驼是怎么出来的?

(204) 白得来的骆驼是不能放手的。(骆驼祥子)动词

　　→ 白得来的骆驼是不能放手的吗?

　　→ 白得来的骆驼是不是不能放手?

　　→ 白得来的骆驼是不能放手, 还是能放手?

→ 白得来的骆驼是不能怎样的?

(205) 这件事是永远洗不清的, 像肉上的一块黑瘢。(骆驼祥子)动补结构

→ 这件事是永远洗不清的吗?

→ 这件事是不是永远洗不清?

→ 这件事是永远洗不清的, 还是能洗清的?

→ 这件事是怎样的?

(206) 以我的个头是能转进那个窟窿里去的。(菊花香)动宾结构

→ 以我的个头是不能转进那个窟窿里去的吗?

→ 以我的个头是不是不能转进那个窟窿里去?

→ 以我的个头是不能转进那个窟窿里去的, 还是能转进那个窟窿里去的?

→ 以我的个头是不能怎么样的?

위의 예문을 통해 알 수 있듯이 '是……的' 구문에서 '是'와 '的' 사이에 동사/동사결구 올 경우 예문 (201)~(206)은 일반의문문, 선택의문문, 특지의 문문으로의 수정을 아주 자연스럽다. 다만 정반의문문에서 예문 (201)~ (203)은 직접 '是不是'로 정반의문문을 만들 수 있지만 예문 (204)~(206)은 정반의문문으로 고칠 경우 반드시 뒤에 오는 '的'을 삭제하여야 문장이 자연 스럽다. 이런 원인에 대해서는 아직 찾아내지 못했다. 향후의 논의에서 더 살펴봐야 할 점이다.

3.2.2.4. '是'와 '的' 사이가 主谓结构일 경우

중국어 '是……的' 구문에서 '是'와 '的' 사이에 主谓结构가 오는 경우가 있다. 이때 이들을 어떤 유형의 의문문으로 고칠 수 있는지 예문을 통해 살펴볼 것이다.

(207) 他的妻子是幼儿教育专业毕业的，为人非常好，也特别喜欢诛美。(菊花香)

　　　→ 他的妻子是幼儿教育专业毕业的吗？

　　　→ 他的妻子是不是幼儿教育专业毕业的？

　　　→ 他的妻子是幼儿教育专业毕业的，还是其他专业毕业的？

　　　→ 他的妻子是什么专业毕业的？

(208) 这个是老婆给买的，可是慢慢的攒钱，自己还能再买车。(骆驼祥子)

　　　→ 这个是老婆给买的吗？

　　　→ 这个是不是老婆给买的？

　　　→ 这个是老婆给买的，还是岳丈给买的？

　　　→ 这个是谁给买的？

(209) 穿长衫的私塾先生叫我念一段书，是我最高兴的。(活着)

　　　→ 是我最高兴的吗？

　　　→ 是不是我最高兴的？

　　　→ 是我最高兴的，还是最不高兴的？

　　　→ 是谁最高兴的？

(210) 不管和谁交往，我都感觉应该告诉那个人，她的房门是我锁上的。(单人房)

　　　→ 她的房门是我锁上的吗？

　　　→ 她的房门是不是我锁上的？

　　　→ 她的房门是我锁上的，还是别人锁上的？

　　　→ 她的房门是谁锁上的？

(211) 日头再毒也不怕，我有棒球帽，是爸爸作为出院纪念给买的。(刺鱼)

　　　→ 是爸爸作为出院纪念给买的吗？

　　　→ 是不是爸爸作为出院纪念给买的？

　　　→ 是爸爸作为出院纪念给买的，还是妈妈给买的？

　　　→ 是谁作为出院纪念给买的？

위의 예문을 통해 알 수 있듯이 '是……的' 구문에서 '是'와 '的' 사이에 主谓结构가 올 경우 예문 (207)~(211)은 의문문의 네 가지 형식인 일반의문문, 정반의문문, 선택의문문, 특지의문문으로의 수정이 비교적 자연스럽다.

3.2.2.5. '是'와 '的' 사이가 介宾结构일 경우

중국어 '是……的' 구문에서 '是'와 '的' 사이에 介宾结构가 오는 경우가 있다. 이때 이들을 어떤 유형의 의문문으로 고칠 수 있는지 예문을 통해 살펴볼 것이다.

(212) 自己是属于树木科的。(菊花香)

→ 自己是属于树木科的吗?

→ 自己是不是属于树木科的?

→ 自己是属于树木科的, 还是属于其他科的?

→ 自己是属于哪里的?

(213) 他们是属于另一行业的。(骆驼祥子)

→ 他们是属于另一行业的吗?

→ 他们是不是属于另一行业的?

→ 他们是属于另一行业的, 还是这一行业的?

→ 他们是属于哪里的?

(214) 分手的时候, 她送给我一只七宝手镯, 是从中国带来的。(单人房)

→ 是从中国带来的吗?

→ 是不是从中国带来的?

→ 是从中国带来的, 还是从美国带来的?

→ 是从哪里带来的?

(215) 仆人是无法对主人说三道四的, 他只好垂下头等待宋主任通完话。(刺鱼)

→ 仆人是无法对主人说三道四的吗?

→ 仆人是不是无法对主人说三道四的?

→ 仆人是无法对主人说三道四的, 还是可以对主人说三道四的?

→ 仆人无法对主人怎么样的?

(216) 也不知道凤霞是从哪里去听来的。(活着)

　　→ 凤霞是从哪里去听来的呢?

　　→ 凤霞是不是从哪里去听来的?

　　→ 凤霞是从哪里去听来的, 还是自己知道的?

　　→ 凤霞是从哪里去听来的?

위의 예문을 통해 알 수 있듯이 '是……的' 구문에서 '是'와 '的' 사이에 介宾结构가 올 경우 예문 (212)~(216)은 일반의문문, 정반의문문, 선택의문문으로의 수정이 비교적 자연스럽다. 다만 정반의문문일 경우 예문 (216) 자체가 특지를 나타내는 '哪里'를 문장 내에 포함하고 있기에 이 문장은 자체적으로 특지의문문이 될 수 있다.

3.2.2.6. '是'와 '的' 사이가 给字句일 경우

중국어 '是……的' 구문에서 '是'와 '的' 사이에 给字句가 오는 경우가 있다. 하지만 이런 경우는 그렇게 많지 않다. 이때 이들을 어떤 유형의 의문문으로 고칠 수 있는지 예문을 통해 살펴볼 것이다.

(217) 这是给家珍准备的, 是给家珍以后用的。(活着)

　　→ 这是给家珍准备的吗?

　　→ 这是不是给家珍准备的?

　　→ 这是给家珍准备的, 还是给小美准备的?

→ 这是给谁准备的?

(218) 这羊是给我买的? (活着)

　　→ 这羊是给我买的吗?

　　→ 这羊是不是给我买的?

　　→ 这羊是给我买的, 还是给其他人买的?

　　→ 这羊是给谁买的?

위의 예문을 통해 알 수 있듯이 '是……的' 구문에서 '是'와 '的' 사이에 给字句가 올 경우 예문 (217)~(218)은 의문문의 네 가지 형식인 일반의문문, 정반의문문, 선택의문문, 특지의문문으로 수정하는 것이 아주 자연스럽다.

3.2.2.7. '是'와 '的' 사이가 被字句일 경우

중국어 '是……的' 구문에서 '是'와 '的' 사이에 被字句가 오는 경우가 있다. 이때 이들을 어떤 유형의 의문문으로 고칠 수 있는지 예문을 통해 살펴볼 것이다.

(219) 总统夫人死了, 是被间谍开枪打死的。 (单人房)

　　→ 总统夫人死了, 是被间谍开枪打死的吗?

　　→ 总统夫人死了, 是不是被间谍开枪打死的?

　　→ 总统夫人死了, 是被间谍开枪打死的, 还是被其他人开枪打死的?

　　→ 总统夫人死了, 是被谁开枪打死的?

(220) 他还以为我是被那些女人给折腾的。 (活着)

　　→ 我是被那些女人给折腾的吗?

　　→ 我是不是被那些女人给折腾的?

　　→ 我是被那些女人给折腾的, 还是被其他人给折腾的?

→ 我是被谁给折腾的?

(221) 按我们这里的习俗, 家珍是被她娘家的人硬给接走的, 也应该由她娘家的人送回来。(活着)

→ 家珍是被她娘家的人硬给接走的吗?

→ 家珍是不是被她娘家的人硬给接走的?

→ 家珍是被她娘家的人硬给接走的, 还是她婆家人硬给接走的?

→ 家珍是被谁硬给接走的?

위의 예문을 통해 알 수 있듯이 '是……的' 구문에서 '是'와 '的' 사이에 被字句가 올 경우 예문 (219)~(221)은 의문문의 네 가지 형식인 일반의문문, 정반의문문, 선택의문문, 특지의문문으로의 수정이 비교적 자연스럽다.

3.2.2.8. '是'와 '的' 사이가 把字句일 경우

중국어 '是……的' 구문에서 '是'와 '的' 사이에 把字句가 오는 경우가 있다. 이때 이들을 어떤 유형의 의문문으로 고칠 수 있는지 예문을 통해 살펴볼 것이다.

(222) 可不能让别人家知道, 家珍是把米藏在胸口衣服里带回来的。(活着)

→ 家珍是把米藏在胸口衣服里带回来的吗?

→ 家珍是不是把米藏在胸口衣服里带回来的?

→ 家珍是把米藏在胸口衣服里带回来的, 还是藏在其他地方带回来的?

→ 家珍是怎么把米带回来的?

(223) 我告诉你哥哥说是这个青年把我送来的, 可是没等我们道别, 就转身沿着原路回去了。(单人房)

(224) 即使承宇不会那么做, 但毕竟是自己的妻子把事情搞成这样的。(菊花香)

위의 예문을 통해 알 수 있듯이 '是……的' 구문에서 '是'와 '的' 사이에 把字句가 올 경우 예문 (222)는 의문문의 네 가지 형식인 일반의문문, 정반의 문문, 선택의문문, 특지의문문으로의 수정이 비교적 자연스럽다. 하지만 예문 (223)~(224)는 문장 자체가 긍정문이기에 이것은 의문문으로 수정할 수 없다. 따라서 의문문의 네 가지 형식으로도 수정할 수 없다.

3.2.2.9. '是'와 '的' 사이가 因果复句일 경우

중국어 '是……的' 구문에서 '是'와 '的' 사이에 因果复句가 오는 경우가 있다. 이때 이들을 어떤 유형의 의문문으로 고칠 수 있는지 예문을 통해 살펴볼 것이다.

(225) 妈妈是因为小胡子大叔有名气才跟他结婚的。(刺鱼)

→ 妈妈是因为小胡子大叔有名气才跟他结婚的吗?

→ 妈妈是不是因为小胡子大叔有名气才跟他结婚的?

→ 妈妈是因为小胡子大叔有名气才跟他结婚的, 还是因为其他原因才跟 他结婚的?

→ 妈妈是因为什么才跟他结婚的?

(226) 别忘了, 孩子是你主动放弃的, 这是因为你的需要而决定的。(刺鱼)

→ 这是因为你的需要而决定的吗?

→ 这是不是因为你的需要而决定的?

→ 这是因为你的需要而决定的, 还是因为其他原因而决定的?

→ 这是因为什么而决定的?

(227) 眼病是因坏病菌而生的, 那怎么能来看达云。(刺鱼)

→ 眼病是因坏病菌而生的吗?

→ 眼病是不是因坏病菌而生的?

→ 眼病是因坏病菌而生的，还是其他原因而生的？

→ 眼病是因什么而生的？

(228) 阿古是因为把一枚两比索的硬币含在嘴里饿死的。(菊花香)

→ 阿古是因为把一枚两比索的硬币含在嘴里饿死的吗？

→ 阿古是不是因为把一枚两比索的硬币含在嘴里饿死的？

→ 阿古是因为把一枚两比索的硬币含在嘴里饿死的, 还是因为其他原因饿死的？

→ 阿古是因为什么饿死的？

위의 예문을 통해 알 수 있듯이 '是……的' 구문에서 '是'와 '的' 사이에 因果复句가 올 경우 예문 (225)~(228)은 의문문의 네 가지 형식인 일반의문문, 정반의문문, 선택의문문, 특지의문문으로의 수정이 비교적 자연스럽다.

3.2.3. 생략의 가능성

중국어 '是……的' 구문에서 '是'를 단독으로 생략할 수 있는 경우도 있고 '的'을 단독으로 생략하는 경우도 있으며 '是'와 '的'을 동시에 생략할 수 있는 경우도 있다. 아래 중국어 '是……的' 구문의 생략에 대하여 예문을 통해 살펴볼 것이다.

3.2.3.1. '是'와 '的' 사이가 체언일 경우

중국어 '是……的' 구문에서 '是'와 '的' 사이에 명사와 대명사가 오는 경우가 비교적 많은데 이들이 '是'와 '的'의 생략에서 어떤 양상을 보이는지 예문을 통해 살펴볼 것이다.

(229) 胜利是祥子的!(骆驼祥子)

(230) 他们几乎是爆发性的, 我正沿着前面的文章继续写, 事情就悄悄发生了。
(单人房)

(231) 有了自己的车, 再去拉包月或散座就没大关系了, 反正车是自己的。(骆驼
祥子)

(232) 这种行动的意思是说, 这个女人是我的, 谁也不许碰她, 恶魔也绝不能靠
近。(菊花香)

위의 예문을 통해 알 수 있듯이 '是……的' 구문에서 '是'와 '的' 사이에 명사와 대명사가 올 경우 '是' 혹은 '的'의 생략이 허용되지 않는다. 즉 예문 (229)~(232)는 '是'를 단독으로 생략할 수 없으며 '的'도 단독으로 생략할 수 없고 '是'와 '的'을 동시에 생략하는 것도 불가능하다. 이때 '是'가 문장에서 서술어의 역할을 하고 있기에 생략하여서는 안 된다.

3.2.3.2. '是'와 '的' 사이가 형용사일 경우

중국어 '是……的' 구문에서 '是'와 '的' 사이에 형용사가 오는 경우가 있다. 이때 이들이 '是'와 '的'의 생략에서 어떤 양상을 보이는지 예문을 통해 살펴볼 것이다.

(233) 踩在黄色银杏树叶上的心情是很奇妙的, 好像站在舞池里一样。(菊花香)

　　→ 踩在黄色银杏树叶上的心情很奇妙, 好像站在舞池里一样。

(234) 作别的苦工, 收入是有限的。(骆驼祥子)

　　→ 作别的苦工, 收入有限。

(235) 我先告诉您, 骨髓移植的治疗费是相当昂贵的。(刺鱼)

　　→ 我先告诉您, 骨髓移植的治疗费相当昂贵。

(236) 他说，生活是美丽的。(单人房)

　　　→ 他说，生活美丽。

　　위의 예문을 통해 알 수 있듯이 '是……的' 구문에서 '是'와 '的' 사이에 형용사가 올 경우 '是' 혹은 '的'의 생략이 허용되지 않는다. 즉 예문 (233)~(236)은 '是'를 단독으로 생략할 수 없으며 '的'도 단독으로 생략할 수 없다. 하지만 '是'와 '的'을 동시에 생략하는 것은 가능하다. 이것은 '是'와 '的'을 동시에 생략한 다음 문장이 主谓短语를 이루기 때문이다.

3.2.3.3. '是'와 '的' 사이가 동사/동사결구일 경우

　　중국어 '是……的' 구문에서 '是'와 '的' 사이에 동사/동사결구가 오는 경우가 있다. 여기의 동사결구에는 동사, 动宾结构, 动补结构를 포함하고 있다. 이때 이들이 '是'와 '的'의 생략에서 어떤 양상을 보이는지 예문을 통해 살펴볼 것이다.

(237) 白得来的骆驼是不能放手的。(骆驼祥子)动词

　　　→ 白得来的骆驼不能放手。

　　　→ 白得来的骆驼不能放手的。

(238) 这件事是永远洗不清的，像肉上的一块黑癍。(骆驼祥子)动补结构

　　　→ 这件事永远洗不清，像肉上的一块黑癍。

　　　→ 这件事永远洗不清的，像肉上的一块黑癍。

(239) 其实以我的个头是能转进那个窟窿里去的。(菊花香)动宾结构

　　　→ 其实以我的个头能转进那个窟窿里去。

　　　→ 其实以我的个头能转进那个窟窿里去的。

(240) 他和骆驼是逃出来的，就都该活着。(骆驼祥子)动补结构

→ 他和骆驼逃出来, 就都该活着。

→ 他和骆驼逃出来的, 就都该活着。

(241) 中午的时候, 我到大厅吃饭, 汤好像是昨天煮的, 有点酸。(单人房)动词

→ 中午的时候, 我到大厅吃饭, 汤好像昨天煮的, 有点酸。

(242) 我们是听队长的, 队长是听上面的。(活着)动宾结构

→ 我们听队长的, 队长听上面的。

위의 예문을 통해 알 수 있듯이 '是……的' 구문에서 '是'와 '的' 사이에 동사/동사결구 올 경우 예문 (237)~(240)은 '是'의 생략과 '是'와 '的'을 동시에 생략하는 것이 허용된다. 하지만 예문 (241)~(242)는 '是'의 단독적인 생략은 가능하나 '的'의 단독적인 생략은 불가능하며 '是'와 '的'을 동시에 생략하는 것도 불가능하다.

3.2.3.4. '是'와 '的' 사이가 主谓结构일 경우

중국어 '是……的' 구문에서 '是'와 '的' 사이에 主谓结构가 오는 경우가 있다. 이때 이들이 '是'와 '的'의 생략에서 어떤 양상을 보이는지 예문을 통해 살펴볼 것이다.

(243) 他的妻子是幼儿教育专业毕业的, 为人非常好, 也特别喜欢诛美。(菊花香)

→ 他的妻子是幼儿教育专业毕业, 为人非常好, 也特别喜欢诛美。

(244) 虽然是老婆给买的, 可是慢慢的攒钱, 自己还能再买车。(骆驼祥子)

(245) 穿长衫的私塾先生叫我念一段书, 是我最高兴的。(活着)

(246) 不管和谁交往, 我都感觉应该告诉那个人, 她的房门是我锁上的。(单人房)

(247) 日头再毒也不怕, 我有棒球帽, 是爸爸作为出院纪念给买的。(刺鱼)

위의 예문을 통해 알 수 있듯이 '是……的' 구문에서 '是'와 '的' 사이에 主谓结构가 올 경우 예문 (243)은 '的'의 단독적인 생략은 가능하지만 '是'의 단독적인 생략과 '是'와 '的'를 동시에 생략하는 것은 불가능하다. 하지만 나머지 예문 (244)~(247)은 '是'를 단독으로 생략할 수 없으며 '的'도 단독으로 생략할 수 없고 '是'와 '的'을 동시에 생략하는 것도 불가능하다.

3.2.3.5. '是'와 '的' 사이가 介宾结构일 경우

중국어 '是……的' 구문에서 '是'와 '的' 사이에 介宾结构가 오는 경우가 있다. 이때 이들이 '是'와 '的'의 생략에서 어떤 양상을 보이는지 예문을 통해 살펴볼 것이다.

> (248) 自己是属于树木科的。(菊花香)
>
> → 自己是属于树木科。
>
> → 自己属于树木科的。
>
> → 自己属于树木科。
>
> (249) 他们似乎是属于另一行业的。(骆驼祥子)
>
> → 他们似乎是属于另一行业。
>
> → 他们似乎属于另一行业的。
>
> → 他们似乎属于另一行业。
>
> (250) 仆人是无法对主人说三道四的, 他只好垂下头等待宋主任通完话。(刺鱼)
>
> → 仆人是无法对主人说三道四, 他只好垂下头等待宋主任通完话。
>
> → 仆人无法对主人说三道四的, 他只好垂下头等待宋主任通完话。
>
> → 仆人无法对主人说三道四, 他只好垂下头等待宋主任通完话。
>
> (251) 分手的时候, 她送给我一只七宝手镯, 是从中国带来的。(单人房)
>
> → 分手的时候, 她送给我一只七宝手镯, 从中国带来的。

(252) 也不知道凤霞是从哪里去听来的。(活着)

　　→ 也不知道凤霞从哪里去听来的。

위의 예문을 통해 알 수 있듯이 '是……的' 구문에서 '是'와 '的' 사이에 介宾结构가 올 경우 예문 (248)~(250)은 '是'를 단독으로 생략할 수 있으며 '的'도 단독으로 생략할 수 있고 '是'와 '的'을 동시에 생략하는 것도 가능하다. 다만 예문 (251)~(252)는 '是'의 생략은 가능하나 '的'의 단독적 생략과 '是'와 '的'을 동시에 생략하는 것은 불가능하다.

3.2.3.6. '是'와 '的' 사이가 给字句일 경우

중국어 '是……的' 구문에서 '是'와 '的' 사이에 给字句가 오는 경우가 있다. 하지만 이런 경우는 그렇게 많지 않다. 이때 이들이 '是'와 '的'의 생략에서 어떤 양상을 보이는지 예문을 통해 살펴볼 것이다.

(253) 这是给家珍准备的, 是给家珍以后用的。(活着)

(254) 这羊是给我买的?(活着)

(255) 那是给谁做的?(单人房)

위의 예문을 통해 알 수 있듯이 '是……的' 구문에서 '是'와 '的' 사이에 给字句가 올 경우 예문 (253)~(255)는 '是'도 단독으로 생략할 수 없고 '的'도 단독으로 생략할 수 없으며 '是'와 '的'을 동시에 생략하는 것도 불가능하다.

3.2.3.7. '是'와 '的' 사이가 被字句일 경우

중국어 '是……的' 구문에서 '是'와 '的' 사이에 被字句가 오는 경우가 있다. 이때 이들이 '是'와 '的'의 생략에서 어떤 양상을 보이는지 예문을 통해 살펴볼 것이다.

(256) 总统夫人死了, 是被间谍开枪打死的。(单人房)

(257) 他还以为我是被那些女人给折腾的。(活着)

(258) 按我们这里的习俗, 家珍是被她娘家的人硬给接走的, 也应该由她娘家的
人送回来。(活着)

(259) 可能是被房间地面磨坏了。(单人房)

위의 예문을 통해 알 수 있듯이 '是……的' 구문에서 '是'와 '的' 사이에
被字句가 올 경우 예문 (256)~(259)는 '是'도 단독으로 생략할 수 없고 '的'도
단독으로 생략할 수 없으며 '是'와 '的'을 동시에 생략하는 것도 불가능하다.

3.2.3.8. '是'와 '的' 사이가 把字句일 경우

중국어 '是……的' 구문에서 '是'와 '的' 사이에 把字句가 오는 경우가 있
다. 이때 이들이 '是'와 '的'의 생략에서 어떤 양상을 보이는지 예문을 통해
살펴볼 것이다.

(260) 我问他是谁把他打成这样的?(活着)

→ 我问他是谁把他打成这样?

→ 我问他谁把他打成这样的?

→ 我问他谁把他打成这样?

(261) 可不能让别人家知道, 家珍是把米藏在胸口衣服里带回来的。(活着)

→ 可不能让别人家知道, 家珍把米藏在胸口衣服里带回来的。

(262) 我告诉你哥哥说是这个青年把我送来的, 可是没等我们道别, 就转身沿着
原路回去了。(单人房)

→ 我告诉你哥哥说这个青年把我送来的, 可是没等我们道别, 就转身沿着原路回去了。

(263) 即使承宇不会那么做, 但毕竟是自己的妻子把事情搞成这样的。(菊花香)

위의 예문을 통해 알 수 있듯이 '是……的' 구문에서 '是'와 '的' 사이에 把字句가 올 경우 예문 (260)은 '是'도 단독으로 생략할 수 있고 '的'도 단독으로 생략할 수 있으며 '是'와 '的'을 동시에 생략하는 것도 가능하다. 하지만 예문 (261)~(263)은 '是'만 단독으로 삭제할 수 있으며 예문 (263)의 경우에는 '是'도 단독으로 생략할 수 없고 '的'도 단독으로 생략할 수 없으며 '是'와 '的'을 동시에 생략하는 것도 불가능하다.

3.2.3.9. '是'와 '的' 사이가 因果复句일 경우
중국어 '是……的' 구문에서 '是'와 '的' 사이에 因果复句가 오는 경우가 있다. 이때 이들이 '是'와 '的'의 생략에서 어떤 양상을 보이는지 예문을 통해 살펴볼 것이다.

(264) 妈妈是因为小胡子大叔有名气才跟他结婚的。(刺鱼)

(265) 别忘了, 孩子是你主动放弃的, 这是因为你的需要而决定的。(刺鱼)

(266) 眼病是因坏病菌而生的, 那怎么能来看达云。(刺鱼)

(267) 阿古是因为把一枚两比索的硬币含在嘴里饿死的。(菊花香)

위의 예문을 통해 알 수 있듯이 '是……的' 구문에서 '是'와 '的' 사이에 因果复句가 올 경우 예문 (264)~(267)은 '是'도 단독으로 생략할 수 없고 '的'도 단독으로 생략할 수 없으며 '是'와 '的'을 동시에 생략하는 것도 불가능하다.

3.3. '의존명사+이다' 구문의 의미적 특징

한국어 '의존명사+이다' 구문의 의미적 특징에 대한 연구는 '이다' 앞에 오는 의존명사에 의해 그 양태적 의미를 논의해야 한다. 한국어 '의존명사+이다' 구문의 양태적 의미는 대체로 세 가지로 나눌 수 있는데 그것은 바로 인식양태, 의무양태, 증거양태이다. 중국어 '是……的' 구문의 경우에는 강조와 판단의 의미만을 나타내고 있다. 아래 이에 대해 자세하게 살펴볼 것이다.

3.3.1. 인식양태

인식양태는 명제의 진리치나 사실성에 대한 화자의 태도를 말하는데 이러한 인식양태는 바로 화자의 명제에 대한 확실성 여부를 제시하는 것인데 '확실성' 정도는 한정, 단정, 추측, 정도, 의도, 이유로 세분화할 수 있다. 인식양태를 또한 화자 중심 양태라고도 할 수 있는데 화자의 희망, 바람, 유감 등의 심리적 태도까지 모두 포괄하는 개념으로 사용하기도 한다. 뿐만 아니라 인식양태는 '확실성' 등급을 바탕으로 다양하게 나타나는데 여기서 확실성 등급을 제시하면 아래와 같다.

확실성 등급: [+확실성]……한정-단정-이유-정도-의도-추측……[-확실성]. 그럼 아래 예문을 통해 이들 등급의 차이를 살펴볼 것이다.

3.3.1.1. 한정의 의미

한정은 범위나 수량 따위를 제한하여 정하거나 그 한도를 정하는 것, 또는 개념 규정을 명확히 하고자 그 범위와 한계를 정하는 것을 말한다. 한국어 '의존명사+이다' 구문에서 한정의 의미를 나타내는 것은 '~따름이다, ~뿐이다'이다. 그 예문을 살펴보면 아래와 같다.

① 한정의 의미 '~따름이다'

(268) 자괴감과 분노만이 우글우글한 따름이었다. (가시고기)

　　　→ *자괴감과 분노만이 우글우글한 따름이었으나 사실은 그렇지 않다.

(269) 불치병이란 현대 의학이 안고 있는 미제의 숙제일 따름이었다. (가시고기)

　　　→ *불치병이란 현대 의학이 안고 있는 미제의 숙제일 따름이었으나 사실은 그렇지 않다.

(270) 좀 피곤할 따름이에요. (살아간다는 것)

　　　→ *좀 피곤할 따름이었으나 사실은 그렇지 않다.

(271) 제게는 이제 봉하를 그리는 복만이 있을 따름입니다. (살아간다는 것)

　　　→ *제게는 이제 봉하를 그리는 복만이 있을 따름이었으나 사실은 그렇지 않다.

(272) 큰 동전 열댓 냥만 벌어도 그저 감사할 따름이었다. (낙타샹즈)

　　　→ *큰 동전 열댓 냥만 벌어도 그저 감사할 따름이었으나 사실은 그렇지 않다.

위의 예문을 통해 알 수 있듯이 예문 (268)~(272)는 모두 한정의 의미를 나타내고 있다. 즉 예문 (268)은 '자괴감과 분노만 우글우글하다는 것'을 한정하고, 예문 (269)는 '불치병이 미제의 숙제임'을 한정하며, 예문 (270)은 '피곤하다는 것'을 한정하고 있다. 그리고 예문 (271)은 '나에게는 봉하를 그리는 복만이 있다는 것'을 한정하고, 예문 (272)는 '큰 동전 열댓 냥만 벌어도 아주 감사하다는 것'을 한정하고 있다. 그리고 확실성 등급이 제일 높은 한정의 의미를 나타내는 구문을 살펴보면 명제의 내용을 뒤에서 부정하여도 그 값은 달라지지 않는다.

② 한정의 의미 '~뿐이다'

(273) 그저 초점을 잃은 듯 퀭한 두 눈으로 그를 바라보았을 뿐이었다. (가시고기)

→ *그저 초점을 잃은 듯 퀭한 두 눈으로 그를 바라보았을 뿐이었으나 사실은 그렇지 않다.

(274) 그런 엄마가 서울에 대해 아는 것은 아들이 용문동 동사무소에 근무한다는 것뿐이다. (외딴방)

→ *그런 엄마가 서울에 대해 아는 것은 아들이 용문동 동사무소에 근무한다는 것뿐이었으나 사실은 그렇지 않다.

(275) 사실상 나는 지금과 같은 작가가 될 수 있을 뿐이다. (살아간다는 것)

→ *사실상 나는 지금과 같은 작가가 될 수 있을 뿐이었으나 사실은 그렇지 않다.

(276) 그저 모래밭에 누워서 별을 올려다볼 뿐이다. (국화꽃향기)

→ *그저 모래밭에 누워서 별을 올려다볼 뿐이었으나 사실은 그렇지 않다.

(277) 낙타는 단지 그의 별명일 뿐이다. (낙타샹즈)

→ *낙타는 단지 그의 별명일 뿐이었으나 사실은 그렇지 않다.

위의 예문을 통해 알 수 있듯이 예문 (273)~(277)은 모두 한정의 의미를 나타내는 구문들이다. 즉 예문 (273)은 '그냥 그를 바라보았다는 것'을 한정하고, 예문 (274)는 '엄마가 아는 것은 아들이 동사무소에 근무한다는 것'을 한정하며, 예문 (275)는 '나는 지금과 같은 작가가 될 수 있다는 것'을 한정하고 있다. 그리고 예문 (276)은 '모래밭에 누워서 별을 올라다 본다는 것'을 한정하고, 예문 (277)은 '낙타가 그의 별명이라는 것'을 한정하고 있다. 위의 '~따름이다'와 마찬가지로 한정의 의미를 나타내는 '~뿐이다'도 명제의 내용을 뒤에서 부정하여도 그 값은 달라지지 않는다.

3.3.1.2. 단정의 의미

단정이란 어떤 사실에 대해서 딱 잘라 판단하거나 결정을 내리는 것을 말한다. 한국어 '의존명사+이다' 구문에서 단정의 의미를 나타내는 것은 '~것이다, ~나름이다, ~노릇이다, ~망정이다, ~탓이다, ~바이다, ~~셈이다, ~식이다, ~격이다, ~작정이다, ~마당이다, ~터이다' 등이 있다. 그 예문을 살펴보면 아래와 같다.

① 단정의 의미 '~것이다'

(278) 의료적 조치를 중지할 뿐 거리로 내몰진 않겠다는 것이었다. (가시고기)

→ *의료적 조치를 중지할 뿐 거리로 내몰진 않겠다는 것이었으나 사실은 그렇지 않다.

(279) 창이 편지에 쓴 지나간 일이란 이런 것이다. (외딴방)

→ *창이 편지에 쓴 지나간 일이란 이런 것이었으나 사실은 그렇지 않다.

(280) 그는 자기의 신세타령에 다른 사람이 관심을 갖는다는 사실에 말할 수 없는 기쁨을 나타냈던 것이다. (살아간다는 것)

→ *그는 자기의 신세타령에 다른 사람이 관심을 갖는다는 사실에 말할 수 없는 기쁨을 나타냈던 것이었으나 사실은 그렇지 않다.

(281) 한편의 영화 제작에 수십억이 드는 만큼 말도 많고 간단치가 않은 판이 바로 이 영화판인 것이다. (국화꽃향기)

→ *한편의 영화 제작에 수십억이 드는 만큼 말도 많고 간단치가 않은 판이 바로 이 영화판인 것이었으나 사실은 그렇지 않다.

(282) 인력거와 생활이 모두 자신의 손에 달려 있는 고급 인력거꾼이었던 것이다. (낙타샹즈)

　　→ *인력거와 생활이 모두 자신의 손에 달려 있는 고급 인력거꾼이었던 것이었으나 사실은 그렇지 않다.

　위의 예문을 통해 알 수 있듯이 예문 (278)~(282)는 모두 단정의 의미를 나타내고 있다. 즉 '~것이다'가 '~ㄴ/는'의 관형어미와 결합하여 '~ㄴ/는 것이다'를 이룰 경우 이것은 단정의 의미를 나타낸다. 하지만 이와 달리 '~것이다'가 '~ㄹ/를'의 관형어미와 결합하여 '~ㄹ/를 것이다'를 이룰 경우 단정이 아닌 추측의 의미를 나타낸다. 이에 대한 논의는 아래에서 상세하게 다룰 것이다. 즉 단정의 의미를 나타내는 예문 (278)은 '의료조치는 중지하지만 거리로 내몰지는 않을 것이라는 것'을 단정하고 있으며, 예문 (279)는 '창이 편지에서 쓴 지나간 일은 이런 것이라는 것'을 단정하고 있고, 예문 (280)에서 '다른 사람이 자기의 신세타령에 관심을 보인 것에 기쁨을 나타냈다는 것'을 단정하고 있다. 그리고 예문 (281)은 '영화 제작이 수십억이 들어가는 영화판이 말도 많고 간단치 않은 판이라는 것'을 단정하며, 예문 (282)는 '인력거와 생활이 모두 자신의 손에 달려 있다는 것'을 단정하고 있다. 뿐만 아니라 확실성 등급에서 한정 다음으로 등급이 높은 단정 역시 명제의 내용을 뒤에서 부정하여도 그 값은 달라지지 않는다.

　② 단정의 의미 '~나름이다'

(283) 문학도 문학 나름이다. (외딴방)

　　→ *문학도 문학 나름이었으나 사실은 그렇지 않다.

(284) 인생에서 행복과 불행은 자기가 판단하기 나름이다. (다음사전)

　　→ *인생에서 행복과 불행은 자기가 판단하기 나름이었으나 사실은

그렇지 않다.

(285) 사람의 앞날은 불측스러우니 각자가 개척하기 나름이다. (다음사전)

→ *사람의 앞날은 불측스러우니 각자가 개척하기 나름이었으나 사실은 그렇지 않다.

(286) 일찍 일어나는 것도 버릇하기 나름이다. (다음사전)

→ *일찍 일어나는 것도 버릇하기 나름이었으나 사실은 그렇지 않다.

(287) 귀염을 받고 못 받고는 제가 할 나름이다. (다음사전)

→ *귀염을 받고 못 받고는 제가 할 나름이었으나 사실은 그렇지 않다.

위의 예문을 통해 알 수 있듯이 예문 (283)~(287)은 모두 단정의 의미를 나타내고 있다. 즉 예문 (283)은 '문학도 문학에 따라 다르다는 것'을 단정하고 있으며, 예문 (284)는 '인생에서 행복과 불행은 자기의 판단에 달려 있다는 것'을 단정하고, 예문 (285)는 '사람의 앞날은 예측할 수 없으니 각자가 개척하는데 달려 있다는 것'을 단정하고 있다. 그리고 예문 (286)은 '일찍 일어나는 것도 버릇과 상관된다는 것'을 단정하며, 예문 (287)은 '귀여움을 받는 것도 자기 하는데 달려 있다는 것'을 단정하고 있다. 위의 '~것이다'와 마찬가지로 단정의 의미를 나타내는 '~나름이다' 역시 명제의 내용을 뒤에서 부정하여도 그 값은 달라지지 않는다.

③ 단정의 의미 '~노릇이다'

(288) 살아야 할 숱한 이유들 대부분을 잃어버린 채, 세상 속에 뒤섞여 웃고 떠들고 노래할 수는 없는 노릇이었다. (가시고기)

→ *살아야 할 숱한 이유들 대부분을 잃어버린 채, 세상 속에 뒤섞여 웃고 떠들고 노래할 수는 없는 노릇이었으나 사실은 그렇지 않다.

(289) 그렇다고 내색할 수 없는 노릇이었다. (가시고기)

→ *그렇다고 내색할 수 없는 노릇이었으나 사실은 그렇지 않다.

(290) 그러나 남의 여자가 된 아내에게 마저 태연히 악수를 청할 수 없는 노릇이었다. (가시고기)

→ *그러나 남의 여자가 된 아내에게 마저 태연히 악수를 청할 수 없는 노릇이었으나 사실은 그렇지 않다.

(291) 고통만 안겨줄 항암 치료에 아이를 또다시 맡길 수는 없는 노릇이었다. (가시고기)

→ *고통만 안겨줄 항암 치료에 아이를 또다시 맡길 수는 없는 노릇이었으나 사실은 그렇지 않다.

(292) 비싼 돈을 들여 보철한 이라고 평생 안심할 수는 없는 노릇이다. (다음 사전)

→ *비싼 돈을 들여 보철한 이라고 평생 안심할 수는 없는 노릇이었으나 사실은 그렇지 않다.

위의 예문을 통해 알 수 있듯이 예문 (288)~(292)는 모두 단정의 의미를 나타내고 있다. 즉 예문 (288)은 '살아야 하는 이유를 잃어버린 채, 세상 속에서 웃고 떠들고 노래할 수 없다는 것'을 단정하고 있으며, 예문 (289)는 '내색할 수 없다는 것'을 단정하고, 예문 (290)은 '남의 여자가 된 아내에게 악수를 청할 수 없다는 것'을 단정하고 있다. 그리고 예문 (291)은 '고통만 안겨주는 항암치료에 아이를 맡길 수 없음'을 단정하고, 예문 (292)는 '비싼 돈 들여 보철한 것이라고 평생 안심할 수는 없다는 것'을 단정하고 있다. 위의 것과 마찬가지로 단정의 의미를 나타내는 '~노릇이다' 역시 명제의 내용을 뒤에서 부정하여도 그 값은 달라지지 않는다.

④ 단정의 의미 '~망정이다'

(293) 그 집은 마침 네 눈에 띄었기에 망정이다. (표준국어대사전)

　　　→ *그 집은 마침 네 눈에 띄었기에 망정이었으나 사실은 그렇지 않다.

(294) 아비가 배척이나 갖고 있으니 망정이다. (표준국어대사전)

　　　→ *아비가 배척이나 갖고 있으니 망정이었으나 사실은 그렇지 않다.

(295) 엄마가 바로 옆에 있었으니까 망정이다. (표준국어대사전)

　　　→ *엄마가 바로 옆에 있었으니까 망정이었으나 사실은 그렇지 않다.

(296) 밤이라 어두워서 망정이다. (표준국어대사전)

　　　→ *밤이라 어두워서 망정이었으나 사실은 그렇지 않다.

(297) 너의 두 놈이 사흘 안에 계향이를 잡아 대령해야 망정이다. (표준국어
대사전)

　　　→ *너의 두 놈이 사흘 안에 계향이를 잡아 대령해야 망정이었으나
사실은 그렇지 않다.

위의 예문을 통해 알 수 있듯이 예문 (293)~(297)은 단정의 의미를 나타내
고 있다. '~망정이다'의 뒤에는 항상 앞의 행동에 따라 하지 않았다면 어떤
결과를 초래하게 될 것이라는 그 결과가 문장 뒤에 오게 된다. 즉 예문 (293)
은 '그 집에 네 눈에 띄어서 다행이지 아님 다른 일이 발생했을 것임'을
단정하고, 예문 (294)는 '아비가 배를 갖고 있어서 다행이지 아님 뭔 일이
났을 것임'을 단정하며, 예문 (295)는 '엄마가 옆에 있어서 다행이지 아님
무슨 일 발생했을 것이라는 것'을 단정하고 있다. 그리고 예문 (296)은 '밤이
라 어두워서 다행이지 아님 발견됐을 수도 모른다는 것'을 단정하며, 예문
(297)은 '두 사람이 사흘 안에 계향이를 대령해야 별문제 없지 아님 처벌을
받을 수 있다는 것'을 단정하고 있다. 위의 것과 마찬가지로 단정의 의미를
나타내는 '~나름이다' 역시 명제의 내용을 뒤에서 부정하여도 그 값은 달라

지지 않는다.

⑤ 단정의 의미 '~바이다'

(298) 설령 아내가 처음부터 작심하고 이야기를 꺼냈다 해도 진작에 결정난
    바였다. (가시고기)
    → *설령 아내가 처음부터 작심하고 이야기를 꺼냈다 해도 진작에 결
    정난 바였으나 사실은 그렇지 않다.

(299) 이것으로 축사를 갈음하는 바이다. (안주호:2004)
    → *이것으로 축사를 갈음하는 바였으나 사실은 그렇지 않다.

(300) 우리는 우리의 굳건한 의지를 내외에 천명하는 바이다. (다음사전)
    → *우리는 우리의 굳건한 의지를 내외에 천명하는 바였으나 사실은
    그렇지 않다.

(301) 나는 작금의 이 사태에 통한의 눈물을 금치 못하는 바이다. (다음사전)
    → *나는 작금의 이 사태에 통한의 눈물을 금치 못하는 바였으나 사실
    은 그렇지 않다.

(302) 장차 차례차례로 진군하며 토벌하여 수레바퀴 하나도 돌아가지 못하
    도록 기약하는 바이다. (다음사전)
    → *장차 차례차례로 진군하며 토벌하여 수레바퀴 하나도 돌아가지
    못하도록 기약하는 바였으나 사실은 그렇지 않다.

위의 예문을 통해 알 수 있듯이 예문 (298)~(302)는 모두 단정의 의미를
나타내고 있다. '~바이다'의 뒤에는 이미 결과난 일에 다른 것을 하여도 변함
이 없음을 결정내리고 있다. 즉 예문 (298)은 '아내가 처음부터 작심하고
이야기를 꺼냈다 해도 이 일은 이미 결정되었다는 것'을 단정하고, 예문
(299)는 '이것으로 축사를 갈음하는 것임'을 단정하며, 예문 (300)은 '우리의

굳건한 의지를 천명하고 있음'을 단정하고 있다. 그리고 예문 (301)은 '내가 작금의 이 사태에 대해 눈물을 금치 못하고 있다는 것'을 단정하고, 예문 (302)는 '수레바퀴 하나도 돌아가지 못하도록 기약한다는 것'을 단정하고 있다. 위의 것과 마찬가지로 단정의 의미를 나타내는 '~나름이다' 역시 명제의 내용을 뒤에서 부정하여도 그 값은 달라지지 않는다.

⑥ 단정의 의미 '~셈이다'

(303) 그레이스에 실어야 할 분량이 이삿짐의 전부인 셈이었다. (가시고기)
　　　→ *그레이스에 실어야 할 분량이 이삿짐의 전부인 셈이었으나 사실은 그렇지 않다.

(304) 이번 치료가 아이로선 마지막 기회인 셈이다. (가시고기)
　　　→ *이번 치료가 아이로선 마지막 기회인 셈이었으나 사실은 그렇지 않다.

(305) 그 얼굴을 기억하는 게 아니라 그 안경을 기억하는 셈이다. (외딴방)
　　　→ *그 얼굴을 기억하는 게 아니라 그 안경을 기억하는 셈이었으나 사실은 그렇지 않다.

(306) 나는 이번에는 아들을 죄인으로 만든 셈이었네. (살아간다는 것)
　　　→ *나는 이번에는 아들을 죄인으로 만든 셈이었으나 사실은 그렇지 않다.

(307) 비록 며칠 동안 미안하고 거북한 느낌이 들기는 했지만 결국 까오마의 말이 슬이한 셈이었다. (낙타샹즈)
　　　→ *비록 며칠 동안 미안하고 거북한 느낌이 들기는 했지만 결국 까오마의 말이 슬이한 셈이었으나 사실은 그렇지 않다.

위의 예문을 통해 알 수 있듯이 예문 (303)~(307)은 모두 단정의 의미를 나타내고 있다. 즉 예문 (303)은 '그레이스에 실어야 할 분량이 이삿짐의 전부라는 것'을 단정하고, 예문 (304)는 '이번 치료가 마지막 기회라는 것'을 단정하며, 예문 (305)는 '내가 기억하고 있는 것은 그 안경이라는 것'을 단정하고 있다. 그리고 예문 (306)은 '나의 행동이 이번에는 아들을 죄인으로 만들었다는 것'을 단정하며, 예문 (307)은 '결국 까오마의 말이 슬이했다는 것'을 단정하고 있다. 위의 것과 마찬가지로 단정의 의미를 나타내는 '~나름이다' 역시 명제의 내용을 뒤에서 부정하여도 그 값은 달라지지 않는다. 그리고 단정의 의미를 나타내는 '~셈이다'를 살펴보면 이는 '~ㄴ/는' 관형어미와 결합하여 '~ㄴ/는 셈이다'를 이루지만 이와 반대로 '~ㄹ' 관형어미와 결합한 '~ㄹ 셈이다'는 단정의 의미가 아닌 주어의 의지를 나타내는 의무양태의 의미를 나타내고 있다. 이에 대한 내용은 의무양태 부분에서 상세하게 다룰 것이다.

⑦ 단정의 의미 '~식이다'

(308) 애가 우물에 가서 숭늉을 찾는 식이네. (국화꽃향기)

　　→ *애가 우물에 가서 숭늉을 찾는 식이었으나 사실은 그렇지 않다.

(309) 고맙다는 태도는 전연 없고 자기들 것을 자기들 마음대로 한다는 그런 식이다. (네이버사전)

　　→ *고맙다는 태도는 전연 없고 자기들 것을 자기들 마음대로 한다는 그런 식이었으나 사실은 그렇지 않다.

(310) 그러나 열중한 것은 아니다. 내친걸음이니 간다는 식이었다. (네이버사전)

　　→ *그러나 열중한 것은 아니다. 내친걸음이니 간다는 식이었으나 사실은 그렇지 않다.

(311) 수업시간에 인생에 도움이 될 만한 이야기를 꺼낼라치면 학생들은

하품이나 하는 식입니다. (다음사전)

→ *수업시간에 인생에 도움이 될 만한 이야기를 꺼낼라치면 학생들은 하품이나 하는 식이었으나 사실은 그렇지 않다.

(312) 그녀의 남편은 말도 거의 없고 무뚝뚝이에 다혈질이어서 언제나 짧게 '용건만 말해' 하는 식이었다. (다음사전)

→ *그녀의 남편은 말도 거의 없고 무뚝뚝이에 다혈질이어서 언제나 짧게 '용건만 말해' 하는 식이었으나 사실은 그렇지 않다.

위의 예문을 통해 알 수 있듯이 예문 (308)~(312)는 모두 단정의 의미를 나타내고 있다. 즉 예문 (308)은 '애가 우물에서 숭늉을 찾는 것'이라고 단정하고, 예문 (309)는 '자기들 것을 자기들 마음대로 한다는 것'을 단정하며, 예문 (310)은 '내친걸음이니 어쩔 수 없이 간다는 것'을 단정하고 있다. 그리고 예문 (311)은 '수업시간에 인생에 도움이 될 만한 이야기를 하려고 할 때마다 학생들이 하품이나 한다는 것'을 단정하며, 예문 (312)는 '무뚝뚝하고 다혈질인 남편은 항상 용건만 말하게 하는 식'이라는 것을 단정하고 있다. 위의 것과 마찬가지로 단정의 의미를 나타내는 '~나름이다' 역시 명제의 내용을 뒤에서 부정하여도 그 값은 달라지지 않는다.

⑧ 단정의 의미 '~격이다'

(313) 동생이 친구를 도우려다가 도리어 돈을 물어주는 것은 소한테 물린 격이다. (다음사전)

→ *동생이 친구를 도우려다가 도리어 돈을 물어주는 것은 소한테 물린 격이었으나 사실은 그렇지 않다.

(314) 인간 만사 새옹지마라는 말이 있지마는 이번 일이 딱 그러한 격이다. (다음사전)

→ *인간 만사 새옹지마라는 말이 있지마는 이번 일이 딱 그러한 격이
었으나 사실은 그렇지 않다.

(315) 이제 유비는 제갈공명과 손을 잡게 되었으니 고기가 물을 만난 격이었
다. (다음사전)

→ *이제 유비는 제갈공명과 손을 잡게 되었으니 고기가 물을 만난
격이었으나 사실은 그렇지 않다.

(316) 그가 도망친 끝에 다다른 곳은 막다른 골목이었으니 쥐가 고양이를
만난 격이었다. (다음사전)

→ *그가 도망친 끝에 다다른 곳은 막다른 골목이었으니 쥐가 고양이
를 만난 격이었으나 사실은 그렇지 않다.

(317) 내가 네 애인이 뭘 좋아하는지 어떻게 아니? 머슴보고 속곳 묻는 격이
구나. (다음사전)

→ *내가 네 애인이 뭘 좋아하는지 어떻게 아니? 머슴보고 속곳 묻는
격이었으나 사실은 그렇지 않다.

위의 예문을 통해 알 수 있듯이 예문 (313)~(317)은 모두 단정의 의미를
나타내고 있다. 즉 예문 (313)은 '친구를 도우려다가 오히려 돈을 물어주는
것은 소한테 물리는 것과 같다는 것'을 단정하고, 예문 (314)는 '이번 일이
인간 만사 새옹지마라는 말과 같다는 것'을 단정하며, 예문 (315)는 '제갈공
명과 손을 잡은 유비가 물을 만난 고기와 같다는 것'을 단정하고 있다. 그리
고 예문 (316)은 '그가 도망친 곳이 막다른 골목이라는 것은 쥐가 고양이를
만난 것과 같다는 것'을 단정하고, 예문 (317)은 '다른 사람의 애인이 뭘
좋아하는지 물어보는 것은 머슴보고 속곳 묻는 것과 같다는 것'을 단정하고
있다. 위의 것과 마찬가지로 단정의 의미를 나타내는 '~나름이다' 역시 명제
의 내용을 뒤에서 부정하여도 그 값은 달라지지 않는다.

⑨ 단정의 의미 '~작정이다'

(318) 오늘밤, 정확히 말하면 내일 새벽 세 시경, 병실에 갈 작정이었다. (가
시고기)

→ *오늘밤, 정확히 말하면 내일 새벽 세 시경, 병실에 갈 작정이었으
나 사실은 그렇지 않다.

(319) 집에 잘 도착하면 가마를 태워 그녀를 청루로 되돌려 보낼 작정이었네.
(살아간다는 것)

→ *집에 잘 도착하면 가마를 태워 그녀를 청루로 되돌려 보낼 작정이
었으나 사실은 그렇지 않다.

(320) 나는 사람이 궁하면 뜻이 짧다는 옛말을 따를 작정이었네. (살아간다
는 것)

→ *나는 사람이 궁하면 뜻이 짧다는 옛말을 따를 작정이었나 사실은
그렇지 않다.

(321) 기회가 되면 여고 시절에 엽서를 띄우듯이 한 사람의 청취자로서 팝송
두어 곡 정도는 신청해 볼 작정이었다. (국화꽃향기)

→ *기회가 되면 여고 시절에 엽서를 띄우듯이 한 사람의 청취자로서
팝송 두어 곡 정도는 신청해 볼 작정이었으나 사실은 그렇지 않다.

(322) 너 나가는 길에 약국에 가서 약 지어 먹을 작정이지? (국화꽃향기)

→ *너 나가는 길에 약국에 가서 약 지어 먹을 작정이었으나 사실은
그렇지 않다.

위의 예문을 통해 알 수 있듯이 예문 (318)~(322)는 모두 단정의 의미를
나타내고 있다. 즉 예문 (318)은 '오늘밤, 정확하게는 새벽 세 시경에 병실에
갈 것이라는 것'을 단정하고, 예문 (319)는 '집에 잘 도착하면 가마로 그녀를
청루로 되돌려 보내려고 했다는 것'을 단정하며, 예문 (320)은 '나는 사람이

궁하면 뜻이 짧다는 옛말을 믿을 것이라는 것'을 단정하고 있다. 그리고 예문 (321)은 '기회가 되면 팝송 두어 곡 정도 신청하려고 한다는 것'을 단정하고, 예문 (322)는 '나가는 길에 약 먹을 것이라는 것'을 단정하고 있다. 위의 것과 마찬가지로 단정의 의미를 나타내는 '~나름이다' 역시 명제의 내용을 뒤에서 부정하여도 그 값은 달라지지 않는다.

⑩ 단정의 의미 '~마당이다'

(323) 신대를 잡은 길남이 어머니의 손이 더욱 격렬하게 떨린다. 여러 신들이 하강하는 마당이다. (네이버사전)

→ *신대를 잡은 길남이 어머니의 손이 더욱 격렬하게 떨린다. 여러 신들이 하강하는 마당이었으나 사실은 그렇지 않다.

(324) 꽤 굵직한 기관장들 이름이 거론된 마당이다. (네이버사전)

→ *꽤 굵직한 기관장들 이름이 거론된 마당이었으나 사실은 그렇지 않다.

(325) 우리는 지금 같이 늙어가는 마당이다. (네이버사전)

→ *우리는 지금 같이 늙어가는 마당이었으나 사실은 그렇지 않다.

위의 예문을 통해 알 수 있듯이 예문 (323)~(325)은 모두 단정의 의미를 나타내고 있다. 즉 예문 (323)은 '신들이 현재 하강하고 있는 상황'을 단정하고 있으며, 예문 (324)는 '굵직한 기관장들 이름이 거론되고 있다는 상황'을 단정하고 있고, 예문 (325)는 '우리가 같이 늙어가고 있다는 것'을 단정하고 있다. 위의 것과 마찬가지로 단정의 의미를 나타내는 '~마당이다' 역시 명제의 내용을 뒤에서 부정하여도 그 값은 달라지지 않는다.

3.3.1.3. 이유의 의미

이유는 어떤 일을 일어나게 하는 까닭이나 근거를 나타내는 말이다. 한국어 '의존명사+이다' 구문에서 이유의 의미를 나타내는 것은 '~탓이다, ~때문이다, ~탈이다' 등이다. 그 예문을 살펴보면 아래와 같다.

① 이유의 의미 '~탓이다'
(326) 출판 시장이 위축되어 있는 탓이다. (가시고기)
(327) 김상중의 말을 잘못 받아들인 탓이리라. (가시고기)
(328) 단지 서로의 생활 방식이 달랐고, 또 서로의 삶에 분주한 탓이었다. (가시고기)
(329) 한마디 말이라도 더 듣고 싶어 하는 보호자의 심정 따위에는 이미 무감각해진 탓일까. (가시고기)
(330) 강철 같지도 가파르지도 않았던 탓인가? (외딴방)

위의 예문을 통해 알 수 있듯이 예문 (326)~(330)은 모두 이유의 의미를 나타내고 있다. 즉 이런 이유를 초래하게 된 것은 앞의 원인 때문이라는 것이다. 예문 (326)은 '출판 시장이 위축되어 있는 원인으로 책이 잘 팔리지 않는 다는 것을 한탄하는 것'이며, 예문 (327)은 '김상중의 말을 잘못 받아들여 오늘날의 이런 결과가 일어나게 된 것'이고, 예문 (328)은 '서로의 생활 방식이 다르고, 서로의 삶에 분주한 원인으로 만나지 못했다는 것'을 말하고 있다. 그리고 예문 (329)는 '의사들이 보호자의 심정에는 이미 무감각해서 말을 아낀다는 것'을 말하며, 예문 (330)은 '강철 같지도 않고 가파르지도 않은 원인으로 이렇게 되었다는 것'을 말하고 있다.

② 이유의 의미 '~때문이다'

(331) 왠지 아빠 자신도 자세히 모르고 있다는 생각이 들기 때문입니다. (가
시고기)

(332) 사내대장부가 여자와 다툴 수는 없는 법이었기 때문이다. (낙타샹즈)

(333) 승우가 약간 무례를 무릅쓴 것은 말이 가진 장벽부터 뛰어넘고자 했기
때문이다. (국화꽃향기)

(334) 내가 어머니와 봉하를 먹여 살려야만 했기 때문이다. (살아간다는 것)

(335) 나는 처음부터 중국의 조선족으로 태어났기 때문이다. (외딴방)

위의 예문을 통해 알 수 있듯이 예문 (331)~(335)는 모두 이유의 의미를
나타내고 있다. 즉 예문 (331)은 '아빠도 잘 모르고 있다는 생각이 들어 더
이상 물어보지 않았다는 것'을 말하며, 예문 (332)는 '사내대장부가 여자와
다툴 수 없기 때문에 그냥 참았다는 것'을 말하고, 예문 (333)은 '승우가
무례를 무릅쓴 원인은 말이 가진 장벽을 뛰어넘기 위함'이라고 말하고 있다.
그리고 예문 (334)는 '오빠가 집에 없기에 내가 어머니와 봉하를 먹여 살려
야 하는 원인'을 설명하고, 예문 (335)는 '내가 처음부터 중국의 조선족으로
태어났기 때문에 이런 대우를 받게 된다는 것'을 말하고 있다.

③ 이유의 의미 '~탈이다'

(336) 아빠는 날 너무 믿어서 탈입니다. (가시고기)

(337) 난 정말 솔직한게 탈이야. (국화꽃향기)

(338) 산중에서 만난 석청 따는 사람에게 길을 물었던 것이 탈이었다. (다음
사전)

(339) 수정이는 다 좋은데 쓰임쓰임이 과한 게 탈이다. (다음사전)

(340) 철수 그 녀석은 성격이 너무 급해서 탈이다. (다음사전)

위의 예문을 통해 알 수 있듯이 예문 (336)~(340)은 모두 이유의 의미를 나타내고 있다. 즉 예문 (336)은 '아빠가 나를 너무 믿어서 오늘날의 일이 생기게 되었으며', 예문 (337)은 '내가 너무 솔직해서 이런 일이 일어났음'을 말하고, 예문 (338)은 '산중에서 만난 사람에게 길을 물어서 지금 길을 제대로 찾아왔다는 것'을 말하고 있다. 그리고 예문 (339)는 '수정이는 다 좋은데 쓰임쓰임이 너무 과한 것이 이유라는 것'을 말하고, 예문 (340)은 '철수가 성격이 너무 급한 것이 문제라는 것'을 말하고 있다.

3.3.1.4. 정도의 의미

정도란 얼마의 분량, 일정한 분수나 한도, 어떤 수준을 나타내는 말이다. 한국어 '의존명사+이다' 구문에서 정도의 의미를 나타내는 것은 '~지경이다, ~판이다, ~편이다, ~정도이다'이다. 그 예문을 살펴보면 아래와 같다.

① 정도의 의미 '~지경이다'

(341) 난 놀라 자빠질 지경입니다. (가시고기)

(342) 어찌나 바짝 붙어서 걷는지 서로 발이 채일 지경이다. (외딴방)

(343) 이곳의 백모래는 결이 너무 고와 딴딴할 지경이다. (외딴방)

(344) 어머니가 봉하를 끌고 한발한발 지척거리며 걸어가시는 것을 바라보고 있노라면 그 조심스런 모습에 눈물이 쏟아져 내릴 지경이었지. (살아간다는 것)

(345) 남편 하나에 각시가 두 명인데, 남북 여자 둘이서 내기를 하듯 새끼를 낳으니 꼬맹이들이 몇인지 셀 수도 없을 지경이었다. (낙타샹즈)

위의 예문을 통해 알 수 있듯이 예문 (341)~(345)는 모두 정도의 의미를 나타내고 있다. 즉 예문 (341)은 '내가 놀란 정도가 자빠지는 정도라는 것'을 말하고 있으며, 예문 (342)는 '너무 바짝 붙어서 걸어서 발이 채일 정도라는 것'을 말하고, 예문 (343)은 '백모래의 결이 너무 고와 딴딴할 정도라는 것'을 말하고 있다. 그리고 예문 (344)는 '어머니가 봉하를 끌고 가는 것을 보고 있으니 눈물이 쏟아져 내릴 정도라는 것'을 말하며, 예문 (345)는 '새끼를 너무 낳아서 꼬맹이들이 모두 몇인지 셀 수 없을 정도라는 것'을 말하고 있다.

② 정도의 의미 '~판이다'

(346) 아이를 구할 수 있다면, 몸뚱이를 내다 파는 것보다 백천 천번 더 심한 짓이라도 해야 할 판이었다. (가시고기)

(347) 그 앞에서 대들었다간 몰매를 맞을 판이다. (표준국어대사전)

(348) 할머니는 사소한 일까지 하나하나 부산을 떨며 준비하면서도 속새로 목이 늘어나도록 아들을 기다리는 판이셨다. (다음사전)

(349) 그 친구는 날이 갈수록 난삽히 떠드는 판이었다. (다음사전)

(350) 러시아로 수출한 물건 값을 받지 못하면 아예 회사 문을 닫아야 할 판이었다. (다음사전)

위의 예문을 통해 알 수 있듯이 예문 (346)~(350)은 모두 정도의 의미를 나타내고 있다. 즉 예문 (346)은 '아이만 구할 수 있다면 몸뚱이를 파는 것보다 더 심한 일도 할 수 있다는 것'을 말하고 있으며, 예문 (347)은 '그 앞에서 대들었다가는 몰매를 맞을 정도라는 것'을 말하고, 예문 (348)은 '할머니가 사소한 일도 부산을 떨며 준비하면서도 목이 늘어나도록 아들을 기다리고 있다는 것'을 말하고 있다. 그리고 예문 (349)는 '그 친구가 떠드는 정도가 날이 갈수록 심해진다는 것'을 말하고, 예문 (350)은 '물건 값을 받지 못하면 회사 문을 닫아야 할 정도라는 것'을 말하고 있다.

③ 정도의 의미 '~편이다'

(351) 나는 키가 작은 편이다. (가시고기)

(352) 다른 사람들은 오년도 되고 육년도 됐던데 그래도 우리 둘이가 가장
어린 편이야. (외딴방)

(353) 그러나 요즘 학생수도 적고 회사 입사하면서 곧 입학하기 때문에 연령
도 낮아졌고 학생들의 의지력도 약한 편입니다. (외딴방)

(354) 어느 곳에나 웬만하면 집중이 되는 편이었다. (외딴방)

(355) 미주는 요즘 계속 컨디션이 좋지 않은 편이었다. (국화꽃향기)

위의 예문을 통해 알 수 있듯이 예문 (351)~(355)는 모두 정도의 의미를
나타내고 있다. 즉 예문 (351)은 '내 키가 작은 정도라는 것'을 말하며, 예문
(352)는 '많은 사람들 중에서 우리 둘이가 가장 어리다는 것'을 말하며, 예문
(353)은 '요즘은 학생의 연령도 낮고 학생들 의지력도 낮다는 것'을 말하고
있다. 그리고 예문 (354)는 '어느 곳에서나 집중할 수 있다는 것'을 말하고
있으며 예문 (355)는 '미주의 컨디션이 좋지 않다는 것'을 말하고 있다.

④ 정도의 의미 '~정도이다'

(356) 하지만 응급실과 중환자실을 거치면서 부풀어 오른 치료비가 만만치
않았고, 수중의 돈 전부로 겨우 셈이 맞을 정도였다. (가시고기)

(357) 패가 그의 손에서 길어졌다 짧아졌다 하며 휙휙 나가는 것이 옆에서
보는 사람이 다 눈이 시릴 정도였지. (살아간다는 것)

(358) 때리는 내가 흥이 나지 않을 정도였다. (살아간다는 것)

(359) 몇 분 깜빡 잠이 들었다가도 하도 추워서 잠이 깨곤 했을 정도였다.
(살아간다는 것)

(360) 요며칠 간 그는 병사들을 따라 뛰어다니느라 머리에서 발끝까지 땀이

줄줄 흐를 정도였다. (낙타샹즈)

위의 예문을 통해 알 수 있듯이 예문 (356)~(360)은 모두 정도의 의미를 나타내고 있다. 즉 예문 (356)은 '수중에 있는 돈 전부를 모아야 셈이 맞을 정도라는 것'을 말하고 있으며, 예문 (357)은 '패가 그의 손에서 길어졌다 짧아졌다 하는 것이 옆에서 보는 사람으로 하여금 눈이 시릴 정도라는 것'을 말하고, 예문 (358)은 '때리는 내가 흥이 나지 않을 정도라는 것'을 말하고 있다. 그리고 예문 (359)는 '너무 추워서 잠이 깨곤 할 정도라는 것'을 말하며, 예문 (360)은 '그가 병사를 따라 뛰어다니느라 발끝까지 땀이 흐를 정도라는 것'을 말하고 있다.

3.3.1.5. 의도의 의미

의도는 무엇을 이루려고 꾀한다는 것을 나타낸다. 한국어 '의존명사+이다' 구문에서 의도의 의미를 나타내는 것은 '~참이다, ~양이다' 등이 있다. 그 예문을 살펴보면 아래와 같다.

① 의도의 의미 '~참이다'
(361) 서너 차례의 이사를 다니면서도 차마 버리지 못한 채 남겨둔 아내의 옷가지였고, 이제 주인에게 되돌려줄 참이었다. (가시고기)
(362) 계곡 바위에 서로의 등을 기대고 앉아 아이가 알고 있는 동요를 부를 참이었다. (가시고기)
(363) 나도 그의 뜻을 따를 참이다. (네이버사전)
(364) 그렇게 서먹해진 우리는 어쩌다 신작로에서 마주쳐도 서로 외면한다. 그러다가 나는 다시 도시로 와버린 참이다. (외딴방)
(365) 지금 가요, 막 나가려던 참이었습니다. (외딴방)

(366) 유경이는 그때 연못가에 누워 있었는데 막 연못물을 배터지게 마신 참이었다. (살아간다는 것)

위의 예문을 통해 알 수 있듯이 예문 (361)~(366)은 의도의 의미를 나타내지만 예문 (364)~(366)은 의도의 의미가 아닌 '무엇을 하는 경우나 때'를 나타내고 있다. 즉 예문 (361)은 '버리지 못한 아내의 옷가지를 되돌려주려는 의도'를 말하는 것이고, 예문 (362)는 '계곡 바위에서 서로의 등을 기대고 앉아서 아이가 알고 있는 동요를 불러주려는 의도'를 말하며, 예문 (363)은 '나도 그의 뜻에 따를 의도'를 말하고 있다. 하지만 예문 (364)는 '내가 다시 도시로 와버렸다는 것'을 말하고, 예문 (365)는 '지금 나가려고 하였다는 것'을 말하고 있으며, 예문 (365)는 '유경이가 연못가에서 연못물을 배터지게 마셨다는 것'을 말하고 있다. 위의 예문 (361)~(363)과 예문 (364)~(366)의 차이를 보면 앞의 것은 '~참이다' 앞에 '~ㄹ/를' 관형어미가 왔고, 뒤에 것은 '~참이다' 앞에 '~ㄴ/던' 관형어미가 왔다. 이로서 의도의 의미를 나타내는 '~참이다'와 '경우나 때'를 나타내는 '~참이다'를 구분할 수 있다.

② 의도의 의미 '~양이다'

(367) 신경에 도착하여 우선 요기나 할 양이다. (표준국어대사전)

(368) 숨을 돌릴 겸 짐을 물을 양이다. (표준국어대사전)

(369) 저수지에서 키우고 있는 것이 물고기가 아닌 황금덩어리라도 되는 양이다. (표준국어대사전)

(370) 어디선가 옥경이 쪼르르 달려 나오면 무슨 대단한 공이나 세운 양이다. (표준국어대사전)

위의 예문을 통해 알 수 있듯이 예문 (367)~(368)은 의도의 의미를 나타내지만 예문 (369)~(370)은 의도가 아닌 '어떤 모양을 하고 있거나 어떤 행동을 짐짓 취함'을 나타내고 있다. 즉 예문 (367)은 '신경에 도착하여 요기할 의도'를 말하고 있으며, 예문 (368)은 '숨을 돌릴 겸 짐을 물을 의도'를 말하고 있다. 하지만 예문 (369)는 '저수지에서 키우고 있는 것이 물고기가 아닌 황금덩어리라도 되는 모양이라는 것'을 말하고, 예문 (370)은 '어디선가 옥경이 쪼르르 달려 나오면 무슨 대단한 공이라도 세운 모양이라는 것'을 말하고 있다. 이들의 차이를 보면 예문 (367)~(368)의 '~양이다' 앞에는 '~ㄹ/을' 관형어미가 왔고, 예문 (369)~(370)의 '~양이다' 앞에는 'ㄴ/는' 관형어미가 왔다.

3.3.1.6. 추측의 의미

추측이란 무엇을 미루어 생각한다는 뜻을 나타낸다. 한국어 '의존명사+이다' 구문에서 추측의 의미를 나타내는 것은 '~것이다, ~모양이다, ~법이다, ~터이다'이다. 그 예문을 살펴보면 아래와 같다.

① 추측의 의미 '~것이다'

(371) 내일은 날씨가 좋을 것이다. (네이버사전)

    → 내일은 날씨가 좋을 것 같았으나 비가 내렸다.

(372) 저 얘기는 아마 열번도 더 했을 것이다. (네이버사전)

    → 저 얘기는 아마 열번도 더 했을 것 같았으나 사실은 한번밖에 안했다.

(373) 올해 겨울에는 눈이 많이 올 것이다. (네이버사전)

    → 올해 겨울에는 눈이 많이 올 것 같았으나 조금밖에 내리지 않았다.

(374) 그렇게 놀다간 성적이 떨어질 것이다. (네이버사전)

    → 그렇다 놀다간 성적이 떨어질 것 같았으나 그의 성적은 떨어지지

않았다.

(375) 김씨라면 그 일을 기어이 해내고야 말 것이다. (네이버사전)

    → 김씨라면 그 일을 기어이 해내고야 말 것 같았으나 그는 해내지
못했다.

   예문을 통해 알 수 있듯이 한국어 '~것이다'가 'ㄹ/을' 관형어미와 결합하
여 '~ㄹ/을 것이다' 구문을 이룰 경우 추측의 의미를 나타낼 수 있다. 이것은
'~ㄹ/을'이 앞말을 관형어 역할을 하게 하고 추측, 예정, 의지, 가능성 등
확정된 현실이 아님을 나타내는 어미이기에 '~ㄹ/을'과 '~것이다'가 이룬
'~ㄹ/을 것이다' 구문이 추측의 의미를 나타낼 수 있는 것이다. 그리고 확실
성이 제일 낮은 추측의 의미는 명제의 내용을 뒤에서 부정하면 그 명제의
값도 달라진다.

   ② 추측의 의미 '~모양이다'

(376) 아빠는 두 손을 점퍼 주머니에 넣고 있습니다. 결국 담배를 찾지 못한
모양입니다. (가시고기)

    → 아빠는 두 손을 점퍼 주머니에 넣고 있습니다. 결국 담배를 찾지
못한 모양이었으나 담배를 찾았다.

(377) 이것저것 당부하는 것으로 미뤄 유갑수는 그 일에 사뭇 이력이 붙은
모양이었다. (가시고기)

    → 이것저것 당부하는 것으로 미뤄 유갑수는 그 일에 사뭇 이력이 붙
은 모양이었으나 사실은 그렇지 않다.

(378) 밥이 어떻게 된 줄 아셨던 모양이야. (살아간다는 것)

    → 밥이 어떻게 된 줄 아셨던 모양이었으나 사실은 밥이 아주 잘 됐다.

(379) 그런데 나한테 한바탕 당하고 난 뒤 녀석은 뭔가 크게 결심을 했던

모양이야. (살아간다는 것)

→ 그런데 나한테 한바탕 당하고 난 뒤 녀석은 뭔가 크게 결심을 했던 모양이었으나 그는 하나도 변하지 않았다.

(380) 외국 생활을 꽤 오래 한 탓에 미처 못 본 모양이구나. (국화꽃향기)

→ 외국 생활을 꽤 오래 한 탓에 미처 못 본 모양이었으나 사실은 어제 만났다.

위의 예문을 통해 알 수 있듯이 예문 (376)~(380)은 모두 추측의 의미를 나타내고 있다. 즉 예문 (376)은 '담배를 찾지 못하였음'을 추측하고 있으며, 예문 (377)은 '이것저것 당부하는 것으로 보아 유갑수가 그 일에 사뭇 이력이 붙었을 것'이라고 추측하고, 예문 (377)은 '밥이 어떻게 되었을 것'이라고 추측하고 있다. 그리고 예문 (378)는 '나한테 한바탕 당하고 그 녀석이 뭔가를 크게 결심했을 거라고' 추측하고, 예문 (380)은 '외국 생활을 꽤 오래한 원인으로 미처 보지 못하였을 것'이라고 추측하고 있다. 위의 '~것이다'와 마찬가지로 '~모양이다' 역시 확실성이 제일 낮은 추측의 의미로 명제의 내용을 뒤에서 부정하면 그 명제의 값도 달라진다.

③ 추측의 의미 '~법이다'

(381) 그 사람이 이미 와 있을 법이다. (네이버사전)

→ 그 사람이 이미 와 있을 법하다.

→ 그 사람이 이미 와 있을 법이었으나 그는 오지 않았다.

(382) 매문업을 하자면 이런 글도 써야 한다니 세상에 매운가처럼 싸구려 인생도 없을 법이다. (네이버사전)

→ 매문업을 하자면 이런 글도 써야 한다니 세상에 매운가처럼 싸구려 인생도 없을 법하다.

→ 매문업을 하자면 이런 글도 써야 한다니 세상에 매운가처럼 싸구려 인생도 없을 법이었으나 사실은 그와 같은 사람도 있다.

(383) 40%의 공정도를 확인해 주느니보다는 차라리 신임원장에게 양해를 구하고 그 편에 뒷일을 부탁하는 것이 나을 법이다. (네이버사전)

→ 40%의 공정도를 확인해 주느니보다는 차라리 신임원장에게 양해를 구하고 그 편에 뒷일을 부탁하는 것이 나을 법하다.

→ 40%의 공정도를 확인해 주느니보다는 차라리 신임원장에게 양해를 구하고 그 편에 뒷일을 부탁하는 것이 나을 법이었으나 그렇게 하지 않았다.

(384) 아마도 그 사람이 그런 모습일 거라고 상상했을 법이다. (네이버사전)

→ 아마도 그 사람이 그런 모습일 거라고 상상했을 법하다.

→ 아마도 그 사람이 그런 모습일 거라고 상상했을 법이었으나 상상과는 완전히 다르다.

위의 예문을 통해 알 수 있듯이 예문 (381)~(384)는 추측의 의미를 나타내고 있다. 그리고 추측의 의미를 나타내는 '~법이다'는 '~법하다'로 고쳐도 어색하지 않은 문장이다. 즉 예문 (381)은 '그 사람이 이미 와 있을 것'이라고 추측하며, 예문 (382)는 '세상에 매운가처럼 싸구려 인생도 없을 것'이라고 추측하고, 예문 (383)은 '40%의 공정도를 확인해주는 것보다 신임원장에게 양해를 구하고 그 편에 뒷일을 부탁하는 것이 다 나을 것'이라고 추측하고 있다. 그리고 예문 (384)는 '그 사람이 그런 모습일 것'이라고 추측하고 있다. 그리고 추측의 의미를 나타내는 '~법이다' 앞에는 '~ㄹ/을' 관형어미가 온다. 즉 '~ㄹ/을 법이다'가 추측의 의미를 나타내고 있는 것이다. 하지만 이와 반대로 '~법이다' 앞에 '~ㄴ/은/는'의 관형어미가 올 경우 추측의 의미보다는 의무양태나 인식양태의 화자의 태도를 나타낸다. 그것은 아래에서 상세하게 다룰 것이다.

④ 추측의 의미 '~터이다'

(385) 어느 순간 발톱을 세워 아이의 육신을 맹렬하게 찢어댈 터였다. (가시고기)

(386) 혈소판이 부족한 까닭에 좀처럼 지혈이 되지 않을 터였다. (가시고기)

(387) 길 굽어보며 수고했노라고 미소 지을 수 있을 터였다. (가시고기)

(388) 체육 수업이 끝나면 아이들은 시멘트에 타일을 붙인 수돗가로 뛰어가기보다는 틀림없이 이 우물로 뛰어왔을 터였다. (국화꽃향기)

예문 (385)는 '아이의 육신을 맹렬하게 찢어댈 것이라는 것'을 추측하고, 예문 (386)은 '혈소판이 부족한 원인으로 지혈이 되지 않고 있다는 것'을 추측하고 있으며 예문 (387)은 '지나온 길을 굽어보며 수고했다고 미소 지을 수 있을 것'이라고 추측하고 있다. 그리고 예문 (388)은 '체육 수업이 끝나면 아이들이 이 우물로 뛰어왔을 거라는 것'이라고 추측하고 있다. '~터이다'는 추측의 의미를 나타낼 뿐만 아니라 주어의 의지를 나타내는 의무양태의 의미를 나타내기도 한다. 의무양태의 의미는 아랫부분에서 다루기로 한다.

3.3.2. 의무양태

의무양태는 책무와 강제로 요약될 수 있는데 도덕적으로 책임 있는 행위자가 수행하는 행동의 필연성이나 가능성과 관련된 허용이나 의무로 집약된다. 의무양태를 또한 행위의 완성과 관계된 행위자의 조건이나 상태를 나타내는 모든 양태의미를 포괄하는 개념으로 행위자 중심 양태라는 용어를 쓰기도 한다. 즉 주어의 의도, 바람, 능력, 의무 등의 양태의미를 모두 포괄하는 의미로 쓰기 위해서이다.

3.3.2.1. ~는 법이다

'~는 법이다' 구성은 두 가지로 나뉘는데, 하나는 의무양태로서 주어의 의무를 나타내는 것이고, 또 하나는 인식양태로서 명제내용을 '자연의 이치, 일반적인 원리'로 받아들이는 화자의 태도를 나타낸다.

(389) 술은 두 손으로 받는 법이다. (안주호:2004)

　　　 → 술은 두 손으로 받는 것이 도리이다.

(390) 미성년자에게는 담배를 팔지 못하는 법이다. (안주호:2004)

　　　 → 미성년자에게는 담배를 팔지 못하는 것이 도리이다.

　　　 → 미성년자에게는 담배를 팔아서는 안 된다.

(391) 유흥업소에는 청소년이 출입하지 못하는 법이다. (안주호:2004)

　　　 → 유흥업소에는 청소년이 출입하지 못하는 것이 도리이다.

　　　 → 유흥업소에는 청소년들이 출입해서는 안 된다.

(392) 도둑이 제 발 저리는 법이다. (안주호:2004)

　　　 → 도둑이 제 발 저리는 것이 당연하다/자연적이다.

(393) 인내 뒤엔 기쁨이 오는 법이다. (안주호:2004)

　　　 → 인내 뒤엔 기쁨이 오는 것이 당연하다/자연적이다.

(394) 미인은 박명하는 법이다. (안주호:2004)

　　　 → 미인은 박명하는 것이 당연하다/자연적이다.

위의 예문을 통해 알 수 있듯이 예문 (389)~(391)과 예문 (392)~(394)는 표면적으로는 같아 보이지만 앞의 세 예문들은 '~어야 한다'로 해석되지만 뒤의 세 예문들은 '~하는 것이 자연스럽다/순리이다'로 해석이 된다. 즉 앞의 세 예문들은 '사회적 규범'이 주어에게 의무를 지운 것으로 '~어서는 안 된다' 혹은 '~하는 것이 도리이다'로 풀 수 있지만 뒤의 세 예문들은 '본래 ~하는 것이 당연하다/자연적이다'로 풀 수 있다. 따라서 앞의 세 예문은 주어에게 의무를 부담시킨 의무양태이고, 뒤의 세 예문은 반드시 그렇게 해야한다는 당위성을 나타내는 증거양태에 속하는 당위의 의미를 나타내고 있다. 증거양태의 당위의 의미는 증거양태 부분에서 상세하게 다룰 것이다.

3.3.2.2. ~ㄹ 터이다

(395) 어머니, 나 데련님하고 살 테야. (안주호:2004)

(396) 쩍쩍 소리를 냈다간 멱통을 도려낼 테다. (안주호:2004)

(397) 더 있어봤자 후회만 남길 터였다. (가시고기)

위의 예문을 통해 알 수 있듯이 예문 (395)~(397)은 모두 주어의 의지를 나타내는 의무양태이다. 즉 예문 (395)는 '어머니와 데련님하고 같이 살 나'의 의지를 나타내며, 예문 (396)은 '계속 쩍쩍 소리를 냈다가는 멱통이 도려낼 것'이라는 것을 나타내고, 예문 (397)은 '더 있어봤자 후회만 남을 것'이라는 것을 말하고 있다.

3.3.2.3. ~ㄹ 셈이다

'~ㄹ 셈이다'는 의도를 나타내는데 평서문일 경우 1인칭 주어가 나타나고, 의문문일 경우는 주어인 청자의 의도를 나타낸다.

(398) 나는 내심 이번에 인맥을 동원해서라도 일을 성사시킬 셈이었다. (안주호:2004)

(399) 우리가 발바투 돌아다니며 긁어모아야 할 셈이라네. (안주호:2004)

(400) 그렇게 가시눈을 하고 날 노려보면 어쩔 셈이냐? (안주호:2004)

화자의 명제내용에 대한 태도나 평가를 나타내는 인식양태는 주어의 인칭 제약이 없는 반면, 의무양태는 주어의 명제에 대한 태도나 의도 등을 나타내므로 평서문에서는 반드시 1인칭이어야 하며, 의문문에서는 실질적인 2인칭 청자가 주어의 기능을 한다. 즉 예문 (398)은 '인맥을 동원하여서도 일을 성사하려는' 주어인 '나'의 의지를 나타내며, 예문 (399)는 '우리가 발바투 돌아다니며 긁어 모아야 한다'는 의지를 나타내고, 예문 (400)은 '그렇게 가시눈 하고 나를 노려보면 어떻게 할 것이냐 하는' 주어인 '나'의 태도를 나타내고 있다.

3.3.3. 증거양태

증거 양태는 송재목(1998) 등에서 제시한 양태 유형으로 정보의 출처와 연관되는 것이다. 즉 명제의 진리치나 사실성에 대한 어떤 근거를 바탕으로 하는 것이다. '~법이다, ~마련이다, ~십상이다'는 바로 과거 경험이나 일상적인 상식을 바탕으로 한 증거를 토대로 명제에 대하여 당연한 귀결을 나타내는 '당위'라는 화자의 태도를 말한다.

3.3.3.1. 당위의 의미 '~법이다'

(401) 깊은 상처에도 세월이 지나면 새살이 돋는 법이었다. (가시고기)

(402) 산에도 그 나름의 세상은 있는 법이야. (가시고기)

(403) 돈이란 것은 반지와 같아서 언제든지 자기 손에 있어야 좋은 법이다.

(낙타샹즈)

(404) 사람 목숨이 아무리 길어도 자신이 일단 죽으려고 생각하면 무슨 수를
써도 살 수가 없는 법이라네. (살아간다는 것)

(405) 큰오빠는 꿈은 크구나, 하다가 미안했는지 시집도 그렇다, 공장에 다니
면 거기에 맞는 사람하고밖에 못 가는 법이다. (외딴방)

위의 예문을 통해 알 수 있듯이 예문 (401)~(405)는 모두 당위의 의미를
나타내고 있다. 즉 예문 (401)은 '깊은 상처에도 세월이 지나면 반드시 새살
이 돋아난다는 것'을 말하고, 예문 (402)는 '산에도 그 나름의 세상이 있다는
것'을 말하며, 예문 (403)은 '돈이라는 것은 반지와 같아서 당연히 자기 손에
있는 것이 좋다는 것'을 말하고 있다. 그리고 예문 (404)는 '사람의 목숨이
아무리 길어도 자신이 죽으려 하면 무슨 수를 써도 살 수가 없다는 것'을
말하며, 예문 (405)는 '큰오빠의 꿈이 아무리 커도 공장에 다니면 당연히
거기에 맞은 사람이 될 거라는 것'을 말하고 있다. 즉 과거 경험이나 일상적
인 상식을 바탕으로 한 증거를 토대로 명제에 대하여 당연한 귀결을 나타내
는 화자의 태도를 말하고 있다.

3.3.3.2. 당위의 의미 '~마련이다'

(406) 그러한 지망생의 대부분은 재능을 한탄하며 제풀에 열망을 접게 마련
이었다. (가시고기)

(407) 한번 배달을 나가면 몇십 전이든 술값이 생기게 마련이다. (낙타샹즈)

(408) 길흉화복을 알 길이 없을 때 사람은 언제나 먼저 좋은 쪽을 생각하게
마련이다. (낙타샹즈)

(409) 아옹다옹 이리 채이고 저리 부대끼다 보면 누구든 자기 운명만큼 배상

받을 수 있게 마련이라네. (살아간다는 것)

(410) 어느 집단이나 품격이 모자라는 인간들이 한두 명은 있기 마련이다.
(외딴방)

위의 예문을 통해 알 수 있듯이 예문 (406)~(410)은 모두 당위의 의미를
나타내고 있다. 즉 예문 (406)은 '지망생의 대부분이 재능을 한탄하며 제풀
에 열망을 접는 사람이 많다'는 화자의 태도를 나타내고, 예문 (407)은 '한번
배달 나가면 술값이라도 생기게 된다'는 화자의 태도를 나타내며, 예문
(408)은 '길흉화복이 없을 때 사람은 언제나 좋은 쪽을 생각한다'는 화자의
태도를 나타내고 있다. 그리고 예문 (409)는 '누구든 자기 운명만큼 배상
받을 수 있다'는 화자의 태도를 나타내며, 예문 (410)은 '어느 집단이나 품격
이 모자라는 인간이 있다'는 화자의 태도를 나타내고 있다.

3.3.3.3. 당위의 의미 '~십상이다'

(411) 삶을 고단하게 만드는 이유의 대부분이 지나친 욕망에서 비롯되듯,
부모의 과도한 기대가 자식의 삶을 엉망으로 만들어 놓기 십상이었다.
(가시고기)

(412) 거리 찻집에서 파는 돼지머리 고기, 두부 요리, 백주와 절임콩 모두
배를 거나하게 불기기 십상이었다. (낙타샹즈)

(413) 남녀의 엇나간 관계에 대해 적당한 이해나 구색을 맞추려 하다가는
자칫 두 사람 모두 감정적으로 치졸해지거나 불쾌해지기 십상이다.
(국화꽃향기)

(414) 지금 안 나오면 어중간해서 그런 것도 떼이기 십상이야. (외딴방)

위의 예문을 통해 알 수 있듯이 예문 (411)~(414)는 모두 당위의 의미를 나타내고 있다. 즉 예문 (411)은 '부모의 과도한 기대가 자식의 삶을 엉망으로 만들어 놓기 쉽다'는 화자의 태도를 나타내고, 예문 (412)는 '찻집에서 파는 요리들이 모두 배를 거나하게 불리기 쉽다'는 화자의 태도를 나타내며, 예문 (413)은 '남녀 간의 엇나간 관계에 대해 적당한 이해나 구색을 맞추려 하다가는 두 사람 모두 감정적으로 치졸해지거나 불쾌해지기 쉽다'는 화자의 태도를 나타내고 있다. 그리고 예문 (414)는 '지금 안 나오면 어중간해서 그런 것 떼이기 쉽다'는 화자의 태도를 나타내고 있다.

3.4. '是……的' 구문의 의미적 특징

중국어 '是……的' 구문은 강조와 판단의 의미를 나타내는데 이는 뒤에 따르는 '的'이 구조조사(结构助词)냐 어기조사(语气助词)냐에 따라 달라진다. 그 예문을 살펴보면 아래와 같다.

3.4.1. 판단의 의미

(415) 母亲的面容是慈祥而有教养的, 真没想到那样的一张脸居然会生出那么顽固的愤怒。(菊花香)

(416) 这样完美的男孩子是不容易遇到的, 尤其在充斥着浮躁和无知的傲慢的所谓电影艺术人当中。(菊花香)

(417) 他自己的那辆车是去年秋初买的。(骆驼祥子)

(418) 党的正确路线, 政策是从群众中来的, 是反映群众要求的, 是合乎群众实际的。(北大语料库)

(419) 进行结构性调整是当前迫切需要协商解决的。(北大语料库)

위의 예문을 통해 알 수 있듯이 이들은 모두 판단의 의미를 나타내고 있다. 이것은 판단의 의미를 나타내는 구문은 앞에 오는 주어나 중심어를 공유하거나 대용할 수 있는 것이다. 즉 예문 (415)는 앞에 오는 주어인 '母亲的面容'를 공유하는 것이고, 예문 (416)은 앞에 오는 주어인 '完美的男孩子'를 공유하는 것이며, 예문 (417)은 앞에 오는 주어인 '他自己的那辆车'를 공유하는 것이다. 그리고 예문 (418)은 앞에 오는 주어인 '路线, 政策'을 공유하는 것이며, 예문 (419)는 앞에 오는 주어가 아닌 '进行结构性调整'을 하는 일이 현재 급히 해결해야 하는 일임을 나타내고 있다.

3.4.2. 강조의 의미

(420) 门是锁着的, 密码只有我一个人知道。(菊花香)

(421) 逃命是要紧的, 可是赤裸裸的一条命有什么用呢? (骆驼祥子)

(422) 领头的红卫兵是个女的, 她们来到了我们跟前, 那女的朝我们喊。(活着)

(423) 他说, 生活是美丽的。(单人房)

(424) 英彩是儿子刚住院是遇到的。(刺鱼)

위의 예문을 통해 알 수 있듯이 이들은 모두 강조의 의미를 나타내고 있다. 이것은 강조의 의미를 나타내는 구문은 판단의 의미를 나타내는 구문과 달리 판단의 의미를 나타내는 구문은 앞에 오는 주어나 중심어를 공유하거나 대용할 수 있지만 강조의 의미를 나타내는 구문은 앞에 오는 주어나 중심어를 대용할 수 없다. 따라서 예문 (420)에서는 '문이 잠겨있음'을 강조하고 있으며, 예문 (421)은 '빨리 도망가는 것이 긴급하다는 것'을 강조하고, 예문

(422)는 '앞장 선 홍위병이 여자임'을 강조하고 있다. 그리고 예문 (423)은 '생활이 아름답다는 것'을 강조하고 있으며, 예문 (424)는 '영채를 만난 것이 아들 입원할 때임'을 강조하고 있다.

3.5. 소결

제3장에서는 한국어 '의존명사+이다' 구문과 중국어 '是……的' 구문의 통사적 특징과 의미적 특징을 살펴보았다.

한국어 '의존명사+이다' 구문은 부정의 가능성, 주어를 표제명사로 하는 관계 관형화 가능성, NP₂ 앞에 나타나는 관형어미의 유형, 판단 동사 구문의 '~를, ~로'의 소절 구성 가능성에 대해 살펴보았다. 결과를 살펴보면 부정의 가능성에서 많은 제한을 받고 있다. 즉 의존명사 '~것, ~때문', 명사의 기능을 갖고 있는 '~탓'을 제외한 나머지는 모두 부정문으로 고칠 수 없다. 주어를 표제명사로 하는 관계 관형화 가능성과 판단 동사 구문의 '~를, ~로'의 소절 구성 가능성에서도 제약을 받고 있다. 그리고 NP₂ 앞에 나타나는 관형어미의 유형에는 '~ㄴ/은/는, ~ㄹ/을/를, ~기/기에, ~게, ~서, ~니까' 등이 있으며 의존명사 앞에 직접 명사가 오는 경우도 있다.

중국어 '是……的' 구문의 통사적 특징은 부정의 가능성, 의문문의 성립 가능성, 생략의 가능성에 대해 살펴보았다. 우선 부정의 가능성에서 '是'와 '的' 사이에 '체언(명사, 대명사), 형용사, 동사/동사결구, 主谓结构, 介宾结构, 给字句, 被字句, 把, 因果复句'일 경우 부정문으로 바꾸는 것이 자연스럽지만 '是'와 '的' 사이에 '把字句'가 올 경우 구문이 일반의문문일 때는 부정문으로 바꾸는 것이 부자연스럽다. 의문문의 성립 가능성에서 중국어 '是……的' 구문은 대체로 일반의문문, 정반의문문, 선택의문문, 특지의문문으로의 바꿈이 자연스럽지만 '是'와 '的' 사이에 형용사가 올 경우 형용사 앞에 수식성분이 있다면 제일 뒤에 오는 '的'을 삭제해야 문장이 더욱 자연스러우며 '是'와 '的' 사이에 동사/동사결구가 올 경우에도 어떤 때에는 '的'을 삭제하는 것이 문장이 더욱 자연스럽다. 그리고 '是'와 '的' 사이에 把字句가 올 경우 문장 자체가 긍정문일 경우에는 의문문으로의 수정이 부자연스럽다. '是'와 '的'의 생략의 가능성을 살펴보면 '是', '的' 혹은 '是'와 '的'을 모두 삭제할 수 없는 것은 '是'와 '的' 사이에 '체언, 给字句, 被字句, 因果复句'가 오는 경우이고, '是'만을 단독으로 삭제할 수 있는 것은 '是'와 '的' 사이에 '동사/동사결구, 介宾结构'가 오는 경우이며, '的'만을 단독으로 삭제할 수 있는 것은 '是'와 '的' 사이에 '主谓结构, 介宾结构'가 오는 경우이고, '是'와 '的'을 동시에 삭제할 수 있는 것은 '형용사, 동사/동사결구, 介宾结构'가 오는 경우이다. 특별히 설명해야 할 것은 '是'와 '的' 사이에 '把字句'가 올 경우 '是', '的' 혹은 '是'와 '的'을 모두 삭제할 수 있는 경우가 있는가 하면 '是'만 단독으로 삭제할 수 있는 경우도 있고, '是', '的' 혹은 '是'와 '的'을 모두 삭제할 수 없는 경우도 있다. 이것은 구체적인 문장에 따라 구분해야 한다.

한국어 '의존명사+이다' 구문과 중국어 '是……的' 구문의 의미적 특징에 대한 논의를 보면 한국어 '의존명사+이다' 구문은 크게 인식양태, 의미양태, 증거양태로 나눌 수 있다. 그리고 인식양태는 다시 한정의 의미, 단정의 의미, 이유의 의미, 정도의 의미, 의도의 의미, 추측의 의미로 재구분할 수 있다. 하지만 중국어 '是……的' 구문은 단 판단의 의미와 강조의 의미 두 가지만을 나타내고 있다.

제4장 존재, 소유, 처소 서술관계의 대조

4.1. '이다'와 '있다'의 대조

한국어 '이다'의 의미적 특징에 대한 연구는 위의 제3장에서 하였기에 여기에서는 더 말하지 않고 한국어 '있다'의 의미적 특징에 대해 살펴볼 것이다. 우선 '있다'의 의미적 특징을 살펴보기에 앞서 먼저 한국어 '있다'의 연구가 어느 정도 진행되었는지 살펴볼 것이다.

4.1.1. '있다'의 선행연구

한국어 '있다'의 의미적 특징에 대하여 아래와 같은 몇 가지 의견이 있다.

이희승(1956)은 '있다'를 '없다'와 함께 용언의 범주 속에 포함시키면서, 의미론적 견지에서 생각하든, 형태론적 각도에서 고찰하든, 동사나 형용사와는 별다른 내용의 개념적 위상을 보이고 있으며, 또 별개의 형식으로 활용되고 있으므로, 존재사라는 독립한 일종의 품사를 이루고 있다고 말하였다. 즉 '있다'의 의미적 특징을 '존재'로 보고 있다.

김차균(1982)에서는 '있다'의 의미를 '존재, 처소, 막걸리 파티, 직위, 한가

함, 행복의 존재, 놀이의 즐거움, 소유, 철수가 병약, 철수가 용감하다' 등 10가지로 귀납하였다.

이수련(1986)에서는 '있다'와 X, Y의 관계를 '장소의 의미, 소유의 의미, 사건발생의 의미, 전체-부분의 의미'로 나누었다. 하지만 2002년에 발표한 논문에서는 '있다'가 '존재'라는 원형에서 '장소, 소유, 시간' 따위로 그 뜻이 확장됨으로써 문법화 현상이 일어났다고 하였다.

김상대(1991)에서는 '있다'의 의미를 '존재, 처함, 소유, 속성'의 네 가지로 통합하여 정리할 수 있다고 주장하였다.

신선경(1996)에서는 '있다'의 의미를 크게 존재와 소유로 구분하였으며, 존재를 다시 '존재론적 존재(상태, 존재의 유무), 유형론적 존재(상태, 포함관계), 사건적 존재(과정, 현재적 화행), 처소적 존재(상태, 장소)'로 나누었으며, 소유를 다시 '양도성 소유(소유권, 임시관리권), 비양도성 소유(신체, 전체와 부분, 친족관계, 개체와 속성)'로 나누었다.

이춘근(1997)에서는 '있다'의 의미에 대하여 간단하게 '존재 표현, 소유 표현'으로 나누었다.

정자훈(2004)에서는 '있다'를 '존재'라는 중심의미에서 크게 '발생, 개최, 소재, 존재 행위, 시간의 경과, 알려짐, 가능'으로 확장된 것으로 볼 수 있다고 주장하였다. 그리고 두 번째의 소재개념은 다시 '소유, 처함, 포함, 들어있음, 재직'으로 확대되고, 소유개념은 다시 '생존, 부유, 여유로움'의 의미로 확장되었다고 한다. 그리고 존재 행위'는 다시 '머무름, 거주, 지냄'의 의미로 확장되었다고 주장하고 있다.

4.1.2. '있다'의 의미적 특징

위의 선행연구에 따라 이 책에서는 '있다'의 의미적 특징을 아래 6가지로 귀납하였다. 즉 '존재, 처소 서술, 처함, 소유, 속성, 포함, 시간, 발생'이다. 그 예문을 살펴보면 아래와 같다.

4.1.2.1. 존재관계

(1) 귀신이 있다. (21세기말뭉치)

　→ 귀신이 없다.

(2) 책이 있다. (21세기말뭉치)

　→ 책이 없다.

(3) 저쪽 너머에 논밭이 있다. (21세기말뭉치)

　→ 저쪽 너머에 논밭이 없다.

(4) 창고에는 오래된 물건들이 가득 있다. (21세기말뭉치)

　→ 창고에는 오래된 물건들이 가득 없다.

위의 예문을 통해 알 수 있듯이 예문 (1)~(4)는 모두 존재관계를 나타내고 있다. 예문 (1)~(2)의 경우에는 '있다'의 원형의미인 존재의 의미를 나타내지만 예문 (3)~(4)는 원형의 존재의미에 공간적 배경이 덧보태어 장소표현으로 확대되었다. 즉 'X가 있다'라는 존재도식에 'Y에'라는 장소말이 들어간 표현으로서 'Y에 X가 있다'로 도식화된다. 이처럼 존재개념이 장소개념에 선행한다는 것은 우리가 어떤 사물을 인지할 때, 어떤 구체적인 물체를 먼저 인지한 다음, 그 물체의 공간적 위치로 인지가 확대되는 것으로 추정 가능하다. 그리고 존재관계의 문장들을 보면 이들은 부정할 때 '안 있다'가 아닌 '없다'로만 부정이 가능하다.

4.1.2.2. 처소 서술관계

(5) 그는 서울에 있다. (21세기말뭉치)

(6) 아버지는 지금 북경에 있다. (21세기말뭉치)

(7) 그는 한동안 이 집에 있었다. (21세기말뭉치)

(8) 그는 지금 학교에 있다. (21세기말뭉치)

위의 예문을 통해 알 수 있듯이 예문 (5)~(8)은 처소 서술관계를 나타내고 있다. 즉 처격조사 '~에' 앞에 장소를 나타내는 단어들이 나타나 주어가 어디에 있음을 나타내고 있다.

4.1.2.3. 처함관계

(9) 우리 언니는 시청에 임시 공무원으로 있다. (21세기말뭉치)

　　→ 우리 언니는 시청에 임시 공무원으로 안 있다.

(10) 그 친구는 국방부의 요직에 있다. (21세기말뭉치)

　　→ 그 친구는 국방부의 요직에 안 있다.

(11) 그는 지금 대기업의 과장으로 있다. (21세기말뭉치)

　　→ 그는 지금 대기업의 과장으로 안 있다.

(12) 그는 그 대학의 교수로 있다. (21세기말뭉치)

　　→ 그는 그 대학의 교수로 안 있다.

'처함'은 위의 '존재'관계와 큰 차이는 없지만 위의 '존재'는 자연공간이나 생활공간에 있지만 '처함'은 활동 공간으로서의 사회 공간에 있는 것이다. 즉 공간을 이루는 일에서 '존재'는 자연적이거나 정적이라 한다면 '처함'은

사회적이거나 활동적이라 할 수 있으며, 대체로 전자가 무의지적이라면 후자
는 의지적인 면을 띤다고 볼 수 있다. 그리고 부정에서 '존재'의 부정은 '없다'
로 하지만 '처함'의 부정은 '없다'가 아닌 '안 있다'로 부정이 가능하다.

4.1.2.4. 소유관계

'Y에 X가 있다'라는 도식에서 'Y'에 무정물이 아닌 유정물이 오면 소유[1]
표현으로 확대된다.

> (13) 나한테 100원짜리가 있다. (21세기말뭉치)
>
> (14) 그에게는 1억 원 상당의 집이 있다. (21세기말뭉치)
>
> (15) 아버지가 돌아가시면 남긴 유산으로 어머니에게 약간의 부동산이 있다.
>   (21세기말뭉치)
>
> (16) 그녀에게 선택권이 있다. (21세기말뭉치)

소유 표현은 존재 표현을 안는 통사구조이고, 의미적으로도 소유표현은
'존재의 위치가 있는 소유주'와 관련된 표현이므로 존재를 전제로 하는 것이
다. 이로 볼 때 존재, 소유 표현은 통사구조나 의미구조에서 밀접한 관련성이
있음을 알 수 있다. 즉 예문 (13)에서는 '내가 100원짜리를 소유하고 있음'을
나타내고, 예문 (14)에서는 '그가 1억 원 상당의 집을 소유하고 있음'을 나타
내며, 예문 (15)는 '아버지가 돌아가시면 남긴 유산으로 어머니가 약간의
부동산을 소유할 수 있음'을 나타내고, 예문 (16)은 '그녀가 선택권을 소유하
고 있음'을 나타내고 있다.

---

[1]   박양규(1975)는 '소유란 대상의 존재에 대한 경험주로서의 인식'이라고 말하였다.

4.1.2.5. 속성관계

'무형의 것, 뜻, 사랑, 믿음 같은 것이 존재함'의 의미는 사물의 속성을 의미하는 것으로 이해된다.

    (17) 그 사람의 태도에는 모호한 데가 있다. (21세기말뭉치)

    (18) 그 남자는 다소 바람기가 있다. (21세기말뭉치)

    (19) 그녀에게는 다른 사람들을 매료시키는 매력이 있다. (21세기말뭉치)

위의 예문을 통해 알 수 있듯이 예문 (17)~(19)는 각각 '그 사람의 태도가 모호하다는 뜻, 그 남자가 바람기가 있다는 뜻, 그녀가 매력 있다는 뜻'을 갖고 있다. 따라서 여기의 '있다'는 이렇게 그 주체의 속성이 어떠함을 나타낸다.

4.1.2.6. 포함관계

    (20) 합격자 명단에는 내 이름도 있었다. (21세기말뭉치)

    (21) 일자리를 얻기 위하여 이곳에 온 사람 중에는 박사 학위를 받은 사람도
        있다. (21세기말뭉치)

    (22) 과일에는 사과, 배, 감, 오렌지 따위가 있다. (21세기말뭉치)

    (23) 이 차에는 각종 첨단 장비들이 있다. (21세기말뭉치)

존재관계의 장소표현에 '일정한 범위나 전체'의 의미가 오고, 그 속에 개인이나 물체의 일부분이 존재하게 되면 개인이나 물체의 일부분이 일정한 범위나 전체에 포함된 상태를 의미하게 된다. 존재 대상(개인이나 물체의 일부분)이 '일정한 범위나 전체'라는 공간 속에 존재하면 '포함'의 의미가 발생하게 된다. 또 이를 달리 해석하면 '일정한 범위나 전체'가 그 속에 '개인이나

물체의 일부분'을 가지고 있다 즉 소유하고 있다는 것의 의미로 바꿀 수 있다. 따라서 포함의 의미는 소유의 의미와 매우 유사함을 알 수 있다.

4.1.2.7. 시간관계

존재개념은 공간뿐만 아니라 시간적인 배경도 필요로 하므로 시간 표현으로 확대된다.

> (24) 배가 아팠는데 조금 있으니 곧 괜찮아지더라. (21세기말뭉치)
>
> (25) 앞으로 사흘만 있으면 추석이다. (21세기말뭉치)
>
> (26) 일주일만 있으면 방학이다. (21세기말뭉치)
>
> (27) 지금 자리에 안 계시니까 10분쯤 있다가 다시 전화를 주십시오 (21세기 말뭉치)

위의 예문을 살펴보면 '있다' 앞에 모두 시간을 나타내는 단어들이 왔다. 즉 예문 (24)에서는 시간을 나타내는 '조금'이, 예문 (25)에서는 '사흘'이, 예문 (26)에서는 '일주일'이, 예문 (27)에서는 '10분쯤'이 오면서 시간개념을 나타내고 있다.

4.1.2.8. 발생관계

'있다'의 존재의 의미는 존재 대상인 X에 단순한 명사항이 아니라 '사건'의 개념이 왔을 때 발생의 의미로 전용된다. 이때 장소 표현에는 시간말도 올 수 있는 특징을 지닌다. 이때는 처격을 필요로 하지 않는 비공간적 성격을 띤다. 그 예문을 살펴보면 아래와 같다.

> (28) 다음주부터 중간고사가 있다. (21세기말뭉치)

(29) 큰 화재가 있은 후로 그 곳은 완전히 폐허가 되었다. (21세기말뭉치)

(30) 두 시에 동창회 모임이 있으니까 지금 나가 보아야 한다. (21세기말뭉치)

(31) 오늘은 회식이 있으니 모두 참석하세요. (21세기말뭉치)

'중간고사, 화재, 동창회, 회식' 등은 시간의 흐름에 따라 존재하는 사건의 속성을 지닌다. 따라서 사건이 존재한다는 것은 시간의 흐름에 따라 어떠한 사건이 발생되었음을 의미하게 된다. 사건의 의미가 '있다'와 결합하여 발생이라는 의미를 형성하게 된 것이다. 사건의 개념과 존재 개념의 공간적 인접성에 의한 의미전이로 볼 수 있다.

4.1.3. '있다'의 개념공간 및 의미지도

한국어 '있다' 구문의 의미적 특징은 '존재관계, 처함관계, 소유관계, 속성관계, 포함관계, 시간관계, 발생관계'가 있다. 하지만 한국어 '있다'는 그 중심적 의미가 '존재관계'이며 부차적으로 기타 의미 기능이 파생된 것이라 이해할 수 있다. 따라서 한국어 '있다'의 개념공간을 아래와 같이 그릴 수 있다.

1. 우선 존재관계, 처소 서술관계에 있어서 이들의 배열순서를 살펴보면 존재관계와 처소 서술관계는 밀접한 연관을 갖고 있다. 존재관계는 무엇이 존재함을 나타내는가 하면 처소 서술관계는 누가/무엇이 어디에 존재함을 나타낸다. 따라서 이들의 개념공간을 아래와 같이 그릴 수 있다.

처소 서술 ───── 존재

2. 존재관계, 처소 서술관계, 처함관계, 소유관계에 있어서 이들의 배열순서를 살펴보면 처함관계와 소유관계가 존재관계에서 파생된 의미적 특징이

다. 하지만 처소 서술관계와 처함관계가 동등한 위치에 있다는 것은 아니다. 따라서 이들의 개념공간을 아래와 같이 그릴 수 있다.

3. 다음 존재관계, 처소 서술관계, 처함관계, 소유관계, 속성관계, 포함관계에 있어서 이들의 배열순서를 살펴보면 속성관계와 포함관계 역시 존재관계를 전제로 하여 파생적으로 생겨난 의미 기능이기에 존재관계와 밀접한 연관을 갖고 있다. 따라서 이들의 개념공간을 아래와 같이 그릴 수 있다.

4. 끝으로 존재관계, 처함관계, 소유관계, 속성관계, 포함관계, 시간관계, 발생관계에 있어서 이들의 배열순서를 살펴보면 시간관계와 발생관계 역시 존재관계를 전제로 하여 파생적으로 생겨난 의미 기능이다. 따라서 이들의 개념공간을 아래와 같이 그릴 수 있다.

한국어 '있다' 및 관련요소들이 이 개념공간을 분할하고 있는 양상을 의미지도로 그리면 아래와 같다.

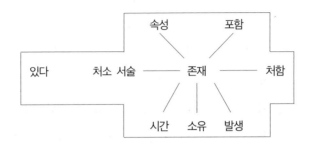

4.1.4. '이다'와 '있다'의 의미지도 대조

앞에서 그려낸 한국어 '이다' 의미지도와 '있다'의 의미지도를 대조하여 보면 아래와 같다.

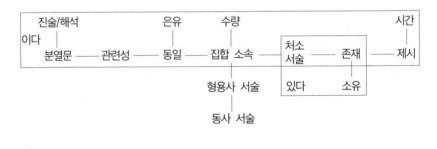

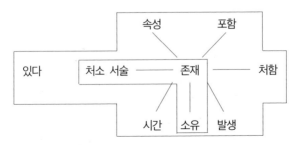

즉 한국어 '이다'와 '있다'는 '처소 서술관계, 존재관계, 소유관계'에서는 서로 상호교환할 수 있지만 한국어 '이다'는 '있다'가 없는 '집합 소속관계, 수량관계, 동일관계, 은유관계, 관련성, 분열문, 진술/해석관계, 제시관계, 시간관계'를 갖고 있으며 한국어 '있다'는 '이다'가 없는 '속성관계, 포함관계, 처함관계, 시간관계, 발생관계'를 갖고 있다. 한국어 '이다'와 '있다'가 모두 '시간관계'를 갖고 있지만 한국어 '이다'의 시간관계는 제시관계와 비슷한 의미 기능을 갖고 있으며 정확하게 몇 시임을 나타내고 있지만 한국어 '있다'의 시간관계는 존재관계에서 파생된 의미적 특징이므로 '이다'가 나타내는 정확한 시간보다는 '동안'을 나타내고 있다.

4.2. '是'와 '有', '在'의 대조

중국어 '是'의 의미적 특징에 대한 연구는 위의 제3장에서 하였기에 여기에서는 더 말하지 않고 중국어 '有, 在'의 의미적 특징에 대해 살펴볼 것이다. 우선 '有, 在'의 의미적 특징을 살펴보기에 앞서 먼저 한국어 '有, 在'의 연구가 어느 정도 진행되었는지 살펴볼 것이다.

4.2.1. '有'의 선행연구

중국어 '有'의 의미적 특징에 대하여 아래와 같은 몇 가지 의견이 있다. 张志公(1953), 高耀墀(1957), 丁声树(1961), 吕叔湘(1980), 李临定(1990)은 모두 '有'가 존재의 의미를 갖고 있다고 생각하며 '些'와 밀접한 연관이 있어 정도를 나타내는 '有些'로 쓰인다고 주장하고 있지만 胡裕树(1962)는 '有'가 두 가지 빈어를 가질 수 있는데 '有'가 형용사 빈어를 가질 경우에는 빈어 앞에 정도를 나타내는 状语 '些'가 올 수 있다고 주장하고 있다.

대부분의 학자들은 '有'의 존재관계와 领属관계를 인정하고 있다. 이외에 高耀墀(1957), 展开第(1981)은 '有'가 열거의 의미를 갖고 있다고 주장하며 丁声树(1961), 刘月华(1983)도 이 의견에 동의하고 있다. 胡裕树, 范晓(1995)도 '有'가 주어가 가리키는 대상에 대해 估量을 나타낸다고 주장하며 赵元任 (1979), 刘月华(1984)는 '有'가 발생 혹은 출현의 의미를 나타낸다고 주장하고 있다.

云汉, 峻峡(1991)은 '有'의 빈어 성질에 따라 '有'의 의미적 특징을 귀납할 수 있다고 주장한다. 즉 명사성 빈어가 올 경우 '有'는 存在, 领有의 의미를 나타내며; 형용사성 빈어가 올 경우 '有'는 估量, 比较의 의미를 나타내며, 동사성 빈어가 올 경우 '有'가 发生, 出现의 의미를 나타낸다고 주장하고 있다.

张豫峰(1999)에서는 '有'의 의미적 특징에 대하여 6가지로 귀납하였는데 즉 领属关系, 领有关系, 存在关系, 既表领有也表领属关系, 发生关系, 估量关系 이다.

袁毓林, 李湘, 曹宏, 王健(2009)에서는 '有'字句의 의미적 특징을 领属关系, 包含关系, 包括关系, 存在关系로 귀납하였다.

孙光锋(2011)는 비교의 의미를 나타내는 '有'에 대해 구문 문법의 이론으로 상세하게 논의하였다.

4.2.2. '有'의 의미적 특징

위의 선행연구에 따라 이 책에서는 '有'의 의미적 특징을 아래 12가지로 귀납하였다. 즉 '존재, 소유, 발생(发生), 추측(估量), 인출과 피인출(引出与被引出), 초점, 비교, 출현(出现), 성질/상태의 정도(形状程度), 조건, 원인, 가정'이다. 그 예문을 살펴보면 아래와 같다.

4.2.2.1. 존재관계

(32) 学校里有两个图书馆。(北京大学语料库)

(33) 天上竟有一颗明珠盯着他的屋面。(北京大学语料库)

(34) 下午有会议。(北京大学语料库)

(35) 明天有阵雨。(北京大学语料库)

(36) 目前全市有百岁老人179位, 全市60岁以上的老年人有72.7万, 占全市总人口的16.6%。(北京大学语料库)

위의 예문을 통해 알 수 있듯이 예문 (32)~(36)은 모두 존재관계를 나타내고 있다. 존재란 NP₁이 시간 혹은 장소를 나타내는 단어이고 NP₂가 사물을 나타내는 단어이며, NP₂의 사물이 NP₁의 처소 혹은 시간에 존재하고 있음을 나타내는 것이다. 존재에는 공간상의 존재와 시간상의 존재, 공간과 시간이 동시에 공존하는 존재로 구분할 수 있는데 예문 (32)~(33)은 공간상의 존재를 나타내고, 예문 (34)~(35)는 시간상의 존재를 나타내며, 예문 (36)은 공간과 시간이 동시에 공존함을 나타내고 있다. 즉 예문 (32)는 '학교에 도서관이 두개 있다는 것'을, 예문 (33)은 '하늘에 명주가 있다는 것'을 나타내고 있다. 예문 (34)는 '오후에 회의가 있음'을 나타내고, 예문 (35)는 '내일 비가 있음'을 나타내고 있다. 그리고 예문 (36)이 공간과 시간이 동시에 공존함을 나타내는데 여기에서 그래프로 표시한다면 공간은 그래프에서 하나의 점으로 나타내고, 시간은 그래프에서 존재하는 선으로 나타나고 있다.

4.2.2.2. 소유관계

(37) 我有一个慈祥的父亲。(北京大学语料库)

(38) 蟋蟀怎么会有建筑住宅的才能呢? (北京大学语料库)

(39) 这张桌子有四条腿。(北京大学语料库)

(40) 甲虫有很厚的甲, 身体很重, 力气又大。(北京大学语料库)

소유관계에는 领有관계와 领属관계 두 가지가 있는데 어떤 논문에서는 이것을 나누어 설명하였지만 이 책에서는 모두 소유관계에 귀속시키기로 한다. 领有관계와 领属관계의 다른 점이라면 领有관계는 '누구에게 어떤 능력, 재간, 혹은 무엇을 갖고 있다는 것'을 나타내며 领属관계는 '무엇에 어떤 기능, 재간이 소속되어 있다는 것'을 나타내고 있다. 즉 예문 (37)~(38)은 领有관계를 나타내는데 각각 '나에게 자상한 아버지가 있다는 것'을, '귀뚜라미에게 집을 건축할 수 있는 능력이 없다는 것'을 나타내고 있다. 예문 (39)~(40)은 领属관계를 나타내는데 예문 (39)는 '책상이 4개의 다리를 소유하고 있다는 것'을, 예문 (40)은 '딱정벌레는 두꺼운 갑을 소유하고 있다는 것'을 나타내고 있다.

4.2.2.3. 발생관계

(41) 我们和男生间的情节有发展。(北京大学语料库)

(42) 你今天就有买卖。(北京大学语料库)

(43) 你越来越有钱了。(北京大学语料库)

(44) 空话大话引来的只有嘲笑。(北京大学语料库)

위의 예문을 통해 알 수 있듯이 예문 (41)~(44)는 모두 발생관계를 나타내고 있다. 즉 NP$_2$가 NP$_1$이 무엇을 발생하거나 어떤 새로운 상황이 나타남을 표시하는 것이다. 여기에서 NP$_2$는 대부분 동사성 성분이다. 즉 예문 (41)은 '우리와 남성들 사이에 어떤 사건이 발전하고 있음'을, 예문 (42)는 '오늘 장사가 있다는 것'을, 예문 (43)은 '네가 돈이 점점 많아진다는 것'을, 예문 (44)는 '큰소리는 결국 웃음거리밖에 될 수 없다는 것'을 나타내고 있다.

4.2.2.4. 추측(估量)관계

    (45) 爷爷足有七十岁。(北京大学语料库)

    (46) 从这里到天安门大概有五公里。(北京大学语料库)

    (47) 核桃园有三百多人家。(北京大学语料库)

    (48) 全部《诗经》里的马的名称还有好些。(北京大学语料库)

위의 예문을 통해 알 수 있듯이 예문 (45)~(48)은 모두 추측관계를 나타내고 있다. 추측관계란 NP$_2$가 NP$_1$에 대한 어떤 정도의 추측을 '有'를 통해 나타낸다는 것이다. 여기에서의 NP$_2$는 대부분 NP$_1$의 무게, 나이, 시간, 수량, 빈도 등을 나타내고 있다. 즉 예문 (45)는 '할아버지가 70은 넘었음'을 나타내고, 예문 (46)은 '여기에서 천안문까지 대략 5公里 됨'을 나타내고, 예문 (47)은 '도화원에 300여 명이 있음'을, 예문 (48)은 '『시경』에 나오는 말의 명칭이 많다는 것'을 나타내고 있다. 이것은 모두 말하는 이가 정확한 수치는 모르고 추측하여 말함을 나타내고 있다.

4.2.2.5. 인출과 피인출관계(引出与被引出关系)

(49) 有一份材料有趣的说明了这个问题。(北京大学语料库)

(50) 大片的土地需要有人耕种。(北京大学语料库)

(51) 妹妹我有话儿留。(北京大学语料库)

(52) 至少有两点让我佩服。(北京大学语料库)

위의 예문을 통해 알 수 있듯이 예문 (49)~(52)는 모두 引出与被引出의 관계를 나타내고 있다. 즉 '有'를 통해 동작하는 주체 혹은 객체 NP₂를 이끌어내는 것이다. 예문 (49)~(50)은 동작하는 주체를 이끌어내는 것이고 예문 (51)~(52)는 동작하는 객체를 이끌어내는 것이다. 즉 예문 (49)는 주체인 '자료 한부'를 이끌어내고, 예문 (50)은 주체인 '토지'를 이끌어내고 있다. 그리고 예문 (51)은 객체인 '여동생'을, 예문 (52)는 객체인 '두개의 문제점'을 이끌어 내고 있다.

4.2.2.6. 초점관계

(53) 有总理在这里，谁敢放肆。(北京大学语料库)

(54) 有他姐姐在这里，你就不用担心了。(北京大学语料库)

위의 예문을 통해 알 수 있듯이 예문 (53)~(54)는 모두 초점관계를 나타내고 있다. 즉 예문 (53)은 초점인 '총리'를 부각하면서 '총리가 있음으로 인해 누구든 맘대로 할 수 없음'을 강조하고, 예문 (54)는 초점인 '그 누나'를 부각하면서 '누나가 있기에 걱정 말라는 것'을 강조하고 있다.

4.2.2.7. 비교관계

(55) 你的腰有水桶那么粗。(北京大学语料库)

　　　→ 你的腰像水桶一样粗。

(56) 这块钻石有杏仁那么大。(北京大学语料库)

　　　→ 这块钻石像杏仁一样大。

(57) 我的眼睛有她的那么圆。(北京大学语料库)

　　　→ 我的眼睛像她的一样圆。

(58) 上海的公园没有北京的公园那么大。(北京大学语料库)

　　　→ 上海的公园没有像北京的公园一样大。

위의 예문을 통해 알 수 있듯이 예문 (55)~(58)은 모두 비교관계를 나타내고 있다. 비교관계의 예문은 중국어 '像……一样'의 구문으로 바꿀 수 있다. 여기에서 NP$_1$은 비교하는 사물의 주체를 나타내고, NP$_2$는 비교하는 사물의 객체를 나타내며 문장에 나오는 형용사는 비교의 내용인 것이다. 여기에서 '有'를 통해 비교를 나타낼 경우 주체와 객체의 성질 혹은 상태를 강조하고 있다. 즉 예문 (55)는 그의 허리를 물통에 비교하고, 예문 (56)은 다이아몬드를 살구에 비교하며, 예문 (57)은 나의 눈을 그 사람의 눈과 비교하고, 예문 (58)은 상해의 공원을 북경의 공원과 비교하고 있다.

4.2.2.8. 출현관계

(59) 如果消费者对产品稍有不满，我们就主动把产品废弃或进行改造。(北京大学语料库)

(60) 乔家的后人海内外多有散落。(北京大学语料库)

(61) 这个女孩子的形象在他的脑子里已经有所改变。(北京大学语料库)

(62) 游戏难度也有所加强。(北京大学语料库)

위의 예문을 통해 알 수 있듯이 예문 (59)~(63)는 모두 출현관계를 나타내고 있다. 출현관계란 NP₁이 대표하는 사물 혹은 물체가 없던 대로부터 나타나는 것으로 발전하는 과정 혹은 원래의 상태에서 새로운 상태로 변화하는 과정을 말하는 것이다. 즉 예문 (59)는 '소비자가 제품에 대해 불만이 있을 경우 개선하겠다는 것'을, 예문 (60)은 '乔씨 집안의 후대가 전 세계에 흩어져 있다는 것'을, 예문 (61)은 '그 여자의 형상이 그의 머릿속에서 변화가 있다는 것'을, 예문 (62)는 '게임의 어려움이 강화되었다는 것'을 나타내고 있다.

4.2.2.9. 성질/상태의 정도(性状程度)관계

(63) 她心里会有多么寂寞和难受啊! (北京大学语料库)

(64) 你妈, 你们几个娃娃, 看见会有多高兴啊! (北京大学语料库)

(65) 回归自然应该有多好。(北京大学语料库)

(66) 印尼人本来不吃燕窝, 根本不知燕窝有何珍贵。(北京大学语料库)

위의 예문을 통해 알 수 있듯이 예문 (63)~(66)은 모두 성질/상태의 정도관계를 나타내고 있다. 이 문장은 'NP₁+有+형용사'의 구조를 갖고 있는데 이것은 NP₁이 대표하는 사람 혹은 사물의 성질/상태가 어느 정도라는 것을 나타내고 있다. 그리고 이 문장의 형용사 앞에는 대부분 정도부사가 나타나면서 그 문장의 정도성을 강조하고 있다. 즉 예문 (63)은 '그 사람이 얼마나 적적하고 힘든가'를 나타내고, 예문 (64)는 '어머니가 너희들을 볼 경우 얼마나

기뻐할 것인가'를 나타내며, 예문 (65)는 자연에 응답하는 것이 얼마나 좋으며, 예문 (66)은 '인도네시아 사람은 제비집을 모르기에 제비집이 얼마나 귀중한 것인지 모른다는 것'을 나타내고 있다.

4.2.2.10. 조건관계

(67) 全国人民代表大会有权罢免下列人员。(北京大学语料库)

(68) 他们都没有料到尹雪艳既然有这个胆识闯进徐家的灵堂来。(北京大学语料库)

(69) 联合国监督员有权利对伊拉克是否履行协议的各项规定进行检查。(北京大学语料库)

(70) 日本的本田公司也有意朝租赁市场发展。(北京大学语料库)

위의 예문을 통해 알 수 있듯이 예문 (67)~(70)은 모두 조건관계를 나타내고 있다. 조건관계의 형성은 '有+NP₂'와 뒤에 오는 동사성분의 내적관계에 의해 결정된다. 즉 여기에서 '有+NP₂'는 존재관계를 나타내며, '有+NP₂'이 존재의 조건을 만족할 경우 동사성분이 진술하는 동작 혹은 사건이 발생할 가능성이 있다. 즉 예문 (67)은 '전국인민대표대회에서 아래의 사람을 파직할 권한이 있음'을, 예문 (68)은 '윤설연이 서씨 灵堂에 들어갈 용기가 있다는 것을 짐작하지 못하였음'을, 예문 (69)는 '연합국 감시원은 이라크가 의무를 수행하지 않을 경우 검사를 진행할 권리가 있음'을, 예문 (70)은 '일본의 혼다자동차 회사도 임대시장으로 발전할 의향이 있음'을 나타내고 있다.

4.2.2.11. 원인관계

(71) 尹雪艳迷人的地方实在讲不清，数不尽，但是有一点却大大增加了她的神秘。(北京大学语料库)

(72) 我是个单身汉，家又在农村，有这台收录机做伴，一个假期就不会再感到寂寞了。(北京大学语料库)

(73) 我有事不能走了。(北京大学语料库)

위의 예문을 통해 알 수 있듯이 예문 (71)~(73)은 모두 원인관계를 나타내고 있다. 즉 '有' 뒤에 오는 성분이 사건 발생의 원인이라는 것을 말하고 있다. 즉 예문 (71)은 '윤설연의 한 가지 점이 그의 신비감을 대폭 증폭시켰다는 것'을, 예문 (72)는 '라디오로 인해 이번 휴가가 심심하지 않다는 것'을, 예문 (73)은 '일이 있어서 가지 못한다는 것'을 나타내고 있다.

4.2.2.12. 가정관계

(74) 你有空来玩。(北京大学语料库)

　　→ 如果你有空，就来玩。

(75) 有困难找警察。(北京大学语料库)

　　→ 如果有困难，就找警察。

(76) 有毛病来换。(北京大学语料库)

　　→ 如果有毛病，就来换。

(77) 有事给我打电话。(北京大学语料库)

　　→ 如果有事，就给我打电话。

위의 예문을 통해 알 수 있듯이 예문 (74)~(77)은 모두 가정관계를 나타내고 있다. 이런 문장은 모두 단축된 복문으로 가정의 연결어미 '如果……就……' 혹은 '要是……就……'를 통해 그 내적인 의미관계를 나타낼 수 있다.

4.2.3. '在'의 선행연구

『现代汉语八百词』, 『现代汉语虚词例释』, 『实用现代汉语语法』 등 저서에서는 '在'의 의미적 특징을 시간, 범위, 조건, 주체 등으로 귀납하고 있다. 하지만 최근에 접어들면서 '在'에 대한 연구가 주로 '在+처소'와 '在+시간'에 그 중점을 두고 있다.

范继淹(1982)에서는 '在+处所'의 의미에 대해 중점적으로 논의하였는데 '在+NP'를 세 가지로 나누었다. 즉 A式: PP+NP+VP('在+NP'在主语前); B式: NP+PP+VP('在+NP'在动词前); C式: NP+VP+PP('在+NP'在动词后)이다.

王还(1960)은 '在+처소'의 문법적 의미에 대한 연구에서 '在+처소'가 동사 앞에 나타날 경우는 '어느 동작이 어느 지점에서 발생하거나 혹은 어떤 상태가 어느 지점에 존재'하고 있음을 나타내며, '在+처소'가 동사 뒤에 올 경우 '동작의 주체 혹은 객체가 동작의 결과로 어느 지점에 도달하였음'을 나타낸다고 주장하고 있다.

崔希亮(1996)에서는 의미, 결합가 및 논항의 관계에서 출발하여 '在'에 대해 논의하였고, 2001년에는 范继淹(1982)의 B式식과 C式의 문법적 차이에 대해 논의하였다.

齐沪扬(1996), (1998)은 상태 '在'字句와 동작 '在'字句의 특징에 대해 논의하였는데 상태 '在'字句는 공간 위치에서 물체가 나타내는 상태를 표현하고 동작 과정에서 참가자는 한 명이며, 이 공간의 위치를 차지하고 시간적 특징에서 方然性과 已然性을 나타낸다고 주장한다. 그리고 동작 '在'字句는 동작이 발생한 처소 혹은 동작이 도달한 처소를 나타내며 물체가 어떤 위치에서 시간상의 운동을 나타내고 동작 과정에 참가하는 사람은 두 명이며, 공간위치와 重合 혹은 不重合의 관계를 나타낸다고 주장하고 있다.

'在+시간'에 대한 논의는 李临定(1988)과 金昌吉(1991)이 비교적 깊게 논의하였다. 그외에 黎锦熙(1998), 吕叔湘(1980), 刘月华(1983)에서도 시간을 나타내는 '在'字句에 대해 간단하게 논의한 적은 있다.

李临定(1988)에서는 시간을 나타내는 '在'字结构가 서술어 앞, 문두, 서술어 뒤에 위치하는 것에 따라 a형, b형, c형으로 구분하여 비교한 결과, 시간을 나타내는 '在'에서 a형과 b형은 변환관계를 갖고 있으며; a형과 c형 사이에도 변환관계를 갖고 있는데 c형은 완성상태만을 나타내며 a형은 일반적으로 '是……的'을 통해 완성상태를 나타낸다고 주장하고 있다.

金昌吉(1991)에서는 '在'와 '当'의 비교를 통해 '在' 자체는 시간의 의미를 갖고 있지 않지만 '在'가 시간과 결합하는 과정에서 '在'의 의미는 단지 동작 혹은 사건과 관련되는 시간을 끌어낸다고 주장하고 있다. 즉 시간의 관념은 '在'와 결합하는 구문에서 실현되는 것이지 '在' 자체에서 귀납하려고 하는 것은 타당하지 않다고 주장하고 있다.

4.2.4. '在'의 의미적 특징

위의 선행연구에 따라 이 책에서는 '在'의 의미적 특징을 아래 7 가지로 귀납하였다. 즉 '처소 서술, 시간, 범위, 조건, 담론대상, 평가자, 목표'이다. 그 예문을 살펴보면 아래와 같다.

4.2.4.1. 처소 서술관계
처소 서술관계는 '在'와 뒤에 오는 명사성분이 처소의 관계를 나타낸다는 것이다. 처소 서술관계는 동작 혹은 사건이 발생한 처소, 동작 혹은 사건 발생시 주체가 처한 처소, 객체의 존재 처소, 그리고 '在' 앞에 동사가 오는 'V在'가 명사성분과 처소의 관계를 나타내는 경우가 있다. 처소 서술관계는 모두 동작 혹은 사건이 발생한 처소나 주체, 객체의 존재 처소를 나타내기에 존재관계와도 비슷한 점이 비교적 많다. 자세한 것을 살펴보면 아래와 같다.

　　① 동작 혹은 사건이 발생한 처소

　　(78) 妈妈在妹妹的手心划了划。(北京大学语料库)

　　(79) 他们在操场散步。(北京大学语料库)

　　(80) 我们在教室唱歌。(北京大学语料库)

　　(81) 学生们在食堂吃饭。(北京大学语料库)

　　위의 예문을 통해 알 수 있듯이 예문 (78)~(81)은 모두 동작 혹은 사건이 발생한 처소를 나타내고 있다. 즉 예문 (78)은 여동생의 손안에서, 예문 (79)는 운동장에서, 예문 (80)은 교실에서, 예문 (81)은 식당에서 동작 혹은 사건이 발생하였다.

　　② 동작 혹은 사건 발생시 주체가 처한 처소

　　(82) 在奔驰的火车上, 我看见蓝蓝的天空。(北京大学语料库)

　　(83) 在喧闹的人群中, 我一眼就认出了他。(北京大学语料库)

　　(84) 在无人的教室里, 她终于大声哭了出来。(北京大学语料库)

　　(85) 在柔软的沙发上, 他睡着了。(北京大学语料库)

　　위의 예문을 통해 알 수 있듯이 예문 (82)~(85)는 동작 혹은 사건이 발생할 당시 주체가 있는 장소를 나타내고 있다. 즉 예문 (82)는 달리는 기차에,

예문 (83)은 사람이 많은 곳에, 예문 (84)는 사람이 없는 교실에, 예문 (85)는 폭신한 소파에 주체가 있다.

③ 객체의 존재 처소

(86) 在校园门口，停着一辆自行车。(北京大学语料库)

(87) 在窗台上，放着一盆杜鹃花。(北京大学语料库)

(88) 在蓝蓝的天空中，飞翔着一只小鸟。(北京大学语料库)

(89) 在教室的外面，站着一位年轻漂亮的老师。(北京大学语料库)

위의 예문을 통해 알 수 있듯이 예문 (86)~(89)는 객체가 존재하는 장소를 나타내고 있다. 즉 예문 (86)은 객체가 학교 대문 앞에 있으며, 예문 (87)은 객체가 베란다에, 예문 (88)은 객체가 파란 하늘 위에, 예문 (89)는 객체가 교실 밖에 있다.

④ '在' 앞의 성분이 동사일 경우

(90) 1946年，他和周恩来同住在南京梅园新村30号。(北京大学语料库)

(91) 那幅画挂在东墙上。(北京大学语料库)

(92) 我昨天看的那几本书仍放在写字台上。(北京大学语料库)

(93) 探照灯强光照射在雄伟的布达拉宫的宫墙上。(北京大学语料库)

예문 (90)~(93)이 앞의 처소 서술관계를 나타내는 예문과 다른 점이라면 앞의 처소 서술관계들은 '在' 앞에 명사가 아니면 직접 '在'가 오지만 예문 (90)~(93)은 '在' 앞에 모두 동사 성분이 나타나고 뒤에 처소를 나타내는 명사성분이 뒤따르고 있다. 즉 예문 (90)은 '住'가, 예문 (91)은 '挂'가, 예문 (92)는 '放'이, 예문 (93)은 '照射'가 '在' 앞에 나타나서 'V在+처소'의 형식을 취하고 있다. 하지만 이들은 모두 처소 서술관계를 나타내고 있다.

4.2.4.2. 시간관계

시간관계는 '在'와 뒤에 오는 명사성분이 시간의 관계를 나타낸다는 것이다. 즉 시간관계는 사건이 발생한 시점, 사건이 발생한 시간대, 사건이 발생하는 선후관계, 그리고 '在' 앞에 동사가 오는 'V在'가 명사성분과 시간의 관계를 나타내는 경우가 있다. 자세한 것을 살펴보면 아래와 같다.

    ① 사건 발생의 시점을 가리킬 경우

(94) 在第三天，他就去了美国。(北京大学语料库)

(95) 在没有人的夜里，他们偷偷跑了出去。(北京大学语料库)

(96) 在放学后，他遇到了劫匪。(北京大学语料库)

(97) 在比赛结束后，教练终于松了一口气。(北京大学语料库)

위의 예문을 통해 알 수 있듯이 예문 (94)~(97)은 모두 사건 발생할 때의 시점을 나타내고 있다. 즉 예문 (94)에서 '그가 미국에 간 시점이 세 번째 날'이고, 예문 (95)에서 '그가 몰래 도망친 것이 사람 없는 밤'이며, 예문 (96)에서 '그가 도적을 만난 시간이 방과 후'이고, 예문 (97)에서 '교련이 한시름 놓은 것이 시합 끝난 후'라는 것을 나타내고 있다.

    ② 사건 발생의 시간대/기간을 가리킬 경우

(98) 在春节期间，人民警察一定要做好安全工作。(北京大学语料库)

(99) 在上学的时候，他遇到了现在的女朋友。(北京大学语料库)

(100) 在休假期间，人们喜欢去旅游。(北京大学语料库)

(101) 在往后的日子里，张丹一直闷闷不乐。(北京大学语料库)

위의 예문을 통해 알 수 있듯이 예문 (98)~(101)은 사건이 발생한 시간대 혹은 사건이 발생한 기간을 나타내고 있다. 즉 위의 사건 발생의 시점과 다른 점이라면 사건 발생의 시점은 정확한 시간을 말하지만 사건 발생의 시간대는 사건이 발생한 기간을 나타내고 있다. 따라서 예문 (98)은 '안전 작업을 잘해야 하는 시기가 설날기간'이며, 예문 (99)는 '지금의 여자 친구를 만난 시기가 학교 다닐 때'이고, 예문 (100)은 '사람들이 여행을 즐기는 시기가 휴가기간'이며, 예문 (101)은 '장단이 기쁘지 않은 시기가 향후의 나날'이라는 것을 나타내고 있다.

③ 사건 발생의 선후순서를 가리킬 경우

(102) 在认真思考后, 他就在卷子上写出了答案。(北京大学语料库)

(103) 在吃完午饭后, 小王就去做运动了。(北京大学语料库)

(104) 在上课之前, 笑笑给妈妈打了一个电话。(北京大学语料库)

(105) 在完成了工作以后, 他终于感觉到了一丝轻松。(北京大学语料库)

위의 예문을 통해 알 수 있듯이 예문 (102)~(105)는 모두 사건 발생의 선후순서를 나타내고 있다. 즉 예문 (102)에서 '그가 시험지에 답안을 쓴 것은 심사숙고한 이후'이고, 예문 (103)에서 '왕씨가 운동한 것은 점심밥을 먹은 후'이며, 예문 (104)에서 '笑笑가 어머니에게 전화한 것은 수업 전'이고, 예문 (105)에서 '그가 한결 가벼움을 느낀 것을 작업을 마친 후'라는 것을 나타내고 있다. 즉 앞의 것을 하고 난 후, 혹은 하기 전에 뒤의 것을 했다는 사건 발생의 선후순서를 나타내고 있다.

④ '在' 앞의 성분이 동사일 경우

(106) 第三次大轰炸发生在下午一点多钟。(北京大学语料库)

(107) 三岛由纪夫出生在日本一个最动乱的年代里。(北京大学语料库)

(108) 魏明伦文化经纪公司开张大吉之日偏偏选定在8月13日星期五,这在许多
人看来不可理喻。(北京大学语料库)

(109) 单身或配偶不随流动的博士后的探亲时间应安排在寒暑假期间。(北京大
学语料库)

예문 (106)~(109) 역시 시간관계를 나타내는데 위의 세 가지 예문과 다른
점이라면 앞의 시간관계들은 '在' 앞에 아무것도 오지 않았지만 예문 (106)~
(109)는 '在' 앞에 모두 동사 성분이 나타나고 뒤에 시간을 나타내는 명사성
분이 오고 있다. 즉 예문 (106)은 '发生'이, 예문 (107)은 '出生'이, 예문 (108)
은 '选定'이, 예문 (109)는 '安排'가 '在' 앞에 나타나서 'V在+시간'의 형식을
취하고 있다. 하지만 이들은 모두 시간관계를 나타내고 있다.

4.2.4.3. 범위관계

범위관계는 '在'와 뒤에 오는 명사성분이 범위의 관계를 나타낸다는 것이
다. '在'와 명사성분이 범위관계를 나타내는 것은 사람들이 공간에 대한 인
식에서 온 것이다. 즉 범위관계는 화제의 범위, 비교의 범위, 사건 발생의
범위, 그리고 '在' 앞에 동사가 오는 'V在'가 명사성분과 범위의 관계를 나타
내는 경우가 있다. 자세한 것을 살펴보면 아래와 같다.

① 화제의 범위를 나타낼 경우

(110) 在中国的农村, 还有很多人相信迷信。(北京大学语料库)

(111) 在非洲, 仍然有很多难民吃不上饭。(北京大学语料库)

(112) 在现代社会, 男尊女卑现象仍然存在。(北京大学语料库)

(113) 在封建的旧社会, 自由恋爱是不被允许的。(北京大学语料库)

위의 예문을 통해 알 수 있듯이 예문 (110)~(113)은 모두 화제의 범위를 나타내고 있다. 즉 예문 (110)은 '중국의 농촌'이라는 화제의 범위를, 예문 (111)은 '유럽'이라는 화제의 범위를, 예문 (112)는 '현대사회'라는 화제의 범위를, 예문 (113)은 '봉건적인 구사회'라는 화제의 범위를 나타내고 있다.

② 비교의 범위를 나타낼 경우

(114) 在这次篮球比赛中, 蓝队要比红队强很多。(北京大学语料库)

(115) 在上次的数学竞赛中, 王小明同学夺得了第一名。(北京大学语料库)

(116) 在考试的时候, 同学们都很紧张。(北京大学语料库)

(117) 在这次的投票中, 李明博仅以一票胜出。(北京大学语料库)

위의 예문을 통해 알 수 있듯이 예문 (114)~(117)은 모두 비교의 범위를 나타내고 있다. 즉 예문 (114)는 '농구시합'이라는 비교의 범위를, 예문 (115)는 '지난번 수학경색'이라는 비교의 범위를, 예문 (116)은 '시험'이라는 비교의 범위를, 예문 (117)은 '이번 투표'라는 비교의 범위를 나타내고 있다.

③ 사건 발생의 범위를 나타낼 경우

(118) 小明在迷迷糊糊中醒来, 不知道外面发生了什么事。(北京大学语料库)

(119) 爱迪生在过去的失败中吸取了教训,从而发明了 。(北京大学语料库)

(120) 这一切的一切仿佛在冥冥之中就已经注定好了。(北京大学语料库)

(121) 妈妈在弄清楚之前就已经知道是谁做的了。(北京大学语料库)

위의 예문을 통해 알 수 있듯이 예문 (118)~(121)은 모두 사건 발생의 범위를 나타내고 있다. 즉 예문 (118)은 '소명이 금방 잠에서 깨어났을 때', 예문 (119)는 '에디슨이 과거의 실패'에서, 예문 (120)은 '이 모든 것이 이미 정해져 있다는 것'을, 예문 (121)은 '엄마가 모든 일을 꿰뚫기 전'이라는 사건 발생의 범위를 나타내고 있다.

④ '在' 앞의 성분이 동사일 경우

(122) 王伟正沉寂在幸福中。(北京大学语料库)

(123) 持重中夹着幽默, 睿智中横溢才气, 他沉醉在他的艺术王国里。(北京大学语料库)

(124) 觉慧的反叛精神要限定在一定的分村内, 火候掌握得恰到好处, 以致巴金先生和老演员们也都点头称许。(北京大学语料库)

(125) 参军年龄控制在二十二岁以下。(北京大学语料库)

예문 (122)~(125) 역시 범위관계를 나타내는데 위의 세 가지 예문과 다른 점이라면 앞의 범위관계들은 '在' 앞에 명사가 오거나 직접 '在'가 왔지만 예문 (122)~(125)는 '在' 앞에 모두 동사 성분이 나타나고 뒤에 명사성분이 나타나 'V在+명사성분'이 범위관계를 나타내고 있다. 즉 예문 (122)는 '沉寂'가, 예문 (123)은 '沉醉'가, 예문 (124)는 '限定'이, 예문 (125)는 '控制'가 '在' 앞에 나타나서 'V在+명사성분'의 형식을 취하고 있다. 하지만 이들은 모두 범위관계를 나타내고 있다.

4.2.4.4. 조건관계

조건관계는 '在'의 뒤에 오는 성분이 동작의 진행 혹은 상태의 존재, 출현, 변화조건을 나타내는 경우가 있다. 자세한 것을 살펴보면 아래와 같다.

(126) 在所有学生都出席的情况下, 老师做了一次课堂测验。(北京大学语料库)

(127) 在天气允许的条件下, 我们明天准备出发。(北京大学语料库)

(128) 在没有经过老师允许的情况下，谁也不许提前离开。(北京大学语料库)

(129) 在一切都准备就绪了以后，诸葛亮实施了自己的计划。(北京大学语料库)

위의 예문을 통해 알 수 있듯이 예문 (126)~(129)는 모두 조건관계를 나타내고 있다. 즉 예문 (126)은 '선생님이 수업 체험을 한 조건이 모든 학생이 모두 출석한 전제'이고, 예문 (127)은 '우리가 내일 출발을 준비하는 전제가 날씨가 허락하는 조건'이며, 예문 (128)은 '누구든 먼저 떠날 수 없는 것은 선생님의 허락이 주어져야 하고', 예문 (129)는 '제갈량이 자기의 계획을 시작한 것이 모든 조건이 구비된 전제'라는 것을 나타내고 있다.

4.2.4.5. 담론대상의 관계

담론대상의 관계는 '在'의 뒤에 오는 성분이 담론의 각도, 즉 문장 판단이 가리키는 대상을 나타내는 경우가 있다. 자세한 것을 살펴보면 아래와 같다.

(130) 饭店里的铺张浪费现象，这在父亲简直是丧尽天良。(北京大学语料库)

(131) 如今社会出现的道德良知问题，这在过去是难以想象的。(北京大学语料库)

(132) 现在年轻人的婚姻恋爱观，这在老一辈人的眼里是不被允许的。(北京大学语料库)

(133) 能够出国留学并找到一份好工作，这在他看来是遥不可及的。(北京大学语料库)

위의 예문을 통해 알 수 있듯이 예문 (130)~(133)은 모두 담론대상의 관계를 나타내고 있다. 즉 예문 (130)의 담론대상은 '아버지'이며, 예문 (131)의 담론대상은 '지난시간'이고, 예문 (132)의 담론대상은 '늙은 세대의 사람'이며, 예문 (133)의 담론대상은 '그 사람'이다.

4.2.4.6. 평가자의 관계

평가자의 관계는 '在'의 뒤에 오는 성분이 어떤 경우, 어떤 주체, 어떤 사건에 대해 평가를 내리는 것이다. 즉 평가라는 것은 사람들이 어떤 사건에 대한 생각과 의견을 말하는 것이다. 자세한 것을 살펴보면 아래와 같다.

> (134) 每个月一千元的生活费, 在一些有钱人的眼里不算什么。(北京大学语料库)
>
> (135) 中国人不能言论自由的事情, 在西方人看来是没有人权的。(北京大学语料库)
>
> (136) 父母包办婚姻, 这在旧社会看来是很正常的事情。(北京大学语料库)
>
> (137) 一夫多妻制, 在沙特阿拉伯看来是合法的。(北京大学语料库)

위의 예문을 통해 알 수 있듯이 예문 (134)~(137)은 모두 평가자의 관계를 나타내고 있다. 즉 예문 (134)에서 '매달 천원의 생활비가 돈 많은 사람 눈에는 아무것도 아님'을, 예문 (135)에서 '중국인의 언행 불자유가 서방사람의 눈에는 인권이 없다는 것으로 인식됨'을, 예문 (136)에서 '부모가 결혼을 책임지는 것은 구사회에서는 아주 정상적인 일이라는 것'을, 예문 (137)에서 '일부다처제가 사우디아라비아에서는 지극히 합법적'이라는 것을 나타내고 있다.

4.2.4.7. 목표관계

목표관계는 'V在'의 뒤에 오는 성분이 'V在'가 가리키는 사람, 물건 혹은 의향에 도달 하였음 나타내는 것이다. 자세한 것을 살펴보면 아래와 같다.

(138) 三大队的年轻飞行人员的目标定在国际最先进的水平。(北京大学语料库)

(139) "时刻牢记责任，标准定在一流"，这是"郑和"舰官兵的座右铭。(北京大学
语料库)

(140) 杨忠烈把目标选定在搞多维人工生态农业工程。(北京大学语料库)

(141) 我们的目标定在得50块金牌。(北京大学语料库)

위의 예문을 통해 알 수 있듯이 예문 (138)~(141)은 모두 목표관계를 나타내고 있다. 목표관계에서는 '在' 앞에는 반드시 동사성분이 나타나 'V在'가 목표관계를 나타내고 있다. 즉 예문 (138)의 목표는 '세 명 젊은 비행자의 목표는 국제 최고수준'이며, 예문 (139)의 목표는 '표준을 일류로 잡는 것'이고, 예문 (140)의 목표는 '다방면적인 인공생태 농업공정을 진행하는 것'이며, 예문 (141)의 목표는 '금메달 50개'이다.

4.2.5. '有', '在'의 개념공간 및 의미지도

중국어 '有'와 '在'의 의미지도를 그리려면 우선 이들의 개념공간을 그린 기초 상에서 의미지도를 그려내야 한다. 그럼 아래에 먼저 '有'와 '在'의 개념공간을 그리고 의미지도를 그려낼 것이다.

4.2.5.1. '有'의 개념공간 및 의미지도

중국어 '有' 구문의 의미적 특징은 '존재관계, 소유관계, 발생관계, 추측관계, 인출과 피인출의 관계, 초점관계, 비교관계, 출현관계, 성질 혹은 상태의 정도관계, 조건관계, 원인관계, 가정관계'가 있다.

1. 중국어의 '有'의 1차적인 의미적 특징은 존재관계와 소유관계이다. 따

라서 이들의 개념공간을 아래와 같이 그려낼 수 있다.

존재 ───── 소유

2. 존재관계, 소유관계, 추측관계에 있어서 이들의 배열순서를 살펴보면 추측관계는 존재관계와 밀접한 연관을 갖고 있다. 즉 추측관계는 존재하는 사람 혹은 사물의 무게, 나이, 시간, 수량, 빈도 등에 대한 추측을 나타내고 있다. 따라서 이들의 개념공간을 아래와 같이 그려낼 수 있다.

추측 ───── 존재 ───── 소유

3. 존재관계, 소유관계, 추측관계, 가정관계에 있어서 이들의 배열순서를 살펴보면 가정관계는 추측관계와 밀접한 연관을 갖고 있다. 따라서 이들의 개념공간을 아래와 같이 그려낼 수 있다.

가정 ───── 추측 ───── 존재 ───── 소유

4. 존재관계, 소유관계, 추측관계, 가정관계, 성질/상태의 정도관계에 있어서 이들의 배열순서를 살펴보면 성질/상태의 정도관계는 추측관계와 비슷한 의미 기능을 갖고 있다. 즉 NP_1이 대표하는 사람 혹은 사물의 성질/상태가 어느 정도라는 것을 추측하고 있다는 것이다. 따라서 이들의 개념공간을 아래와 같이 그려낼 수 있다.

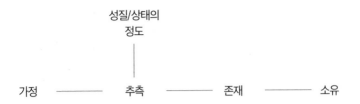

5. 존재관계, 소유관계, 추측관계, 가정관계, 성질/상태의 정도관계, 발생관계, 원인관계에 있어서 이들의 배열순서를 살펴보면 발생관계는 존재관계의 전제하에서 무엇이 발생하거나 어떤 새로운 상황이 나타났다는 것을 말하고 있다. 그리고 원인관계는 발생관계와 밀접한 연관을 갖고 있다. 즉 이런 원인으로 인해 어떤 결과가 발생하게 됨을 나타낼 수 있기 때문이다. 따라서 이들의 개념공간을 아래와 같이 그려낼 수 있다.

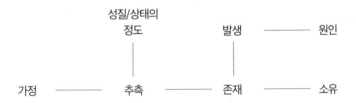

6. 존재관계, 소유관계, 추측관계, 가정관계, 성질/상태의 정도관계, 발생관계, 원인관계, 출현관계에 있어서 이들의 배열순서를 살펴보면 출현관계는 발생관계와 비슷한 의미 기능을 갖고 있다. 출현관계는 NP₁이 대표하는 사물 혹은 물체가 없던 대로부터 나타나는 것으로 발전하는 과정 혹은 원래의 상태에서 새로운 상태로 변화하는 과정을 말하는 것이다. 이것은 발생관계의 의미적 특징과 비슷하다. 따라서 이들의 개념공간을 아래와 같이 그려낼 수 있다.

7. 존재관계, 소유관계, 추측관계, 가정관계, 성질/상태의 정도관계, 발생
관계, 원인관계, 출현관계, 인출과 피인출관계에 있어서 이들의 배열순서를
살펴보면 인출과 피인출관계는 존재관계와 밀접한 연관을 갖고 있다. 인출
과 피인출관계는 '有'를 통해 동작하는 주체 혹은 객체 NP₂를 이끌어내는
것이다. 즉 사물이 존재해야 동작하는 주체나 객체를 이끌어낼 수 있기에
인출과 피인출관계는 존재의 전제하에 파생한 의미적 기능이라 생각할 수
있다. 따라서 이들의 개념공간을 아래와 같이 그려낼 수 있다.

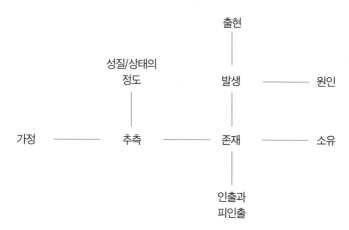

8. 존재관계, 소유관계, 추측관계, 가정관계, 성질/상태의 정도관계, 발생
관계, 원인관계, 출현관계, 인출과 피인출관계, 초점관계, 비교관계에 있어서

이들의 배열순서를 살펴보면 초점관계와 비교관계는 존재관계와 밀접한 연관을 갖고 있다. 초점관계는 사물이 존재하는 전제하에서 누구/무엇을 초점으로 부각하는 것이고, 비교관계는 무엇을 초점으로 하여 그것을 다른 것과 비교하는 것이다. 따라서 이들의 개념공간을 아래와 같이 그려낼 수 있다.

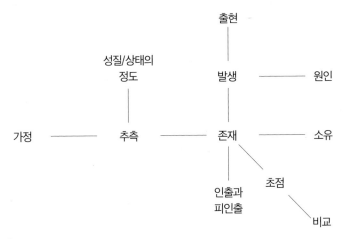

중국어 '有' 및 관련요소들이 이 개념공간을 분할하고 있는 양상을 의미지도로 그리면 아래와 같다.

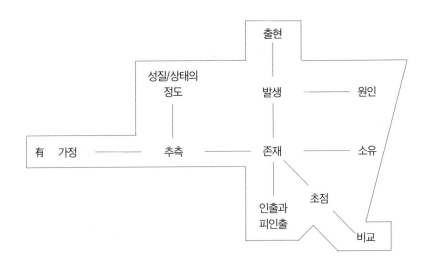

4.2.5.2. '在'의 개념공간 및 의미지도

중국어 '在' 구문의 의미적 특징은 '처소 서술관계, 시간관계, 범위관계, 조건관계, 담론대상의 관계, 평가자의 관계, 목표관계'가 있다. 중국어의 '在'의 1차적인 의미적 특징은 처소 서술관계이다. 따라서 이들의 개념공간을 아래와 같이 그려낼 수 있다.

1. 처소 서술관계와 시간관계의 배열순서에 있어서 이들은 비슷한 의미 기능을 갖고 있다. 즉 처소 서술은 공간적인 것을 나타내고 시간관계는 시간적인 것을 나타내기에 이들의 개념공간을 아래와 같이 그려낼 수 있다.

2. 처소 서술관계, 시간관계, 범위관계의 배열순서에 있어서 범위관계는 처소 서술관계와 밀접한 연관을 갖고 있다. 범위관계 역시 큰 의미에서는 장소를 나타내고 있기에 이들의 개념공간을 아래와 같이 그려낼 수 있다.

3. 처소 서술관계, 시간관계, 범위관계, 조건관계의 배열순서에 있어서 조건관계는 범위관계와 밀접한 연관을 갖고 있다. 즉 조건관계는 '在'의 뒤에 오는 성분이 동작의 진행 혹은 상태의 존재, 출현, 변화조건을 나타내는 경우가 있다. 따라서 이들의 개념공간을 아래와 같이 그려낼 수 있다.

4. 처소 서술관계, 시간관계, 범위관계, 조건관계, 목표관계의 배열순서에 있어서 목표관계는 조건관계와 밀접한 연관을 갖고 있다. 목표관계는 조건이 만족되는 전제하에서 바라려고 하는 지점에 도달하였음을 나타내는 것이다. 따라서 이들의 개념공간을 아래와 같이 그려낼 수 있다.

5. 처소 서술관계, 시간관계, 범위관계, 조건관계, 목표관계, 담론대상의 관계, 평가자의 관계에 있어서 담론대상은 범위관계와 밀접한 연관을 갖고 있다. 즉 어떠한 범위 안에서 담론의 각도, 즉 문장 판단이 가리키는 대상을 나타내는 것이다. 그리고 평가자의 관계는 담론대상과 비슷한 의미 기능을 하고 있다. 담론대상이 문장이 가리키는 대상을 나타낸다면 평가자의 관계는 어떤 경우, 어떤 주체, 어떤 사건에 대해 평가를 내리는 것이다. 따라서 이들의 개념공간을 아래와 같이 그려낼 수 있다.

중국어 '在' 및 관련요소들이 이 개념공간을 분할하고 있는 양상을 의미지도로 그리면 아래와 같다.

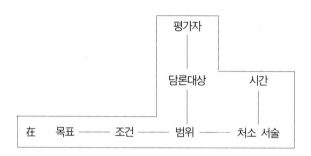

4.2.6. '是'와 '有', '在'의 의미지도 대조

앞에서 그려낸 중국어 '是' 의미지도와 '有', '在'의 의미지도를 대조하여 보면 아래와 같다.

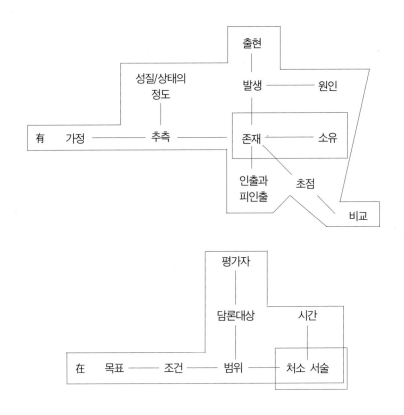

　　위의 그림을 통해 알 수 있듯이 중국어 '是'와 중국어 '有'는 단지 '존재관
계, 소유관계'에서만 상호교환이 가능하며 기타 의미적 특징은 같은 것이
없다. 마찬가지로 중국어 '是'와 중국어 '在'에서도 중국어 '是'에 없는 '처소
서술관계'를 중국어 '在'에서 나타내고 있다. 그리고 비록 중국어 '是'와 '在'
에 모두 '시간관계'의 의미적 특징이 있지만 '是'의 '시간관계'는 '제시관계'
와 연관이 있고 '在'의 '시간관계'는 '처소 서술관계'과 연관이 있기에 서로
연관성이 없다.

4.3. 소결

　제5장에서는 한국어 '있다'의 의미적 특징과 중국어 '有', '在'의 의미적 특징을 살펴보고 그 의미지도를 그려내고 각각 한국어 '이다' 구문, 중국어 '是' 구문과 대조하였다.

　한국어 '있다'는 '존재관계, 처소 서술관계, 처함관계, 소유관계, 속성관계, 포함관계, 시간관계, 발생관계' 등 8개의 의미적 특징을 갖고 있지만 한국어 '이다' 구문과 대조한 결과 단지 '존재관계, 처소 서술관계, 소유관계'와 의미적 특징이 겹치는 경우가 있다.

　중국어 '有'는 중심적 의미가 '존재관계'이며 '존재관계'에서 파생적으로 '소유관계, 발생관계, 추측관계, 인출과 피인출관계, 초점관계, 비교관계, 출현관계, 성질/상태의 정도관계, 조건관계, 원인관계, 가정관계' 등 11개의 의미적 특징이 생겨났다. 중국어 '有' 구문과 중국어 '是' 구문을 대조한 결과 '존재관계, 소유관계'에서 의미적 특징이 겹치는 경우가 있다.

　중국어 '在'는 '처소 서술관계, 시간관계, 범위관계, 조건관계, 담론대상의 관계, 평가자의 관계, 목표관계' 등 7개의 의미적 특징이 있다. 중국어 '是' 구문과 대조한 결과 중국어 '是'에 존재하지 않는 '처소 서술관계'를 중국어 '在'가 나타내고 있다.

결론

한국어 '이다'와 중국어 '是'의 연구를 살펴보면 품사 설정에 대한 논의와 통사적 특징에 대한 논의는 비교적 많이 전개되었지만 의미적 특징, 그리고 전반적이면서 구체적으로 이들을 논의한 논문은 상대적으로 적었다. 특히 언어유형론 즉 의미유형론에서 활발히 연구되고 있는 의미지도를 이용하여 두 구문의 의미지도를 그려낸 연구는 상대적으로 적다. 그리고 한국어 '의존명사+이다' 구문의 문법화 과정에 대한 논의 또한 있기는 하지만 그렇게 상세하게 다루지는 못하였다.

이 책에서는 위의 이런 문제를 기초로 하여 한국어 '이다'와 중국어 '是'의 구문유형, 통사적 특징, 의미적 특징에 대해 살펴보았으며 한국어 '이다' 구문과 중국어 '是' 구문의 의미지도를 그려내었고, 한국어 '의존명사+이다' 구문의 문법화 과정에 대해 살펴보았다. 마지막으로 존재와 소유관계를 나타내고 있는 한국어 '있다', 중국어 '有', '在'를 한국어 '이다' 및 중국어 '是'와 대조 연구하였다. 분석 결과 아래와 같은 몇 가지 점을 발견하였다.

1. 한국어 '이다'와 중국어 '是'의 구문유형을 정리하였다.

먼저 한국어 '이다'를 한국어 '이다' 구문과 한국어 '의존명사+이다' 구문

으로 구분하였고, 중국어 '是'를 중국어 '是' 구문과 중국어 '是……的' 구문
으로 구분하였다. 이를 기초로 한국어 '이다' 구문은 다시 구어문과 문어문
으로 나누어 구분하였는데 문어문은 '이다' 앞에 나타나는 NP의 품사 종류
에 따라 8가지(즉 NP의 자리에 오는 품사 유형은 '명사, 대명사, 수사, 부사, ~적,
조사, 사자성어, 연결어미')로 구분하였고, 구어문은 상황 의존적 구문과 현장
발화적 구문으로 구분하였다. 한국어 '의존명사+이다' 구문은 의존명사 자리
에 나타나는 단어에 따라 크게 세 가지로 구분하였는데 그것은 의존명사의
기능을 하는 단어가 오는 경우(즉 '~것, ~때문, ~따름, ~나름, ~망정, ~뿐'), 의존
명사와 명사의 기능을 동시에 하는 단어가 오는 경우(즉 '~마련, ~셈, ~편, ~터,
~채, ~지경, ~바, ~판, ~모양, ~참, ~법, ~식, ~격, ~마당, ~양'), 명사의 기능만을
하는 단어가 오는 경우(즉 '~노릇, ~탓, ~정도, ~십상, ~작정, ~탈')로 구분하였다.
중국어 '是' 구문은 앞에 NP₁과 NP₂의 위치에 오는 품사 유형에 따라 상세하
게 구분하였다. 끝으로 중국어 '是……的' 구문은 '是'와 '的' 사이에 나타나
는 품사 유형에 따라 10가지(즉 '명사, 대명사, 동사/동사결구(动词/动宾结构/动补
结构), 主谓结构, 介宾结构, 给字句, 被字句, 把字句, 因果复句')로 구분하였다.

2. 한국어 '이다'와 중국어 '是'의 통사적 특징에 대해 전면적이고 상세하
게 논의하였다.

한국어 '이다'와 중국어 '是'에 대한 통사적 연구는 비교적 많이 진행되었
지만 이 책에서는 선행연구의 기초에서 더욱 전면적이고 상세하게 그 특징
을 살펴보았다. 한국어 '이다' 구문과 중국어 '是' 구문의 통사적 특징에 대
해서는 지시적 동일성, 명사항의 자리바꿈 가능성, 주어를 표제명사로 하는
관계 관형화 가능성, 부정의 가능성, 수식어의 수식 가능성, 서법 제약에
대해 살펴보았다. 결과 지시적 동일성에서 한국어와 중국어의 경우 NP₁과
NP₂가 모두 명사일 경우, 그리고 NP₁은 명사이고 NP₂가 대명사일 경우 지시
적 동일성을 이루지만 NP₁은 명사이고 NP₂가 명사 혹은 대명사가 아닐 경우

에는 지시적 동일성을 이루지 못한다. 마찬가지로 NP₁이 명사가 아닌 다른 품사일 경우 지시적 동일성을 이루지 못한다. 명사항의 자리바꿈 가능성에 서는 한국어의 경우 두 명사항이 모두 명사일 경우에는 자리바꿈이 비교적 자유로우며 NP₁이 명사이고 NP₂가 명사가 아닌 경우 또는 NP₂의 자리에 부사가 올 경우 자리바꿈이 부자연스럽다. 중국어의 경우에는 두 명사항의 자리에 무엇이 오든 대체적으로 자리바꿈이 부자연스럽다. 주어를 표제명사 로 하는 관계 관형화 가능성에서는 한국어와 중국어의 경우 표제명사로 관 계 관형화를 이룰 수 있는 경우가 비교적 적다. 부정의 가능성에서 한국어의 경우에는 대부분 부정문으로 고칠 수 있으며 중국어의 경우에도 NP₁이 명 사, 대명사일 경우에는 부정문으로 고칠 수 있지만 NP₁이 기타 품사일 경우 에는 부정문으로 고치는 것이 자유롭지 못하다. 수식어의 수식 가능성에서 한국어의 경우는 수식어의 수식이 가능하지만 중국어의 경우 NP₁의 자리에 介宾结构, 主谓结构, 把字句, 被字句가 올 경우에는 수식어의 수식이 불가능 하다. 서법제약에서 한국어의 경우에는 평서문, 의문문, 감탄문 세 가지가 가능하며 중국어는 평서문과 감탄문 두 가지는 가능하고 경우에 따라 의문 문도 가능한 것이 있다. 한국어 '의존명사+이다' 구문의 통사적 특징을 보면 부정의 가능성에서는 많은 제한을 받고 있다. 즉 의존명사 '~것, ~때문', 명 사의 기능을 갖고 있는 '~탓'을 제외한 나머지는 모두 부정문으로 고칠 수 없다. 주어를 표제명사로 하는 관계 관형화 가능성과 판단 동사 구문의 '~를, ~로'의 소절 구성 가능성에서도 제약을 받고 있다. 그리고 NP₂ 앞에 나타나 는 관형어미의 유형에는 '~ㄴ/은/는, ~ㄹ/을/를, ~기/기에, ~게, ~서, ~니까' 등이 있으며 의존명사 앞에 직접 명사가 오는 경우도 있다. 중국어 '是……的' 구문의 통사적 특징을 살펴보면 우선 부정의 가능성에서 '是'와 '的' 사 이에 '체언(명사, 대명사), 형용사, 동사/동사결구, 主谓结构, 介宾结构, 给字句, 被字句, 把字句, 因果复句'일 경우 부정문으로 바꾸는 것이 자연스럽지만

‘是’와 ‘的’ 사이에 ‘把字句’가 올 경우 구문이 일반의문문일 때는 부정문으로 바꾸는 것이 부자연스럽다. 의문문의 성립 가능성에서 중국어 ‘是……的’ 구문은 대체로 일반의문문, 정반의문문, 선택의문문, 특지의문문으로의 바꿈이 자연스럽지만 ‘是’와 ‘的’ 사이에 형용사가 올 경우 형용사 앞에 수식성분이 있다면 제일 뒤에 오는 ‘的’을 삭제해야 의문문으로의 수정이 자연스러우며 ‘是’와 ‘的’ 사이에 동사/동사결구가 올 경우에도 어떤 때에는 ‘的’을 삭제하는 것이 의문문으로의 수정이 자연스럽다. 그리고 ‘是’와 ‘的’ 사이에 把字句가 올 경우 문장 자체가 긍정문일 때는 의문문으로의 수정이 부자연스럽다. ‘是’와 ‘的’의 생략의 가능성을 살펴보면 ‘是’, ‘的’ 혹은 ‘是’와 ‘的’을 모두 삭제할 수 없는 것은 ‘是’와 ‘的’ 사이에 ‘체언, 给字句, 被字句, 因果复句’가 오는 경우이고, ‘是’만을 단독으로 삭제할 수 있는 것은 ‘是’와 ‘的’ 사이에 ‘동사/동사결구, 介宾结构’가 오는 경우이며, ‘的’만을 단독으로 삭제할 수 있는 것은 ‘是’와 ‘的’ 사이에 ‘主谓结构, 介宾结构’가 오는 경우이고, ‘是’와 ‘的’을 동시에 삭제할 수 있는 것은 ‘형용사, 동사/동사결구, 介宾结构’가 오는 경우이다. 특별히 설명해야 할 것은 ‘是’와 ‘的’ 사이에 ‘把字句’가 올 경우 ‘是’, ‘的’ 혹은 ‘是’와 ‘的’을 모두 삭제할 수 있는 경우가 있는가 하면 ‘是’만 단독으로 삭제할 수 있는 경우도 있고, ‘是’, ‘的’ 혹은 ‘是’와 ‘的’을 모두 삭제할 수 없는 경우도 있다. 이것은 구체적인 문장에 따라 구분해야 한다.

3. 한국어 ‘이다’와 중국어 ‘是’의 의미적 특징에 대해 의미지도의론으로 그 공통점과 차이점을 찾아보았다.

우선 한국어 ‘이다’ 구문과 중국어 ‘是’ 구문의 의미적 특징을 살펴보고 그것을 의미지도로 그려보았는데 결과 한국어의 경우에는 ‘있다’가 ‘이다’와 함께 ‘존재관계, 소유관계, 처소 서술관계’의 의미적 특징을 나타내지만 중국어의 경우에는 ‘有’가 ‘是’와 함께 ‘존재관계, 소유관계’를 나타내고 중국어 '是'에 없는 '처소 서술관계'를 '在'가 나타내고 있다.

다음 한국어 '의존명사+이다' 구문과 중국어 '是……的' 구문의 의미적 특징을 살펴보았는데 결과 한국어 '의존명사+이다' 구문은 크게 인식양태, 의미양태, 증거양태로 나눌 수 있으며 인식양태는 다시 한정의 의미, 단정의 의미, 이유의 의미, 정도의 의미, 의도의 의미, 추측의 의미로 재구분할 수 있다. 하지만 중국어 '是……的' 구문은 판단의 의미와 강조의 의미 두 가지만을 나타내고 있다.

4. 문법화의 이론으로 한국어 '의존명사+이다' 구문의 문법화 과정에 대해 구체적으로 살펴보았다.

한국어 '의존명사+이다' 구문에서 의존명사 자리에 오는 단어들의 문법화 과정을 살펴본 결과 모두 문법화의 과정을 거쳤지만 '~망정, ~정도'는 문법화의 과정을 거치지 않았다. 즉 '~망정'은 처음부터 의존적 특징을 갖고 있었으며 '~정도'는 구조상으로는 의존명사 기능을 한다고 볼 수 있으나 의미는 자립명사와 동일하다.

5. 한국어 '이다'와 '있다' 및 중국어 '是'와 '有', '在'의 대조를 통해 존재관계, 소유관계, 처소 서술관계에 대해 살펴보았다.

살펴본 결과 한국어 '이다'와 '있다'의 대조에서 '존재관계, 처소 서술관계, 소유관계'가 의미가 겹치는 경우가 있다. 중국어의 경우에는 중국어 '有' 구문과 중국어 '是' 구문이 '존재관계, 소유관계'에서 의미적 특징이 겹치며 중국어 '在' 구문은 중국어 '是' 구문에 없는 '처소 서술관계'를 나타내고 있다.

본 연구는 한국어 '이다'와 중국어 '是'에 대하여 구문유형으로부터 통사적 특징, 의미적 특징을 비교 분석함으로서 이들 사이에 존재하는 공통점과 차이점을 밝혀 보았다. 하지만 논문에는 아래와 같은 몇 가지 부족점이 존재한다.

1. 언어 자료의 채택에서 중국어 소설과 한국어 소설을 통틀어 18권 선택하였는데 소설의 양이 조금 더 많았더라면 구문유형의 종합에서 그 유형이 더 많았을 것이라는 생각이 든다.

2. 한국어 '이다'와 중국어 '是'는 문어문뿐만 아니라 구어문에서 많이 사용되고 있는데 이 책에서는 연구의 중점을 문어문에 두고 구어문에 대한 연구는 구문유형에서만 간단히 소개하였을 뿐, 통사적 특징과 의미적 특징에 대한 논의에서는 빠져있는데 이 부분은 향후의 연구에서 계속 보완해야 할 점이다.

3. 필자 능력의 한계로 의미지도이론과 문법화이론에서 제대로 전개하지 못한 점이 아쉬움으로 남고 있다. 이 부분 또한 향후의 연구에서 계속하여 보완하고 학습해야 할 점이다.

참고문헌

강길운, 1956, 「지성사는 설정되어야 할 것인가(Ⅰ)」, 『한글』 120, 72-86쪽.

강길운, 1958, 「지성사는 설정되어야 할 것인가(Ⅱ)」, 『한글』 123, 38-58쪽.

강복수, 1963, 「'이다'의 어성에 대하여-품사 설정을 중심으로」, 『영남대 논문집』 2, 135-163쪽.

강은국, 1993, 『조선어 문형연구』, 서광학술자료사.

강인선, 1997, 「15세기 국어의 인용구조연구」, 서울대학교 언어학과 석사학위논문.

고석주, 2007, 「'있다'의 의미에 대한 연구-어휘개념구조 표상을 중심으로」, 『한말연구』 20, 1-25쪽.

고영근, 1970, 「현대국어의 준자립형식에 대한 연구-형식명사를 중심으로」, 『어학』 6:1, 23-40쪽.

김기혁, 2006, 「국어 지정문과 존재문의 상관성」, 『한글』 271, 51-76쪽.

김광해, 1983, 「계사론」, 『난대이응백박사 회갑기념논문집』, 보진재.

김민수, 1994, 「'이다'처리의 논쟁사-학교문법 통일안을 중심으로」, 『주시경학보』 13, 5-30쪽.

김상대, 1991, 「'있다'의 의미에 대하여」, 『인문논총』 2, 5-31쪽.

김순배, 1991, 「명사적 술어에 나타나는 '-이'에 대한 연구」, 『중국조선어문』 54, 15-30쪽.

김의수, 2002, 「형식동사 '이다'의 문법」, 『어학연구』 38(3호), 879-905쪽.

김차균, 1982, 「'있다'의 의미 연구」, 『언어학』 5, 177-205쪽.

김태엽, 2001, 「기능어의 문법화」, 『우리말글』 23, 1-24쪽.

남기심, 1969, 「문형 'N1-이 N2-이다'의 변형분석적 연구」, 『계명논총』 12, 1-25쪽.

남기심, 1986, 「'-이다' 구문의 통사적 분석」, 『한불연구』 7, 1-15쪽.

남기심, 2003, 「'이다' 구문의 한 유형」, 『한글』 259, 171-197쪽.

남길임, 2001, 「'-이다' 구문 연구」, 연세대학교 박사학위논문.

남길임, 2004, 『현대 국어 '이다' 구문 연구』, 한국문화사.

목정수, 2006, 「한국어 문법 체계에서의 '이다'의 정체성」, 『어문연구』 34(4호), 55-81쪽.

박양규, 1975, 「소유와 소재」, 『국어학』 3, 107-129쪽.

박정규, 2003, 「계사 '이다' 문제의 재고」, 『국어 연구의 몇 국면』, 보고사.

박진호, 2005, 「계사 유형론과 한국어 '이다'의 정체서」, 『한국어 계사 '-이(다)'의 쟁점 워크숍』, 서울대학교 언어교육원/세종전자사전개발연구단.

박진호, 2009, 「계사의 개념공간과 의미지도」, 『한국 언어유형론 연구회 창립 기념 연구발표회 발표 논문』.

박진호, 2012, 「의미지도를 이용한 한국어 어휘요소와 문법요소의 의미 기술」, 『국어학』 63, 459-519쪽.

박철우, 2005, 「'-이-'의 범주와 기능」, 『제37회 한국어학회 발표요지』.

박호관, 2003, 「'-이다'의 통사 구조와 의미기능」, 『우리말글』 28, 31-55쪽.

배주채, 2001, 「지정사 활용의 형태음운론」, 『국어학』 37, 33-59쪽.

서동은, 2010, 「존재이해의 비교연구-하이데거와 신선경의 '있다' 분류 비교의 관점에서」, 『존재론 연구』 22, 169-200쪽.

서정목, 1993, 「계사 구문과 그 부정문의 통사 구조에 대하여」, 『국어사 자료와 국어학의 연구』, 문학과 지정사.

성광수, 1976, 「불완전명사+{하(다), 이(다)}에 대한 생성론적 분석」, 『어문론집』 17, 71-90쪽.

시정곤, 1993, 「'이다'의 '-이'가 접사인 몇 가지 이유」, 『주시경학보』 11, 7-27쪽.

시정곤, 2005, 「'이다' 구문과 통사적 접사설을 다시 논의함」, 『한국어학』 28, 55-80쪽.

신선경, 1993, 「'것이다' 구문에 관하여」, 『국어학』 23, 119-158쪽.

신선경, 1996, 「'있다'의 소유구문에 대한 고찰」, 『울산어문논집』 11, 58-87쪽.

신선경, 1998, 「'있다'의 어휘 의미와 통사 구조 연구」, 서울대학교 박사학위논문.

신익성, 1968, 「'이다'에 대하여」, 『한글』 142, 52-71쪽.

심영민, 1987, 「서술격조사 에 대하여」, 『목몃어문』 1, 84-102쪽.

안명철, 1995, 「'이'의 문법적 성격 재고찰」, 『국어학』 25, 29-49쪽.

안주호, 1997, 『한국어 명사의 문법화 현상 연구』, 한국문화사.

안주호, 2004, 「'N+이다' 구성의 양태의미연구」, 『담화와 인지』 11(1), 149-172쪽.

양정석, 1986, 「'이다'의 의미와 통사」, 『연세어문학』 19, 5-29쪽.

양정석, 2001, 「'이다'의 문법범주와 의미」, 『국어학』 37, 75-102쪽.

엄정호, 1989, 「소위 지정사 구문의 통사구조」, 『국어학』 18, 54-82쪽.

엄정호, 1993, 「'이다'의 범주 규정」, 『국어국문학』 110, 317-332쪽.

오미라, 1991, 「국어 계사와 구개음화」, 『어학연구』 27, 56-88쪽.

우순조, 2000, 「'이다'와 '아니다'의 상관성」, 『형태론』 2(1), 129-138쪽.

우순조, 2001, 「'이다'의 '이'가 조사인 새로운 증거들」, 『형태론』 3(2), 345-358쪽.

우순조, 2006, 「활용 개념과 소위 '이다'와 관련된 오해들: 표지이론적 관점에서」, 『언어학』 44, 79-121쪽.

유창돈, 1962, 「허사화 고찰」, 『인문과학』 7, 연세대학교 인문과학 연구소, 217-242쪽.

유혜령, 2002, 「학교문법에서의 '이다' 처리 재고」, 『청람어문교육』 24, 131-158쪽.

이광정, 1994, 「'이다' 연구의 사적 고찰」, 『주시경학보』 23, 3-20쪽.

이기문, 1999, 『국어사개설』, 태학사.

이길록, 1967, 「체언의 용언적 기능에 대하여 - '이다'의 형태론적 분절」, 『국어교육』 15, 24-45쪽.

이남덕, 1954, 「지정사 '이다'에 대하여(상)」, 『국어국문학』 11, 33-62쪽.

이남덕, 1954, 「지정사 '이다'에 대하여(하)」, 『국어국문학』 12, 25-54쪽.

이석린, 1960, 「잡음씨 '이다'에 대하여」, 『한글』 127, 42-49쪽.

이성하, 1998, 『문법화의 이해』, 한국문화사.

이수련, 1986, 「'있다' 월의 의미연구」, 『동의어문논집』 2, 137-150쪽.

이수련, 2003, 「'있다' 문법화에 대한 의미·화용적 연구 - 부산방언을 중심으로」, 『국어학』 42, 177-205쪽.

이승재, 1994, 「'-이-'의 삭제와 생략」, 『주시경학보』 13, 21-38쪽.

이준희, 1996, 「'이다'의 형용사적 특성」, 『한국어학론집』 29, 159-175쪽.

이춘근, 1997, 「'있다'의 의미·통어」, 『국어국문학』 34, 297-317쪽.

이필영, 1995, 「통사적 구성에서의 축약에 대하여 - '다-, 이라-, 더라-, 려-, 노라-'형을 중심으로」, 『국어학』 26, 1-32쪽.

이현희, 1994, 「계사 '-이'에 대한 통시적 고찰」, 『주시경학보』 13, 1-25쪽.

이희승, 1956, 「존재사 '있다'에 대하여 - 그 형태요소로의 발전에 대한 고찰」, 『서울대학교 논문집』 3, 19-35쪽.

이희자, 1994, 「'이다'와 '발화문'」, 『주시경학보』 13, 43-66쪽.

임동훈, 2005, 「'이다' 구문의 제시문적 성격」, 『국어학』 45, 119-144쪽.

임홍빈, 2006, 「정체 밝힘의 형용사 '이다' 문제와 연어」, 『어문학 연구의 넓이와 깊이』, 도서출판사.

임홍빈, 1974, 「명사화의 의미특성에 대하여」, 『국어학』 2, 83-104쪽.

정해천, 1978, 「'이다'의 형태적 고찰」, 『국어국문학연구』 12, 371-390쪽.

정자훈, 2004, 「'있다'와 '없다'의 의미 연구」, 경북대학교 석사학위논문.

조현정, 2005, 「현대중국어 '是……的' 구문의 통사·의미·화용론적 분석에 따른 활용연구」, 연세대학교 석사학위논문.

차광수, 2000, 「'이다'에서 본 '이'의 성격」, 『중국조선어문』 3, 15-30쪽.

최건, 1996, 「지성사구문과 존재구문의 화용론적 비교고찰」, 『중국조선어문』 6, 85-103쪽.

최동주, 1999, 「'이'계 특수조사의 문법화」, 『형태론』 1(1), 43-60쪽.

최정도, 김선혜, 2009, 「'부사+이다' 구문에 대한 연구」, 『국제어문』 46, 133-164쪽.

최윤갑, 1998, 「체언이 술어로 될 때 나타나는 '이'의 본질」, 『조선어한국어연구』 11, 58-79쪽.

최홍수, 1991, 「'是'자의 번역에 대하여」, 『중국조선어문』 9, 56-70쪽.

하마노우에 미유키, 1994, 「기능문법의 관점에서 본 '-이다'」, 『주시경학보』 13, 25-53쪽.

한재영, 1996, 『16세기 국어 구문의 연구』, 신구문화사.

허철구, 2005, 「'-이-'의 문법범주에 관한 연구」, 창원대학교 교육대학원 석사학위논문.

황화상, 2005, 「통사적 접사 설정의 제 문제」, 『한국어학』 28, 269-294쪽.

蒋绍愚, 徐昌华译, 1987, 『中国语历史文法』, 北京大学出版社.

敖镜浩, 1983, 「略谈先秦时期"O/是/V"句式的演变」, 『中国语文』 5, 25-29쪽.

敖镜浩, 1985, 「论系词"是"的产生」, 『语言教学与研究』 2, 29-41쪽.

陈梦韶, 1962, 「汉语从上古即有系词论」, 『厦门大学学报』 4, 82-99쪽.

陈建裕, 1996, 「《世说新语》中的判断句」, 『平顶山师专学报』 2, 5-9쪽.

丁声树, 1961, 『现代汉语语法讲话』, 北京: 商务印书馆.

丁贞菓, 1983, 「论前置宾语后的"是", "之"的词性」, 『中国语文』 2, 22-27쪽.

董希谦, 1985, 「古汉语系词"是"的产生和发展」, 『河南大学学报』 2, 105-109쪽.

董德志, 1994, 「《世说新语》中的判断句研究」, 『许昌师专学报』 1, 5-11쪽.

董秀芳, 2004, 「"是"的进一步语法化: 由虚词到词内成分」, 『当代语言学』 1, 35-44쪽.

董志翘, 蔡镜浩, 1994, 『中古虚词语法例释』, 吉林教育出版社.

董守志, 2004, 「"不是"的产生及其发展」, 武汉大学硕士学位论文.

范继淹, 1982, 「论介词短语"在+处所"」, 『语言研究』 2, 71-86쪽.

范晓, 1998, 『汉语的句子类型』, 书海出版社.

范妍南, 2003, 「魏晋六朝小说中的判断句」, 『陕西教育学院学报』 3, 68-71쪽.

方一新, 2004,「从中古词汇的特点看汉语史的分期」, 载『汉语史学报』4, 178-184쪽.

冯春田, 1985,「从王充《论衡》看有关系词"是"的问题」, 载程湘清主编『两汉汉语研究』, 山东教育
　　出版社.

冯胜利, 2003,「古汉语判断句中的系词」,『古汉语研究』1, 30-36쪽.

高耀墀, 1957,「关于"有"的用法」,『语文教学通讯』12, 6-12쪽.

郭锡良, 1990,「关于系词"是"产生时代和来源论争的几点认识」, 载『王力先生纪念文集』, 商务印
　　书馆.

韩陈其, 1991,「论文言判断句的历时层次」,『语文建设通讯』7(33), 12-17쪽.

何亚南, 2004,「试论有判断词句产生的原因及发展的层次性－兼论判断词成熟的鉴别标准」,『古
　　汉语研究』3, 24-30쪽.

洪波, 2000,「先秦判断句的几个问题」,『南开学报』5, 50-54쪽.

洪成玉, 1980,「判断词"是"的来源－与王力先生商榷」,『河北师范学院学报』1, 12-18쪽.

洪诚, 1957,「论南北朝以前汉语中的系词」,『语言研究』2, 1-22쪽.

洪心衡, 1964,「《孟子》里的"是"字研究」,『中国语文』4, 1-10쪽.

胡裕树, 1961,『现代汉语』, 上海教育出版社.

胡裕树, 范晓, 1995,『动词研究』, 河南大学出版社.

胡湘荣, 1993,「从鸠摩罗什的佛经重译本与原译本的对比看系词"是"的发展」,『湖南师范大学社
　　会科学学报』3, 118-121쪽.

胡袁园, 2005,「"有"字句研究」, 南京师范大学硕士学位论文.

金基石, 1989,「关于语言的相对"论证性"－兼论汉语词的可论证性」,『汉语学习』2, 8-13쪽.

金基石, 1996,「语言符号的层次性与语义分析」,『延边大学学报(社会科学版)』1, 5-11쪽.

金基石, 2001,『韩汉词汇对比讲义』, 延边大学汉语言文化学院.

金基石, 2004,「韩国汉语教育史论纲」,『东疆学刊』24(1), 34-42쪽.

金基石, 2013,「关于中韩语言对比的视角与方法」,『东北亚外语研究』1, 10-13쪽.

金昌吉, 1991,「谈时间短语中介词"在"和"当"」,『许昌师专学报』3, 87-93쪽.

黎锦熙, 1998,『新著国语文法』, 商务印书馆.

李崇兴, 1990,「选择稳记号"还是"的来源」,『语言研究』2, 23-28쪽.

李佐丰, 2002,「上古汉语的判断句」, 载宋绍年等编『汉语史论文集』, 武汉出版社.

李德春, 金基石, 2001,「展望21世纪的中国朝鲜语」,『延边大学学报(社会科学版)』34(1), 80-81
　　쪽.

林国伟, 1992,「敦煌变文中"是"字用法述略」,『古汉语研究』, 1992, 2쪽.

梁光华，「《搜神记》与《世说新语》的"是"字判断句比较研究」，『贵州文史丛刊』4，7-11쪽.

刘月华，1983，『实用现代汉语语法』，外语教学与研究出版社.

刘光明，2004，「论《颜氏家训》的"是"字判断句」，『湛江海洋大学学报』5，56-60쪽.

刘坚，曹广顺，吴福祥，1995，「论诱发汉语词汇语法化的若干因素」，『中国语文』3，1-10쪽.

刘世儒，1957，「略论魏晋南北朝系动词"是"字的用法」，『中国语文』12，88-90쪽.

刘世儒，1960，「现代汉语否定式判断句的起源」，『中国语文』10，1-5쪽.

刘忠华，2002，「古代汉语判断句的确认问题」，『汉中师范学院学报』1，22-25쪽.

吕叔湘，1980，『现代汉语八百词』，商务印书馆.

吕叔湘，1984，『汉语语法分析问题』，商务印书馆.

马忠，1959，「"是"的用法演变」，载中国语文杂志社『语法论集』3，商务印书馆.

钱宗武，刘彦杰，1999，「今文《尚书》判断句研究」，『湖南师范大学社会科学学报』6，111-117쪽.

任学良，1980，「判断词"是"见于先秦说」，『杭州师范学院学报』2，40-45쪽.

石毓智，2005，「论判断，焦点，强调与对比之关系－"是"的语法功能和使用条件」，『语言研究』4，43-53쪽.

石毓智，李讷，2001，『汉语语法化的历程－形态句法发展的动因和机制』，北京大学出版社.

申敬善，2006，「现在汉语"在"字句研究」，复旦大学博士学位论文.

宋金兰，1999，「古汉语判断句词序的历史演变－兼论"也"的性质」，『语文研究』4，33-37쪽.

宋玉柱，1983，「谈谈判断句，描写句，叙述句之划分」，『语言文学』1，9-12쪽.

唐钰明，1991，「上古判断句变换考察」，『中国语文』5，6-9쪽.

唐钰明，1992，「中古"是"字判断句述要」，『中国语文』5，7-10쪽.

唐钰明，1993，「上古判断句辨析」，『古汉语研究』4，10-12쪽.

汪维辉，1998，「系词"是"发展成熟的时代」，『中国语文』2，133-136쪽.

王建军，2003，『汉语存在句的历时研究』，天津古籍出版社.

王力，1989，『汉语语法史』，商务印书馆.

王力，2000，「中国文法中的系词」，载『王力语言学论文集』，商务印书馆.

王还，1960，「说"在"」，『中国语文』2，15-18쪽.

王还，1980，「再说说"在"」，『语言教学与研究』3，25-29쪽.

吴福祥，2003，「关于语法化的单向性问题」，『当代语言学』4，307-322쪽.

吴春相，金基石，2008，「略论心理距离与书面语，口语的关系」，『汉语学习』8，63-68쪽.

徐德庵，1981，「上古汉语中的系词问题」，『西南师范学院学报』2，97-106쪽.

徐德庵，1991，「《论语》一书中的"斯""是"两个词」，『古代汉语论文集』，巴蜀书社.

徐光烈, 1985,「从《诗经》中的"是"和"此"看」,『重庆师范学院学报』1, 73-85쪽.

肖娅曼, 2001,「从《世说新语》看判断词"是"的发展与"非""不"的关系」,『西南民族学院学报』2, 170-173쪽.

肖娅曼, 2001,「判断词"是"是分化而来」,『西南民族学院学报』5, 183-186쪽.

肖娅曼, 2003,「汉语系词"是"的来源与成因研究」, 四川大学博士学位论文.

肖娅曼, 2003,「汉语"是"的形而上学之谜－"是"为什么发展为判断词?」,『哲学动态』2, 22-26쪽.

肖娅曼, 2005,「上古"是"字判断句与"此"字判断句之比较」,『古汉语研究』3, 31-35쪽.

肖瑜, 2003,「上古至中古的判断句研究」, 广西师范大学硕士学位论文.

解植永, 2006,「《左传》《史记》判断句比较研究」,『重庆文理学院学报』3, 45-49쪽.

解植永, 2006,「中古汉语"是"字后置式判断句的来源」,『汉语史研究集刊』9, 34-47쪽.

解植永, 2009,「中古汉语判断句研究」, 四川大学博士学位论文.

玄宗女贵莲, 2000,「《坛经》判断句研究」, 广西师范大学硕士学位论文.

严志君, 1991,「《荀子》判断句句型研究」,『西南师范大学学报』3, 103-108쪽.

阎征, 1987,「《孙子》判断句的比较研究」, 社科院研究所『古汉语研究论文集』(3), 北京出版社.

袁毓林, 1995,「词类范畴的家族相似性」,『中国社会科学』1, 154-170쪽.

于夏龙, 1965,「敦煌变文"是"字用法分析」,『中国语文』4, 12-15쪽.

云汉, 峻峡, 1991,「"有"的宾语琐谈」,『逻辑与语言学习』1, 23-26쪽.

展开第, 1981,「有字句」,『中国语文』1, 5-8쪽.

张志公, 1953,『汉语语法常识』, 上海教育出版社.

张志公, 1959,『汉语知识』, 人民教育出版社.

张柏青, 1980,「汉语系词"是"出现时代新探」,『安徽师大学报』2, 99-104쪽.

张伯江, 1998,「名词功能游移研究」, 载邵敬敏编『句法结构中的语义研究』, 北京语言文化大学出版社.

张华文, 2000,「试论东汉以降前置宾语"是"字判断句」,『云南师范大学学报』1, 20-24쪽.

张庆绵, 1978,「谈《孟子》中的系词"是"」,『辽宁大学学报』4, 86-90쪽.

张豫峰, 1983,「"有"字句研究综述」,『汉语学习』3, 5-10쪽.

张豫峰, 1999,「"有"字句的语义分析」,『中州学刊』3, 6-9쪽.

张军, 2005,「汉藏语系判断句研究」, 中央民族大学博士学位论文.

赵元任, 1979,『汉语口语语法』, 商务印书馆.

赵立哲, 1957,「秦汉间的系词"是"」,『中国语文』2, 109-119쪽.

赵立哲, 1959,「再论先秦时代的系词"是"及其发展」,『辽宁大学学报』2, 52-59쪽.

周法高,「中国语法札记(五)系词"是"的起源」,『中国语言学论文集』, 联经出版事业公司.

周光午, 1958,「关于秦汉间的系词"是"」,『武汉大学人文科学学报』1, 109-119쪽.

朱明来, 2005,「论古汉语判断句辨别」,『广西社会科学』12, 167-169쪽.

이화자(李花子)

중국 길림성 영길현 출생이며 중국 연변대학교에서 초등학교교육학과 학부를 졸업하고 중국 상해외국어대학교에서 문학석사와 문학박사 학위를 받았다. 현재 중국 상해공정기술대학교 국제 창의 디자인학원(上海工程技术大学国际创艺设计学院)에서 전임 강사로 재직하고 있다. 논문으로는 「가상현실 기술을 이용한 한국어 교육의 응용연구」, 「한국어 '것이다'와 중국어 '是……的'의 대조연구」, 「중국 한국어 쓰기 교재의 연습문제 유형 분석」 등이 있다.

한국어 '이다'와 중국어 '是'의 대조연구

초판 1쇄 인쇄 2022년 12월 12일
초판 1쇄 발행 2022년 12월 22일

지은이 이화자(李花子)

펴낸이 이대현

편집 이태곤 권분옥 임애정 강윤경

디자인 안혜진 최선주 이경진 | 마케팅 박태훈 안현진

펴낸곳 도서출판 역락 | 등록 1999년 4월 19일 제303-2002-000014호

주소 서울시 서초구 동광로46길 6-6 문창빌딩 2층(우06589)

전화 02-3409-2060(편집부), 2058(영업부) | 팩스 02-3409-2059

전자우편 youkrack@hanmail.net | 홈페이지 www.youkrackbooks.com

ISBN 979-11-6742-434-1 93710

字數 233,235字